오십에 읽는 논어

개정 증보판

굽이치는 인생을 다잡아 주는 공자의 말

오십에 읽는 논어

© 최종엽 2025

1판 1쇄 2018년 11월 5일
1판 94쇄 2024년 12월 26일
개정 증보 1판 1쇄 2025년 6월 4일

지은이 최종엽
펴낸이 유경민 노종한
책임편집 정현석
기획편집 유노북스 이현정 조혜진 권혜지 정현석 **유노라이프** 구혜진 **유노책주** 김세민 이지윤
기획마케팅 1팀 우현권 이상운 **2팀** 이선영 최예은 전예원 김민선
디자인 남다희 홍진기 허정수
기획관리 차은영
펴낸곳 유노콘텐츠그룹 주식회사
법인등록번호 110111-8138128
주소 서울시 마포구 월드컵로20길 5, 4층
전화 02-323-7763 **팩스** 02-323-7764 **이메일** info@uknowbooks.com

ISBN 979-11-7183-110-4 (03140)

오십에 읽는 논어

論語

굽이치는 인생을
다잡아 주는
공자의 말

개정
증보판

논어

최종엽 지음

유노
북스

다가올 20년에
희망을 걸어 봅니다

《논어》를 처음 접했을 때 일말의 기대감이 있었습니다. 2,500년을 이어 온 고전이라면 분명 삶을 꿰뚫는 통찰이 담겨 있을 것이고 그 지혜를 얻는다면 더 멋진 삶을 살아갈 수 있을 것이라 믿었습니다. 그런 희망을 품고 익숙하지 않은 한자를 하나하나 찾아가며 《논어》와 씨름했지만 책장을 넘길수록 속도는 점점 느려지고 지루해졌습니다. 예상과 다르게 특별하지 않은 평범한 이야기들의 반복이었습니다. 실망까지는 아니었지만 굳이 이렇게까지 애써 읽어야 할 이유가 있을까 싶었습니다. 그런데 어느 순간 보이지 않던 것들이 보이기 시작했습니다.

사실 《논어》는 공자가 쓴 책이 아닙니다. 제자들이 공자와 나눈 대화를 공자 사후에 엮은 책입니다. 《논어》의 문장들은 치밀하게 설계된 가르침이 아니라 공자와 제자들이 함께 밥을 먹으며, 길을 걸으며, 고민을 나누며 툭툭 던진 말들입니다. 누군가를 설득하려는 의도가 담긴 책이 아니라 날것 그대로의 삶이 깃든 책입니다. 그래서 처음에는 지루하고 단조로워 보였지만 어느 순간 그것이 바로 우리의 삶과 닮아 있음을 깨달았습니다. 그렇게 《논어》는 책 속의 문장을 넘어 제 삶에서 펼쳐지기 시작했습니다.

《논어》는 특별한 사람들을 위한 책이 아닙니다. 오히려 평범한 우리가 평범한 하루를 살아가며 읽어야 하는 책입니다. 《논어》가 어렵거나 어색하게 느껴지더라도 너무 조급해하지 않았으면 좋겠습니다. 처음에는 무심히 지나칠 수도 있지만 천천히 그리고 조금씩 읽다 보면 어느 순간 공자의 목소리가 가볍고 다정하게 들려올지도 모릅니다.

여전히 희망인 50대에게

세상이 달라질 줄 알았습니다. 서른이 넘으면 삶이 선명해질 거라 믿었고 마흔이 되면 익숙함 속에서 여유를 찾을 거라 기대했습니다. 하지만 현실은 차가웠습니다. 고민은 깊어졌고 길은 더욱 헷갈렸습니다. 새로운 도전을 마주하는 것이 마냥 두렵진 않았지만 바쁜 일상에서 하루하루는 손가락 사이로 흘러내리는 모래처럼 빠져나갔습니다.

마흔이 되면 삶이 안정될 줄 알았습니다. 그러나 성장의 기회는 줄고 세상은 더 강한 나를 요구했습니다. 오랜 시간 최선을 다했지만 점점 더 노력하지 않으면 현상을 유지하는 것조차 힘들어졌습니다. 쉰이 넘으면 삶이 편안해질 거라 기대했습니다. 하지만 변화는 여전히 가파르고 따라가기조차 버거워졌습니다. 돈도, 건강도, 의욕도 모든 것이 예전 같지 않았고 질문만 늘어 가는 사이 시간은 야속하게 흘러갔습니다.

그러나 우리는 미래를 볼 수는 없어도 과거를 돌아볼 수는 있습니다. 70세의 내가 50세의 나를 바라보면 마치 50세의 내가 30세의 나를 돌아보듯 지난 20년이 수정처럼 선명하게 보일 것입니다. 삶이 언제 끝날지는 누구도 알 수 없습니다. 그렇다면 어차피 모를 먼 미래를 두려워하기보다 눈앞에 보이는 20년을 꿈꿔야 합니다. 조금 더디더라도 다시 한 걸음 나아가야 합니다. 돈이 부족하더라도, 몸이 예전 같지 않더라도 50대는 여전히 희망일 수 있습니다. 인생은 언제나 우리가 만들어 가는 길이기에 그렇습니다.

《논어》를 이해하는 것은 사람을 이해하는 것

《논어》를 깊이 이해하려면 공자의 핵심 사상인 '인'이 필요합니다. 인은 두 사람 사이에서 드러나는 덕목입니다. 서로를 가엾게 여기고 사랑하고 이해하고 격려하는 마음입니다. 사람이 인하지 못하면 세상은 짐승의 무리보다도 못한 상황이 될지도 모릅니다. 서로를 무시하고 미워하고 질시하고 밀어내는 마음, 아내가 남편에게, 남편이 아내에게, 부모가 자식에게, 자식이 부모에게, 팀장이 팀원에게, 팀원이 팀장에게, 사장이 직원에게, 직원이 사장에게, 대통령이 국민에게, 국민이 대통령에게 이런 모진 마음을 갖고 있다면 그게 바로 지옥이지요. 가정도, 조직도, 국가도 결국 황폐해지고 말 것입니다.

단 5년, 을에서 갑이 되는 시간

어느 금요일 아침 출근길에 해고 통지를 받는다면 어떨까요? 상상조차 하기 싫은 일이지만 월급은 주는 사람이 주기 싫으면 끝입니다. 사장도 마찬가지입니다. 회사를 살릴 것인가, 직원을 살릴 것인가를 선택해야 한다면 대부분은 회사를 택할 것입니다. 그러니 남의 직원으로 일할 때는 두 배 더 열심히 해야 합니다. 하나는 월급 때문에, 또 하나는 자신의 역량을 키우기 위해서입니다. 받는 만큼 일하지 못하면 가장 먼저 해고될 것이고 실력을 쌓지 못하면 나중에 갈 곳조차 없을 테니까요.

하지만 언제나 기회는 있습니다. 서른에서 서른다섯까지, 서른여섯에서 마흔까지, 마흔에서 마흔다섯까지, 마흔여섯에서 쉰까지, 쉰에서 쉰다섯까지, 쉰여섯에서 예순까지. 여섯 번 중 단 한 번만이라도 진심으로 집중할 수 있다면 기회의 문은 열립니다.

한때 '역부족(力不足)'을 입에 달고 살았던 공자의 제자 염구도 결국에는 행정의 달인이 됐습니다. 우리도 마찬가지입니다. 일말의 가능성을 믿고 나아가는 사람이 세상의 주인이 됩니다. 단 5년

만이라도 자신을 믿고 역부족이라는 말을 지운다면 우리는 을의 자리를 벗어나 갑이 될 수 있습니다. 그 5년이 우리의 인생을 완전히 바꿀 것입니다.

인생 후반전에 긴요한 세 가지

인생 후반에는 좋아하는 일을 하는 것이 유리합니다. 시작했다면 꾸준해야 합니다. 멈추지 않고 배워야 합니다. 좋아하는 일은 즐겁습니다. 즐거운 일은 오래 할 수 있습니다. 오래 하면 잘하게됩니다. 잘하는 일에는 아이디어가 넘치고, 열정이 생기며, 자유로워집니다. 인생 후반까지 싫어하는 일에 시간을 낭비하기에는 남은 시간이 너무도 아깝습니다.

어떤 사람은 당장 돈이 되지 않아도, 늦었다고 느껴도, 확신이 없어도 일단 시작합니다. 지금까지 살던 대로 살고 싶지 않기 때문입니다. 인생 전반이야 그럴듯한 핑계라도 있었지만 인생 후반에는 지금이 아니면 다시는 기회가 없기 때문입니다.

좋아하는 일을 시작했다면 멈추지 말아야 합니다. 인생 전반은 처음이었기에 흔들렸지만 후반에는 다릅니다. 그간의 경험이 있습니다. 반복의 힘을 믿고 한 걸음 더 나아가야 합니다. 지나온 길을 돌아보며 더는 망설이지 말고 내가 원하는 길을 끝까지 걸어가야 합니다.

《오십에 읽는 논어》가 출간된 지 5년여 동안 90쇄를 훌쩍 넘기며 과분한 사랑을 받았습니다. 부족함을 알게 해 준 따뜻한 지적과 날카로운 조언도 많았습니다. 교학상장(敎學相長)의 가르침처럼 책을 내고 강연을 다니고 SNS를 통해 독자분들과 소통하며 결코 잊지 못할 것들을 배웠습니다. 독자 여러분께 마음 깊이 감사드립니다.

2025년 5월
미사리에서
孔道 최종엽

오십의 공허,
《논어》로 채우다

　나만 잘하면 되고, 나만 똑똑하면 되고, 나만 성실하면 된다고 생각했기에 그렇게 살고자 노력했습니다. 그러다 보니 사람들은 모두 남이 됐습니다. 직장에서도 가정에서도 거의 남이 됐습니다. 오십의 바다에 홀로 남은 섬이 됐습니다.

　쉼 없이 달리면 먼저 도착할 줄 알았습니다. 먼저 도착하면 더 많이 쉴 수 있고 더 즐거운 삶이 기다리고 있는 줄 알았습니다. 달리기를 멈출 수 없었습니다. 오십이 돼서 인생은 쉼 없이 달리는 게임이 아니라는 걸 알았습니다. 죽도록 일해도 빚 없는 인생이기가 쉽지 않았기에 인생은 속도가 아니라 방향이 더 중요하다는 걸 실감했습니다.

　공자는 마흔에 세상의 흔들림으로부터 벗어나 불혹이 됐다는데 2,500년 전 사람들보다 훨씬 똑똑하다는 우리는 어째서 오십, 육십이 되도록 먹고사는 문제에서조차 벗어나지 못하는 걸까요? 반 듯한 집 한 채에 인생이 걸려 제대로 된 취미 생활 하나 못 하면서 도 열심히 살아왔다고 말하는 자신이 미워집니다.

겉으로는 태연한 척해도 오십, 지천명의 세대는 정서적으로, 경 제적으로 힘들어하고 있습니다. 인생의 하프 타임에서 방황하고 있습니다. 퇴직, 실직, 전직, 이직, 실패, 부도, 조기 은퇴, 명예퇴 직, 건강 등 뭐 하나 긍정적인 게 없지만 그냥 주저앉기에는 너무 나도 긴 시간이 기다리고 있습니다. 새로운 도전과 선택, 변화 앞 에서 머뭇거리며 주춤하고 있습니다. 자신감은 떨어지고 부담감 은 가중되는 압박 속에서 50대의 고민은 깊어지고 있습니다.

오십에는 《논어》를 읽어야 산다

인생 후반은 숨 막히게 달려왔던 경쟁의 속도를 줄이고 목표와 함께 균형 잡힌 삶, 주도적인 삶, 성숙한 삶, 공감하는 삶을 생각 해야 할 시간입니다. 혹여 지금까지의 삶이 마음에 들지 않는다면 그 이유가 나였는지 아니면 타인이나 외부 조건에 있었는지 찾아 야 합니다. 혹여 지금 누군가를 원망하고 있다면 타인에게서 원인 을 찾고 싶기 때문이며 핑계를 대고 싶다면 자신이 약해졌기 때문 입니다.

내려가는 길은 쉽습니다. 등산도, 공부도, 사업도, 인생도 마찬 가지입니다. 지금부터는 내가 하지 않으면 단 한 발도 나가지 못합니다. 내가 풀지 않으면 바로 주저앉아야 합니다. 오십이 돼도 집중해야 하는 이유입니다.

2,500년을 내려오며 《논어》만큼 많은 사람에게 큰 영향을 준 책도 없습니다. 고대부터 지금까지 사람들은 《논어》를 읽고 인생을 바꿨습니다. 경영자는 경영 원리를, 정치가는 정치 기본을, 리더는 리더십을 배웠습니다. 인생을 묻는 이에게는 담대한 삶의 원리를 알려 줬습니다.

인생의 절반쯤에 읽는 《논어》는 특별합니다. 50대에 하는 변화가 진짜 변화, 50대에 하는 선택이 진짜 선택이기 때문입니다. 지금까지 책을 읽지 않았다면, 한 분야의 책만 읽었다면, 다양한 분야의 책을 읽었다면, 이제는 역으로 바꿔 보는 게 좋습니다.

子曰 人無遠慮 必有近憂
자왈 인무원려 필유근우

공자께서 말씀하셨다.
"멀리 생각하지 않으면 늘 가까이에 근심이 있다."

우연히 접한 《논어》에서 예상치 못한 통찰력을 얻었습니다. 원려(遠慮)는 목표입니다. 간절한 꿈입니다. 중장기적 목표라고 할 수 있습니다. 가까운 현실에 안주하다 보면 먼 미래를 잃어버릴지 모릅니다. 소소하지만 확실한 행복 '소확행(小確幸)'도 좋지만 무한한 미래 가능성의 잠재 가치를 뺏길지도 모릅니다. 근심 걱정이 없는 시대는 없었습니다. 왕이나 백성이나, 부자나 빈자나, 고관대작이나 평민이나, 자식이 많은 집안이나 자식이 없는 집안이나 근심 걱정이 없는 시대와 지역은 없었습니다.

찰스 디킨스의 말처럼 하루하루의 삶은 비극에 더 가까웠습니다. 그러니 2,500년 전부터 목표와 꿈과 비전을 지니고 살아야 그나마 하루하루의 어려움을 겪어 낼 수 있다고 했던 것입니다. 목표가 분명하다고 근심과 걱정이 바로 사라지진 않지만 미래가 있고 희망이 보이면 더 힘을 낼 수 있기 때문입니다.

꺾이지 않을 꿈과 흔들리지 않는 뜻

인생 전반이야 여러 제약 때문에 내 마음대로 살 수 없었다는 핑계라도 댈 수 있지만 인생 후반은 다릅니다. 스스로 목표를 세우지 않으면 다른 누군가가 정해 준 대로 살아야 합니다. 인생 후반은 잘해도 내 탓 못해도 내 탓입니다. '처음이라서', '미숙해서'라는 핑계를 대기가 어렵습니다.

그러니 지금까지의 삶이 마음에 들지 않았다면 이제는 다른 방법을 써야 합니다. 꺾이지 않을 꿈과 흔들리지 않는 뜻을 세워야 할 때입니다. 뜻이 부족해서이지 단연코 남은 시간이 부족해서는 아닙니다. 눈치나 조건을 살필 필요가 없습니다. 인생의 마지막 변화나 선택이 될지도 모르기 때문입니다. 스물의 미숙함, 서른의 치열함, 마흔의 흔들림도 줄어든 오십은 일관성 있는 일을 시작하기에 좋은 나이입니다. 자기 자신만 생각해도 욕먹지 않을 나이입니다. 수천 년을 이어 온 후회와 아쉬움의 고리를 끊는 공자의 가르침은 간절함이었습니다. 주체적인 삶을 영위하지 못하는 건 방법이 없어서가 아니라 목표가 없기 때문입니다.

오십이 가장 적당한 때입니다. 그러니 해결할 수 없는 문제는 덮어 두고, 해결할 수 있는 문제에 집중해야 합니다. 사람의 힘으로 풀 수 없는 문제는 남겨 두는 것도 전략입니다. 현재에 집중하려면 방해 요소를 제거해야 합니다. 누군가를 만나 감정이 많이 상한다면 만남의 기회를 줄여야 합니다. SNS에 너무 많은 시간이 낭비된다면 사용 시간을 줄여야 합니다. 소통이 짐이 된다면 줄여야 합니다.

집중은 용기입니다. 한 가지만 남기고 나머지 아흔아홉 가지를 없애는 결심이 필요합니다. 55세는 30세와 80세의 중간입니다. 지금까지 나 아닌 누군가를 위해 살았다면 이제부터는 누군가가 아닌 나를 위해 살아야 합니다. 지난 25년을 나 중심으로 살았다면 다가오는 25년은 가족을 위해 살아야 합니다. 싫어하는 일을 하며 살았다면 좋아하는 일을 찾아 재밌게 살아야 합니다. 돈만 되는 일을 하며 궁색하게 살았다면 사람을 찾아 함께하는 일을 하면서 시간을 보내는 걸 목표로 삼아야 합니다.

나이 오십에《논어》를 읽고 인생이 쉽게 바뀔 거라면 애초에 흔들리지도 않았을 것입니다. 하지만《논어》를《논어》로 끝내지 않고《논어》에서 실천 전략과 변화의 실마리를 끌어낼 수 있다면 그때《논어》는 전혀 다른《논어》가 될 것입니다.

　《논어》는 어떤 파도에도 굳건히 배를 지키는 인생의 앵커가 될 수 있습니다. 정약용의《논어》처럼, 이병철의《논어》처럼, 오십의 독서와 오십의 학습과 오십의《논어》가 진짜입니다.

2021년 10월
잠실에서
孔道 최종엽

목차

1강
공허한 오십에게 공자가 하는 말
오십의 의미

2강
거인의 어깨 위에서 생각하는 법
오십의 지혜

3강
흔들리는 인생을 굳게 잡아 주는 힘
오십의 균형

공허한 오십에게
공자가 하는 말

오십의 의미

가려진 나의 길을
찾아야 할 때

✻

오십

공자께서 말씀하셨다.
"나는 열다섯에 학문에 뜻을 뒀고 서른에 확고하게 섰으며 마흔에
의혹이 없었고 쉰에 천명을 알았으며 예순에 귀가 순해졌고 일흔
에 마음 내키는 대로 해도 법도를 넘지 않았다."
子曰 吾十有五而志于學 三十而立 四十而不惑
五十而知天命 六十而耳順 七十而從心所欲不踰矩
자왈 오십유오이지우학 삼십이립 사십이불혹
오십이지천명 육십이이순 칠십이종심소욕불유구
〈위정편〉 4장

1980년대 후반 20대 중반의 청년 가객 유재하가 부른 〈가리워
진 길〉은 마치 안개 속을 걷는 듯한 인생의 풍경을 담고 있습니다.

보일 듯 말 듯 가물거리는 / 안개속에 싸인 길

잡힐 듯 말 듯 멀어져 가는 / 무지개와 같은 길

그 어디에서 날 기다리는지 / 둘러보아도 찾을 수 없네

그대여 힘이 돼 주오 / 나에게 주어진 길 찾을 수 있도록

그대여 길을 터 주오 / 가리워진 나의 길

25세 나이로 단 한 장의 앨범만 남기고 떠난 그가 살아 있다면 지금은 60대 중반입니다. 그보다 30년을 더 살아 오십이 되고 육십이 돼도 여전히 많은 이가 가려진 그 길을 찾지 못하는 것 같습니다. 어쩌면 우리 인생은 '보일 듯 말 듯 가물거리는, 잡힐 듯 말 듯 멀어져 가는' 그 길을 걸어가는 나그네인지도 모릅니다.

나이 오십에 천명을 안 공자

공자는 서른 즈음 사학(私學)을 열며 학문적으로 독립했습니다. 특히 30대 초반 주(周)나라 주도인 낙읍을 방문해 노자(老子)를 만난 이후 사학을 찾는 제자들의 수가 급증했다고 하니, 경제적 독립과 사회적 독립은 자연스러운 결과였습니다.

30대 중반에는 망명길에 오른 노(魯)나라 왕과 함께 제(齊)나라로 가서 정치를 논하기도 했습니다. 공자의 40대는 '난을 일으킨 양호(陽虎)가 공자를 초빙했으나 가지 않았다'는 48세의 기록이 유일합니다. 공자는 마흔을 불혹(不惑)이라 했습니다. 불혹은 '흔

들리지 않음'입니다. 특히 사람에 흔들리지 않습니다. 공자는 나이 마흔 즈음에 사람을 제대로 보는 지혜를 갖게 된 것입니다.

공자는 젊어서부터 정치를 하고 싶어 했지만 노나라 실세였던 삼환(三桓)의 저지로 오십이 넘어서야 정치에 뛰어들었습니다. 전쟁과 불의가 넘치는 격변의 춘추 시대였지만 예와 덕이 살아 있는 나라다운 나라를 만드는 것을 천명으로 생각했던 공자는 50대 초반에 왕의 부름으로 정치에 나서게 됩니다. 공자의 천명은 화평의 시대를 만드는 평화의 사도였습니다. 살아가는 이유를 스스로 정하는 것, 바로 지천명(知天命)입니다. 공자는 바른 정치를 실현함으로써 평화의 시대가 가능하다고 믿었습니다.

하지만 그게 어느 정도 가능성을 보이기 시작하자 이웃 제나라와 노나라의 실세였던 계씨(季氏)의 농간으로 공자는 노나라를 떠나야만 했습니다. 공자는 50대 중반에서 60대 후반까지 14년여 동안 일곱 개 나라를 떠돌아다녔습니다. 결국 그의 지천명은 노나라에서 실현되지 못했습니다.

공자는 이순(耳順)으로 대변되는 60대 대부분을 풍찬노숙(風餐露宿) 이국에서, 사람들의 비웃음과 무시 속에서 보냈습니다. 귀가 순해진다는 말은 타인이 알아주지 않더라도 노여워하지 않고 열정과 천명을 가진 채 묵묵히 자기의 길을 갔다는 의미입니다.

주유천하(周遊天下)에서 돌아온 68세 공자는 천명을 이룰 다른 방법을 모색합니다. 현실 정치에 뛰어들어 나라를 바꾸는 방법은 더 이상 불가능해졌기에, 방향을 바꿔 《춘추(春秋)》를 쓰고 《시경

(詩經)》을 편찬했습니다. 그는 73세의 나이로 노나라 곡부(曲阜)에서 인생을 마쳤습니다.

육십에 천명을 알아도 늦지 않다

요즘 장수하는 어르신의 나이를 90세 정도로 본다면 현대인의 나이에 0.8을 곱해 2,500년 전 공자와 거칠게 비교해 보는 것도 재밌어 보입니다. 현대인들은 스무 살 전후에 대학을 진학하며 비로소 학문에 뜻을 두고 30대 중후반은 돼야 비로소 독립다운 독립을 합니다. 학문적으로 독립할 수 있는 박사가 되는 나이도, 가정을 이루고 가족을 형성하는 나이도, 경제적으로 독립하는 나이도 마찬가지입니다.

보통 30대 중반까지 어느 정도 자리를 잡지만 갈등은 계속됩니다. 업무에서 오는 고민과 걱정, 사람들과의 갈등과 어려움으로 흔들릴 때가 너무 많습니다. 10여 년은 지나야 업무의 전문성이 높아지고 사람들과의 갈등에도 여유롭게 대처할 수 있게 됩니다.

요즘은 오십은 돼야 세상에 어느 정도 흔들리지 않는 불혹이 된다고 말할 수 있습니다. 너 나 할 것 없이 어떻게 사는 게 흔들리지 않는 삶인가를 두고 고민합니다. 오십이 되면 경제적인 안정에 자유로운 몸이 돼 편안하게 살아갈 수 있다는 막연한 희망이라도 있었습니다. 그러나 막상 오십이 넘고 환갑이 지나도 불안한 직업과 들쭉날쭉한 수입에 흔들리는 삶에서 벗어나기가 어렵습니다.

공자는 마흔에 흔들림을 졸업하고 불혹이 됐다는데 우리는 어찌하여 환갑이 되도록 계속 흔들리고만 있는 걸까요? 공자는 마흔에 세상의 다양한 문제에서 흔들림을 졸업하고 불혹이 됐다는데 똑똑한 우리는 어찌하여 환갑이 되도록 먹고사는 문제조차 해결하기 어려운 것일까요?

춘추 시대 50대의 공자가 이룬 지천명을 우리는 60대에 이뤄도 늦지 않습니다. 0.8의 비율을 적용해 본다면, 63세에서 74세까지가 지천명을 이룰 나이입니다. 그러니 40대가 비로소 이립이 완성되는 시기입니다. 50대는 한창 흔들리는 유혹의 시기입니다. 삶에 흔들리고 돈에 흔들리고 사람에 흔들리는 시기입니다. 인생의 천명을 몰라도 문제없습니다. 환갑이 돼도 자신의 천명이 무엇인지 모르는 사람들이 적지 않습니다. 그래도 괜찮습니다. 63세부터 서서히 인생의 천명을 찾아 정하면 되기 때문입니다. '인생은 육십부터'라는 말이 헛헛하게 들리지 않는 이유입니다. 그러니 지금 오십도 육십도 모두 희망입니다.

오십에 들리는 유재하의 노래에 희망이 있는 이유입니다. 이리로 갈까 저리로 갈까 아득하지만 자신의 천명에 이끌려 가듯 떠나는 이는 자신의 길을 찾을 수 있습니다. 25세의 가객이 노래한 지 30년도 더 지났지만 '가리워진 나의 길'을 누군가는 찾아내야겠습니다. 그게 바로 '나'이고 '우리'이기를 바랍니다.

오십의 미움에서
벗어나는 길

전략

공자께서 말씀하셨다.

"나이 사십에 미움을 보인다면 그것은 이미 끝난 것이다."

子曰 年四十而見惡焉 其終也已

자왈 연사십이견오언 기종야이

〈양화편〉 26장

흔히 마흔이면 뭔가를 책임져야 한다는 무게를 느낍니다. 링컨 대통령의 말처럼 자신의 얼굴에도 책임져야 할 것 같고, 공자의 말처럼 불혹이 돼 돈, 사람, 생각, 믿음 그 어느 것에도 흔들리지 않는 줏대를 가져야 할 것 같습니다. 우리나라 사람들의 평균 나이가 마흔다섯이라는 통계가 있습니다. 인생의 중심 마흔은 개인에게도 사회에서도 한 번은 짚고 넘어가야 할 고개가 분명해 보입니다.

그래서일까요, 공자는 "마흔이 돼서도 미움을 산다면 그 인생은 더 두고 볼 것이 없다"라고 말했습니다. 마흔이 되도록 타인에게 미움받을 짓만 해 지적을 받는다면 그의 인생은 별 가망이 없다고 강조합니다.

타인에게 미움받는 일곱 가지 유형

　《논어》〈양화편〉 24장에는 타인에게 미움받는 일곱 가지 유형을 분명하게 밝혔습니다. 공자는 타인의 나쁜 점을 들춰내는 사람(惡稱人之惡者), 낮은 자리에 있으면서 윗사람을 비방하는 사람(惡居下流而訕上者), 용감하지만 무례한 사람(惡勇而無禮者), 과감하지만 융통성이 없는 사람(惡果敢而窒者)을 미워한다고 했습니다.

　공자의 제자 자공(子貢) 역시 자기의 편견을 내세우며 지혜롭다고 여기는 사람(惡徼以爲知者), 불손한 짓을 용감하다고 여기는 사람(惡不孫以爲勇者), 혹독한 말로 남을 공격하면서 곧다고 여기는 사람(惡訐以爲直者)을 미워한다고 했습니다.

　마흔이 되도록 타인의 아픈 곳을 헤집어 헐뜯는 사람, 상사나 윗사람들을 비방하며 자주 욕하는 사람, 자기의 잇속에는 맹렬하게 대처하면서도 기본적인 예의조차 차리지 못하는 사람, 과단성은 있지만 앞뒤가 꽉 막혀 융통성이 없는 사람, 남의 생각을 훔쳐 알고 있던 것처럼 말하는 사람, 예의가 없고 겸손하지 않은 것을 용기로 생각하는 사람, 남의 비밀을 들춰내는 걸 정직함으로 아는 사람은 더 이상 희망이 없다는 말입니다. 이들은 대개 주변 사람들로부터 미움을 받습니다. 예나 지금이나 누가 이런 사람을 좋아할까요?

2,500년 전 아주 아득히 먼 옛사람 공자와 자공이 말했던 일곱 가지 중 단 한 가지라도 해당된다고 느낀다면 40대가 지나기 전에 되돌아봐야 합니다. 누군가를 이유 없이 자주 헐뜯는다면, 누군가를 반복해 욕한다면, 기본적인 예의조차 차릴 줄 모른다면, 매사에 융통성이 없다면, 자기의 편견을 인식하지 못하고 자신이 늘 지혜롭다고 생각한다면, 겸손하지 못함을 용기로 생각한다면, 남의 감추고 싶은 비밀을 밝히는 걸 정직함으로 생각한다면 고치려 노력해야 합니다. 40대가 다 지나기 전에 수습해야 합니다. 그래야 오십이 되고 육십이 됐을 때 어른다운 어른으로 인정받을 수 있습니다. 가정에서도 조직에서도 사회에서도 마찬가지입니다.

스스로에게 미움받지 않으려면

마흔에 챙겨야 할 진짜 문제가 하나 더 있습니다. 타인에게 미움받는 것도 큰 문제지만, 스스로에게 미움받는 게 더 큰 문제입니다. 어떤 게 스스로에게 미움받는 경우일까요? 나이 마흔이 넘도록 특별한 퍼스널 브랜드나 강점이 없는 경우입니다. 한 달에 책 한 권도 읽지 않는 경우입니다. 아무런 대책도 세우지 못했는데 갑자기 퇴직하라는 회사의 압박에 시달리는 경우입니다. 늘 '바쁘다'를 입에 달고 살지만 정작 인생의 중요한 것은 놓치고 마는 경우입니다.

마흔이 돼 남이 아닌 자기 자신에게 미움을 받는다면 그것은 타인에게 받는 미움보다 훨씬 깊은 상처가 될 수 있습니다. 마흔이 넘도록 짧지 않은 시간을 일해 왔음에도 여전히 자신의 강점을 갖추지 못한 이유를 '시간이 부족했기 때문'이라고 말하는 이들이 많습니다.

하지만 시간 없음이 그럴듯한 핑계가 될 수는 있어도 결코 가치 있는 변명이 될 수는 없습니다. 15년, 20년이라는 시간을 투자하고도 제대로 된 퍼스널 브랜드를 만들지 못했다면 그것은 환경의 문제가 아니라 전략의 문제입니다. 40대는 인생에서 가장 바쁜 시기임이 분명합니다. 직장에서는 차장, 부장, 팀장으로서 무거운 책임을 짊어지고, 가정에서도 쉼 없이 역할을 수행을 해야 합니다. 하루가 어떻게 지나가는지도 모른 채 한 달, 일 년이 순식간에 흘러갑니다.

아이들은 어느새 중고등학생이 돼 예전처럼 마음을 나누기도 어렵고, 열심히 살아가고 있지만 어딘가 삐걱거리는 순간들이 반복됩니다. 좌충우돌하며 앞만 보고 달리다 보면 어느덧 40대는 눈깜짝할 사이 지나갑니다. 하루하루를 버티기도 벅찬데 과연 어떻게 미래를 위한 퍼스널 브랜드를 구축하고 자신만의 강점을 만들어 갈 수 있을지 답답하기만 합니다.

"나이 사십에 미움을 보이면 그것은 이미 끝난 것이다."

'0.8의 법칙'을 적용하면 "나이 오십에 미움을 보이면 그것은 이미 끝난 것이다"로 바꿀 수 있습니다. 오십이 다 가기 전에 육십, 칠십, 팔십을 빛나게 할 일거리를 찾아야 합니다. 그리고 오십이 다 가기 전에 퍼스널 브랜드를 구축해야 합니다. 그것이 오십의 미움에서 벗어나는 지름길입니다.

돈으로는 반밖에
해결하지 못한다

재화

섭공이 정치에 관해 물었을 때 공자께서 말씀하셨다.
"가까이 있는 사람은 기쁘게 하고
멀리 있는 사람은 찾아오게 하는 것이다."

葉公問政 子曰 近者說 遠者來
섭공문정 자왈 근자열 원자래

〈자로편〉 16장

초나라 변방의 경대부였던 섭공(葉公)이 오랜만에 초나라를 방
문한 공자에게 정치를 물었습니다. 공자는 "가까이 있는 사람을
기쁘게 하고 멀리 있는 사람은 찾아오게 하는 것"이 정치다운 정
치라고 답했습니다. 가까이 있는 백성들을 잘 돌봐 그들의 삶이
풍족해지고 즐거워지면 소문을 들은 다른 나라 사람들이 찾아드
니 나라는 점점 부강해진다는 의미입니다.

춘추 시대에는 국경 개념이 뚜렷하지 않았기 때문에 백성들이 살기 좋은 지역을 찾아 비교적 쉽게 옮겨 다니고는 했습니다. 당시 우수한 지식인들과 전략가들은 열국을 돌아다니며 유세를 통해 등용되기를 갈구했는데, 이들의 기준도 다르지 않았습니다.

어떤 나라에서 실력 있는 인재를 제대로 대우한다는 소문이 돌면 천하의 인재들이 구름처럼 몰려들었습니다. 각국의 제후들은 인재를 등용해 패권국이 되고자 했기에 섭공이 정치를 물었을 때 공자가 이렇게 답한 것입니다.

돈으로 모두 해결될 줄 알았다

다산 정약용이 유배지에서 아들에게 보낸 편지의 한 대목입니다.

"저녁 무렵에 숲속을 거닐다가 우연히 어떤 어린애의 울음소리를 들었다. 숨이 넘어가듯 울어 대며 참새처럼 수없이 팔짝팔짝 뛰고 있어, 마치 여러 개의 송곳으로 뼛속을 찌르는 듯 방망이로 심장을 마구 두들기는 듯 비참하고 절박했다. 어린애는 금방이라도 목숨이 끊어질 듯한 모습이었다. 왜 그렇게 울고 있는지 알아보았더니, 나무 아래에서 밤 한 톨을 주웠는데 다른 사람이 뺏아 갔기 때문이었다. 아아! 세상에 이 아이처럼 울지 않는 사람이 몇 명이나 될까? 저 벼슬을 잃고 권세를 잃은 사람들, 재화를 손해 본 사람들과 자손을 잃고 거의 죽을 지경에 이른 사람들도 달관된 경지에서 본다면 다 밤 한 톨에 울고 웃고 있는 것과 같을 것이다."

   학업을 마치면 누구나 일을 시작합니다. 독립적으로 살아가려면 반드시 일해야 합니다. 특히 결혼하고 가족이 늘어나기 시작하면 일은 더 이상 선택이 아닌 필수가 됩니다. 처음에는 작은 월셋집도 가슴 뛰는 행복이지만 시간이 지나면 전세가 필요해지고, 결국 내 집을 가져야 할 이유가 점점 더 많아집니다. 은행 대출이 집값의 절반을 넘더라도 처음으로 '우리 집'을 마련한 순간의 감격은 이루 말할 수 없습니다. 하지만 아무리 열심히 일해도 빚 없는 인생이 되기란 결코 쉬운 일이 아니라는 걸 오십이 되며 깨닫습니다.

   첫아이를 낳았을 때 아내 혼자 병원에 보내 놓고 상사 눈치가 보여 외출도 못 하고 회사에서 끙끙대고 있었던 이유, 아이들이 초등학교에 다니는 6년 동안 여섯 번의 운동회가 있었음에도 단 한 번도 참석하지 못했던 이유, 큰아이와 작은아이의 초등학교 졸업식도 참석하지 못했던 이유, 일주일에 단 하루 일요일도 한 달에 겨우 두 번밖에 쉴 수 없었던 이유, 휴일이면 놀러 가자는 아이를 내치고 피곤함에 잠만 자야 했던 이유가 있었습니다.

   힘들지만 월세를 지나고 전세를 지나 새 아파트에 입주하면 그동안의 미안함과 소홀함을 다 이해받고 박수받을 거라고 생각했습니다. 멋진 차와 아파트만 있으면 그동안의 소원함을 메워 줄 거라고 생각했습니다.

   재화만사성(財貨萬事成), 돈이면 모든 게 해결될 줄 알았습니다. 행복에는 돈이 필요하고 돈을 벌려면 많은 것을 희생해도 그만한 가치가 있다고 생각했습니다. 그래서 회사가 1순위, 가족은 2순위, 내 꿈은 3순위가 돼 나이 오십을 맞이했습니다.

오십에 비로소 깨달은 사실, 돈보다 가족

오십이 넘으면 재화만사성이 아니라 가화만사성(家和萬事成)이 더 중요하다는 걸 깨닫습니다. 돈이 있으면 삶이 편안하기는 하겠지만 모든 게 해결되지는 않습니다. 가정이 화목해야 모든 일이 잘 이뤄진다는 오래된 격언이 더 가까이 다가옵니다.

가정이 화목해지려면 먼저 근자열(近者說)이 돼야 합니다. 가장 먼저 배우자와 화목해야 합니다. 아이들과 문제가 없어야 합니다. 부모님의 사랑과 형제자매의 우애가 있어야 합니다. 이 모두가 마음처럼 쉽지 않습니다. 하루만 떨어져 있어도 죽을 것 같이 보고 싶어 결혼한 사람도 수십 년 화목하기가 결코 쉽지 않습니다. 눈에 넣어도 아프지 않은 아이들이지만 그 아이 때문에 남몰래 눈물 흘릴 때가 많습니다. 언제나 곁에서 지켜 줄 것만 같았던 부모님이 돌아가시면 하늘이 무너지는 슬픔과 그동안의 불효에 가슴이 미어집니다. 좋았던 형제간의 우애도 유산 상속의 갈등을 거치면서 서먹서먹해지기 쉽습니다.

재화반사성(財貨半事成)입니다. 돈으로 해결할 수 있는 건 반밖에 되지 않습니다. 나이 오십이 되면 돈이 전부가 아니었다는 걸 알게 됩니다. 아내는 아내대로, 남편은 남편대로, 아이는 아이대로, 부모님은 부모님대로, 형제는 형제대로 인생을 살아갑니다. 목구멍이 포도청이고 월급이 하느님이라 어쩔 수 없었다는 걸 모두 이해합니다. 하지만 공허가 찾아오는 것 또한 사실입니다.

의좋았던 형제들도 부모 장례식이 끝나면 서서히 갈라지는 모습을 자주 봅니다. 마음속으로야 우리 형제들은 다른 집안의 형제들과 다르다고 생각하지만 상속 문제가 현실이 되면 별수 없다는 걸 깨달으며 씁쓸해집니다. 돌아서면 후회하지만 돈 앞에만 서면 작아지는 자신을 보며 힘없이 삶을 반추합니다. 남편이 화를 내면 아내가 불편해집니다. 아내가 화를 내면 남편 역시 불편해집니다. 누가 화를 내든 아이들은 몇 배 더 스트레스를 받습니다. 화를 내며 출근하면 회사 일도 엉망이 됩니다.

부부가 화목하면 가화만사성입니다. 부부가 화목하지 못하면 재화반사성입니다. 돈으로 해결할 수 있는 것은 반도 되지 않습니다. 가정이 화목해야 가화만사성입니다. 가정이 화목하지 못하면 재화반사성입니다. 이 역시 돈으로 해결할 수 있는 것은 반도 되지 않습니다. 오십이 돼서야 비로소 알게 됐습니다.

오십에 극복해야 할
제일의 위기

건강

색과 냄새가 좋지 않거나 익히지 않은 건 먹지 않았고
때가 아니면 먹지 않았다.
色惡不食 臭惡不食 失飪不食 不時不食
색악불식 취악불식 실임불식 불시불식
〈향당편〉 8장

《논어》〈향당편〉에는 공자의 평소 생활 모습이 다양하게 기록
돼 있습니다. 2,500년 전 모습을 마치 파노라마 영상처럼 보여 주
고 있습니다. 공자의 식습관은 생각보다 까다로웠습니다. 공자가
대사구(大司寇)라는 고관으로 삶을 누렸던 짧은 기간의 기록으
로, 그의 까다롭지만 건강한 식습관을 엿볼 수 있습니다. 당시 공
자가 비교적 장수한 배경에는 철저한 식습관이 자리하고 있었습
니다.

밥은 정제한 쌀로 지은 것을 즐겼으며 회는 가늘게 썰어 먹었고, 쉰밥과 상한 생선, 부패한 고기는 먹지 않았습니다. 빛깔과 냄새가 좋지 않은 음식은 먹지 않았으며 잘못 조리됐거나 때 아닌 음식은 먹지 않았습니다. 바르게 자르지 않은 음식은 멀리했으며 어울리는 장이 없으면 먹지 않았습니다. 고기는 많이 먹었으나 밥의 기운을 이기지 않게 했으며 술은 정해진 양 없이 마셨으나 어지러울 정도까지는 아니었습니다. 시장에서 산 술과 포는 먹지 않았고 생강은 물리지 않았습니다. 음식은 적당하게 먹고 과식하지 않았습니다. 나라에서 받은 제사 음식은 밤을 넘기지 않았고 집에서 제사 지낸 고기는 사흘을 넘기지 않았는데 그 이상 넘기면 상하기 때문이었습니다. 식사 중에는 대화를 피했고 잠자리에선 말하지 않았습니다. 거친 밥과 나물국이라도 반드시 공경하는 마음으로 고수레를 했습니다.

공자는 까다로운 식습관을 바탕으로 2,500년 전에도 일흔셋까지 장수했습니다.

오십에 시작해야 하는 건강 관리

평균 수명이 늘어도 삶의 질은 크게 좋아지지 않습니다. 스트레스에서 벗어나기란 쉽지 않습니다. 우리는 일상이 된 미세 먼지의 습격, 시도 때도 없이 밀려드는 황사와 모래바람, 여름에는 냉기로 겨울에는 온기로 꽉 막힌 실내 공기, 도시 매연, 강에 퍼진 녹조, 매년 더 뜨거워져 적응하기 힘든 기후, 끝을 모르는 상하 간의 갈등, 더 깊어만 가는 빈부 격차, 점점 예민해지는 감정, 업무와 인간관계 스트레스, 해결점이 없는 불평등한 사회, 증폭하는 분열, 가정 폭력과 성폭력, 광분하는 가짜 뉴스, 지식인의 부정과 사회적 리더들의 부패 등 벗어나기 힘든 스트레스 사회를 살아가고 있습니다.

세계 보건 기구는 '육체적·정신적·사회적 건강의 균형'을 온전한 건강이라고 정의했습니다. 오십이 되면 건강의 적신호가 이곳저곳에서 나타나기 시작합니다. 가장 먼저 켜지는 것은 사회적 건강의 적신호입니다.

오십이면 많은 이가 조직에서 물러나거나 밀려납니다. 정년퇴직까지 버틴다고 해도 육십 즈음에는 결국 떠납니다. 사회적 연결에서 멀어지니 정신적 건강에도 문제가 발생합니다. 그간의 대우와 인정으로부터 소외되며 스스로 격을 따지고 권위를 바라는 처지가 됩니다.

사회적 거리가 멀어지며 정신적 문제를 야기하고 결국 육체적 건강까지 악화되는 악순환이 시작됩니다. 평균 수명과 평균 건강 수치가 아무리 높아졌다 해도 실제 건강에서 벗어나 있다면 이는 공허한 숫자에 불과합니다. 오십이 극복해야 할 가장 중요한 숙제가 하나 있다면 바로 건강일 것입니다.

오십은 노년의 청년기

다산은 폐족이 된 이후 방황하는 아들에게 편지를 썼습니다.

"파손되거나 찢어진 것을 갖고 어루만지고 다듬어 완전하게 만들어야만 그 공덕을 찬탄할 수 있듯 죽을병에 걸린 사람을 살려야 훌륭한 의원이라고 부르고 위태로운 성을 구해야 이름난 장수라 일컫는다. 대대로 높은 벼슬아치의 자제들이 좋은 옷을 입고 멋진 관을 쓰고 다니며 가문의 이름을 떨치는 것은 못난 자제라도 누구나 가능한 일이다. 이제 너희는 망한 집안의 자손이다. 그러므로 더욱 잘 처신해 본래보다 훌륭해진다면 기특하고 좋은 일이 아니겠느냐?"

인생의 고개 오십에서 육체적·정신적·사회적 문제에 직면하지 않는 사람들은 정말 잘난 집안의 극소수일 것입니다. 부자가 부자를 유지하는 것도 쉬운 일은 아니지만 가난한 사람이 부자가 되는 건 더더욱 쉬운 일이 아닙니다.

그러니 그게 더 가치 있고 보람 있는 일일 것입니다. 처음부터 자신만의 길을 걸어 전문성을 높이는 것도 쉬운 일이 아니지만 오십이 넘어서도 건강을 유지하며 자신의 잠재력을 찾아 한 분야에 획을 그을 수 있다면 그만큼 가치 있는 일도 없습니다. 그야말로 공자가 나이 먹는 것도 잊을 만큼 몰입하게 만든 재밌는 일일 것입니다.

조직을 떠나는 요즘 50대를 다산이 봤다면 아마도 비슷한 말씀을 하셨을 것 같습니다. '풍요롭게 인생 후반을 사는 사람들을 부러워하거나 시기할 필요는 없다. 하지만 열악한 환경과 조건을 극복하면서 행복한 인생 후반을 만들어 가는 사람들이 있다면 그들은 존경받아 마땅하다. 죽을병에 걸린 사람을 살려야 명의라 불리고 위기에서 일어나 멋진 결과를 만들어 내야 훌륭한 사람이라 불릴 수 있다. 부모를 잘 만난 덕에 부를 이루고 가문의 이름을 떨치는 것은 평범한 사람이라도 누구나 가능하다. 준비한 것 없이 밀려 퇴직한다 해도 지금부터라도 건강을 잘 유지하면서 더욱 잘 처신해 본래보다 훌륭해진다면 기특하고 좋은 일이 아니겠는가?' 하고 말이죠.

물론 모든 이가 다 훌륭해질 수도 없고 그렇게 될 필요도 없겠지만 퇴직 이후에도 시간 가는 것도 잊을 만큼 집중하고 몰입할 수 있다면 행복한 삶이 아닐 수 없습니다. 그러려면 건강이 필요합니다. 육체적·정신적·사회적 건강을 모두 놓지 않아야 합니다.

우리가 알고 있는 역사 속 훌륭한 인물들은 인생을 파고드는 치명적인 환경과 위기를 기회로 삼았습니다. 빅토르 위고는 "사십은 청년의 노년기이며 오십은 노년의 청년기다"라고 했으며 요한 볼프강 폰 괴테는 "큰일을 성취하고자 한다면 나이 들어도 청년이 돼야 한다"라고 했습니다. 고환이 잘리는 치욕적인 궁형을 당하면서도 역사서《사기》를 펴낸 동양 최고의 역사가 사마천, 유배지에서 18년이나 보냈지만 조선 최고의 학자로 우뚝 선 다산, 그리고 오십이 넘어 제주도로 유배를 갔지만 극한의 생활 속에서도 '추사체'를 남긴 추사 김정희도 모두 힘든 상황을 반전의 계기로 삼아 후대에 이름을 새겼습니다.

효는 일상의 문제이자
마음의 문제

✸

부모

맹무백이 효에 관해 여쭈자 공자께서 말씀하셨다.
"부모는 오직 자식이 병들지 않을까 그것만을 걱정한다."

孟武伯問孝 子曰 父母唯其疾之憂

맹무백문효 자왈 부모유기질지우

〈위정편〉 6장

아버지, 어머니 두 분 모두 대소변을 못 가린다고 하더라도 못
할 거 아니지 않나요. 그걸 자식이 치워야지 누가 치우겠어요. 집
으로 요양 보호사가 오시지만 나는 절대 그분에게 처리하라고 하
고 싶지 않아요. 내가 하지. 우리 아버지인데. 사실 이렇게라도 같
이 있는 시간이 길어 봐야 10년, 그렇지 않으면 5년. 그 기간도 하
지 못한다면 나중에 가서 내가 얼마나 가슴 칠 것인지 불 보듯 뻔
해요. '나를 힘들게 했어도 그때가 좋았는데…' 하며 후회해 봤자

이미 때는 늦지요. 이런 생각을 하면 부모님이 막 모질게 해도 그렇게 원망스럽지 않아요.

KBS <인간극장> '고향에 살고지고' 편

나이 오십이 넘으면 문상 가는 일이 부쩍 많아집니다. 직장 동료나 친구의 부모님 초상이 대부분입니다. 제 아버지, 어머니, 장모님은 모두 한 해에 돌아가셨습니다. 50대 초반 어느 해, 순서라도 정해 놓은 듯 여름, 가을, 겨울에 한 분씩 떠나가셨습니다. 오십은 자신의 천명을 아는 시기이기도 하지만 천명을 다하고 돌아가시는 어른들을 보면서 삶의 의미를 되돌아보는 때이기도 합니다. 언제나 자식이 먼저였던 부모였습니다. 돌아가신 다음에야 자식은 부모가 늘 먼저가 아니었음에 깊이 후회합니다.

몸 관리가 부실했던 제자 맹무백이 효에 관해 물었을 때 공자의 대답은 너무나 간명했습니다. 부모는 오로지 자식이 아프지 않을까만 걱정한다는 것이었습니다. 노나라 대부의 아들 맹무백은 몸이 뚱뚱했다고 합니다. 그러니 공자가 몸 관리를 잘해야 한다고 말한 것은 효가 그리 멀리 있지 않다는 것을 이른 말입니다.

예나 지금이나 부모의 첫 번째 걱정은 자식 걱정입니다. 자식이 뛰어난 특기를 갖는 것도, 훌륭한 학교로 진학하는 것도, 우등상을 받는 것도, 좋은 기업에 들어가는 것도 모두 그다음입니다. 아프지 않고 다치지 않고 건강한 몸을 보존하는 것이 부모에게 첫 번째입니다.

거스르지 않는 일상의 마음

《논어》에 기록된 '효'에 관한 몇 구절을 보면 2,500년 전 공자가 제자들에게 이른 효는 그리 대단한 것이 아니었습니다.

"때를 거르지 않고 부모에게 식사를 올리는 것도 중요하지만 더욱 중요한 것은 마음이다. 술과 음식을 먼저 드시게 한다고 효라 할 수 있겠는가? 공경하는 마음이 빠진다면 개와 말에게 먹이를 주는 것과 무엇이 다르겠는가? 혹여 잘못이 있을 때는 완곡하게 말씀을 드려야 하며 뜻을 따르기에 다소 어려움이 있다 해도 가능하면 그 뜻을 어기지 말아야 한다. 또한 자식은 화난 얼굴을 보이지 말아야 한다. 화난 얼굴로 일하고 있는 자식을 보는 부모의 마음이 어찌 편안하겠는가? 집을 나서기 전 어디를 가는지 언제 돌아오는지를 말씀드려야 하며 돌아와서는 잘 돌아왔다는 것을 꼭 알려야 한다."

조선은 성리학을 바탕으로 효를 강조하며 충성과 복종을 강요했고, 효자·열녀를 포상해 왕권 강화의 도구로 삼았습니다. 이상적인 효를 강요하다 보니 현실과 동떨어진 규범이 생겨났고, 가문의 명예를 위한 개인의 희생이 미덕처럼 여겨졌습니다. 그러나 본래 공자가 말한 효는 거창한 희생이 아니라 누구나 실천할 수 있는 따뜻한 마음과 일상의 실천이었습니다.

슬픈 고통의 터널을 지나고 있다고 해도

요즘은 너 나 할 것 없이 나이 드신 부모를 가까이서 모실 자식이 없다시피 합니다. 거동이 불편하거나 병든 부모의 경우 더욱 그렇습니다. 장남 장녀도, 차남 차녀도, 며느리도 사위도, 손자 손녀도 누구 하나 선뜻 나서 병든 부모, 늙은 할머니 할아버지를 모시겠다고 하지 못하는 게 현실입니다. 마음이 없어서라기보다 매일매일의 삶이 무겁기 때문입니다. 늙고 병든 부모를 병원에 눕히고 자식들은 서로를 바라보며 핑계만 댑니다. 원망하며 눈치만 봅니다. 그렇게 부모님은 병원이나 요양원에서 찾는 사람 없이 외롭고 쓸쓸한 죽음을 맞이하게 됩니다.

부모가 돌아가시면 전광석화처럼 초상을 치르고 삼우제도 마치기 전에 유산 싸움에 돌입합니다. 장남은 장남대로 동생은 동생대로 그동안의 공적을 들이대며 결국 법적 잣대까지 들며 소리칩니다. 부모와 이별한 슬픔이 채 가시기도 전에 형제자매의 이별 아닌 이별이 시작됩니다. 상처는 터진 후에야 잠잠해집니다. 부모도 잃고 형제도 잃으며 그렇게 50대가 지나갑니다. 적지 않은 50대가 이 슬픈 고통의 터널을 통과하고 있습니다.

지금은 까마득한 전설처럼 돼 버렸지만 조선 후기까지만 해도 많은 이가 거행했던 삼년상(三年喪)의 유래를 가늠해 볼 수 있는 대화가 《논어》 〈양화편〉에 등장합니다. 제자 재아(宰我)는 공자에게 삼년상이 너무 길다고 말합니다.

"삼년상은 기간이 너무 깁니다. 군자가 3년 동안 예를 행하지 않으면 예가 파괴될 것이고, 3년 동안 음악 연주를 하지 않으면 음악이 무너질 것입니다. 묵은 곡식이 다 없어지고 햇곡식이 등장하며 나무에 구멍을 뚫고 마찰해 새로운 불을 얻는 기간이니 1주기가 지나면 복상을 그만둬도 될 것입니다."

공자께서 "3년이 지나기 전에 쌀밥을 먹고 솜옷을 입는 것이 너에게는 편안하냐?"라고 되물었습니다. 재아가 편안하다고 대답하자, 공자께서 "네가 편안하면 그렇게 해라. 대체로 군자는 상중에 있으면 맛있는 음식을 먹어도 맛이 없고 음악을 들어도 즐겁지 않으며 집 안에 가만히 있어도 편안하지 않기 때문에 그렇게 하지 않는 것이다. 이제 네가 편안하다면 그렇게 해라"라고 하셨습니다. 재아가 나가자 공자께서 말했습니다.

"재아는 어질지 못하구나. 자식이 태어나면 3년은 지나야 부모의 품에서 벗어나게 되기에 대체로 삼년상은 천하의 공통적인 상례이거늘 재아는 태어나 3년 동안 부모에게 사랑을 받지 않았단 말인가?"

《명심보감(明心寶鑑)》에도 이런 대목이 반복적으로 등장합니다.

"어린 자식의 똥오줌은 마음에 전혀 거리낌이 없으면서 늙은 부모님의 눈물과 침이 떨어지면 도리어 미워하고 싫어하는 마음을 갖는데, 육 척 그대의 몸은 어디에서 나왔는가. 아버지의 정기와 어머니의 피로 그대의 몸이 만들어진 것인즉 그대에게 권하노니 늙어 가는 부모님을 공경하고 대접하라. 젊었을 때 그댈 위해 살과 뼈가 닳았느니라."

  내 부모도 마음대로 봉양하지 못하는 현실이 안타깝지만 더 가슴을 아프게 하는 것은 그 현실을 거부감 없이 그냥 받아들인다는 사실입니다.

서두르지 말고
작은 이익을 돌보지 마라

방향

공자께서 말씀하셨다.
"빨리하려고만 하지 말고 작은 이익을 보려고 하지 마라.
빨리하려고 하면 달성하지 못하고
작은 이익을 보다 보면 큰일을 이루지 못한다."
子曰 無欲速 無見小利 欲速則不達 見小利則大事不成
자왈 무욕속 무견소리 욕속즉부달 견소리즉대사불성
〈자로편〉 17장

공문십철(孔門十哲) 중 하나인 자하는 공자보다 44살 어렸으며
고전과 문학에 능통했습니다. 공자 사후에는 위(魏)나라 군주의
스승이 되기도 했으며 공자의 사상을 전하는 데 중요한 역할을 했
습니다. 그가 한때 거보(莒父)의 읍재가 돼 정치에 대해 공자에게
묻자 공자는 정치는 조급해서도, 작은 이익에 집착해서도 안 된다

고 가르쳤습니다. 이유는 명확합니다. 서두르면 목표는 달성할지 몰라도 본래의 뜻을 충분히 이루기 어렵고 작은 이익에 집착하면 더 큰일을 이루기 어렵기 때문입니다.

예나 지금이나 시작하는 마음을 끝까지 유지하는 지도자나 정치인은 거의 없습니다. 그들은 처음에는 그 어떤 어려운 일도 다 해결해 줄 것처럼 호언장담하지만 이내 용두사미로 그치기 일쑤입니다. 리더들도 비슷합니다. 누구나 새로운 업무를 맡을 때는 전임자를 비판하며 호기롭게 시작하지만 전임자보다 더 초라한 모습으로 끝맺는 경우가 허다합니다. 너무 서두르다가 일을 망치거나 사사롭고 작은 이익에 눈을 돌리기 때문입니다. "서두르지 말고 작은 이익을 돌보지 말라"라는 공자의 조언이 지금도 유효한 이유입니다.

정치뿐만 아니라 세상의 많은 일이 대체로 그러합니다. 공자는 오십이 넘어 그토록 바랐던 정치를 하게 됐습니다. 처음에는 '중도재'라는 작은 읍의 읍재가 됐습니다. 이후 대사구로 발탁돼 능력을 발휘하기 시작합니다. 정치로 노나라를 바꿀 수 있다고 생각해 이를 자신의 천명으로 받아들였지요. 그래서 일흔에 그간의 삶을 회고하며 오십을 지천명이라 한 것입니다.

무작정 달리기만 하면

쉼 없이 달리면 먼저 도착할 줄 알았습니다. 조금만 더 여유가 생기면 하고 싶은 것을 할 수 있다는 확신 속에 달리기를 멈출 수 없었습니다. 먼저 도착하면 더 많이 쉴 수 있고 더 즐거운 삶이 기다리고 있는 줄 알았습니다.

그렇게 오십이 됐습니다. 돌아보니 인생은 쉼 없이 달린다고 먼저 도착하는 게임이 아니었습니다. 먼저 도착한다고 해서 더 오래 쉴 수 있고 더 많이 즐거운 것도 아니었습니다. 앞만 보고 달렸지만 원하는 방향이 아니라는 걸 알았습니다. 원하는 쪽이 아닌 다른 방향으로 뛰고 있는 자신을 발견했지만 되돌아갈 용기가 나지 않았습니다. 방향이 중요한 게 아니라 빨리 달리는 게 더 중요하다고 생각을 바꿨습니다. 남들처럼 달렸으나 뚜렷한 목표가 있었던 건 아니었습니다.

지난 20년 동안 바다를 마음 편히 바라본 경험도 새싹 같았던 아이들과 함께 그 흔한 풀밭을 한번 자유롭게 뛰어 본 경험도 없었습니다. 열심히 일하면 다 가능하리라던 확고한 신념 때문에 누구보다 아름다웠던 아내의 30대가 아무런 추억도 남기지 못한 채 지워졌습니다. 아이들의 10대가 바람처럼 흔적도 없이 사라졌습니다. 가족과 함께해야 했던 젊은 날의 기억 속에는 별로 남은 게 없습니다. 무던히도 출퇴근을 반복했지만 그 시간조차 이제는 흐릿해졌습니다.

가장 젊고 가장 아름다웠던, 그리고 가장 생생해야 했던 지난 20년의 시간이 어둠 속에 잠겨 버렸습니다. 피치 못할 일로 1년에 한두 번 낼까 말까 하는 월차마저 자유롭게 용납하지 못한 채 마음 줄이며 20년을 하루처럼 출근했던 이유는 시간과 돈의 자유를 하루라도 빨리 얻기 위함이었습니다. 옹골차게 돈을 모아 시간을 사겠다는 믿음이 있었기에 가능했습니다. 시간의 자유가 생겨야 가족과 함께 즐거운 삶이 가능하다고 생각했습니다. 보통의 사람들이 그렇게 살아가고 있기에 나도 그 길을 가는 데 어떤 의심도 하기가 쉽지 않았습니다. 되돌아보니 왔던 길에 의문이 듭니다. 그렇게 오십이 되도록 돌아보지 않고 달렸지만 다시 처음으로 되돌아가고 싶은 기분입니다. 돈을 따라 뛴 지난 20년이 도리어 인생의 귀한 시간을 낭비해 버린 것 같다는 생각이 듭니다.

이제 다시 방향을 잡을 때

오십, 이제 방향을 고민해 봅니다. 숨 막히게 달려온 경쟁의 시간을 뒤로하고 속력을 줄이며 인생 후반의 목표를 생각해 봅니다. 오십에 명예퇴직을 받아들인다는 게 쉬운 일은 아니지만 생각해 보면 인생이 꺾일 만큼 치명적인 건 아닙니다. 육십에 정년퇴직을 받아들인다는 게 어딘가 허전하고 크고 작은 상실감을 가져올 수는 있지만 새로운 도전을 꺾을 만큼 강력하지는 않습니다. 오십, 육십을 넘어 건강이 예전 같지 않다고 해도 미래의 희망을 꺾을 만큼 치명적이진 않습니다.

일과 연봉 때문에 하고 싶은 일을 미뤘다면 퇴직은 하고 싶은 일을 선택할 수 있는 기회입니다. 직장에 열중하다 보니 책을 멀리했다면 퇴직은 시간적인 여유로 마음껏 독서할 수 있는 소중한 시간이 될 것입니다. 지금까지 먹고사는 일에 집중했다면 이제 자신이 만족하는 일에 더 집중할 수 있습니다. 내가 만족하고 남에게 도움이 되는 조금 더 장기적인 일에 집중할 수 있습니다. 화려한 성공을 장담하지는 못해도 탄탄한 미래는 장담할 수 있습니다.

우리가 정말 건강하게 구십까지 산다면 오십, 육십은 그렇게 고민할 나이가 아닙니다. 혹여 지금까지 원하지 않는 방향으로 살아왔다고 하더라도 크게 걱정할 이유가 없습니다. 지금까지 일하면서 살아온 30년만큼이나 긴 시간이 기다리고 있기 때문입니다. 얼마나 더 살게 될지 모르지만 그렇다고 손 놓고 인생의 마지막 날만 기다리는 건 좋은 방법이 아닙니다. 어느 노교수의 회고처럼 큰 후회가 될지 모를 일이기 때문입니다.

"나는 존경과 박수를 받으며 60대 초반에 자랑스럽게 은퇴했지만 90세가 됐을 때 후회의 눈물을 흘렸다. 지난 30년의 삶이 한없이 부끄럽고 후회스럽기 때문이었다. 육십 이후의 인생을 마치 덤처럼 여기며 희망 없는 시간이 30년이나 지속됐기 때문이다. 퇴직할 때 앞으로 30년을 더 살 수 있다고 생각했다면 정말 이렇게 살지는 않았을 것이다."

모두가 똑같은 곳에
도달할 수는 없다

경력

공자께서 말씀하셨다.
"함께 배울 수는 있지만 모두 도에 나아갈 수는 없으며
함께 도로 나아갈 수는 있어도 모두 설 수는 없으며
함께 설 수는 있어도 모두 권도를 행할 수는 없다."

子曰 可與共學 未可與適道
可與適道 未可與立 可與立 未可與權
자왈 가여공학 미가여적도
가여적도 미가여립 가여립 미가여권

〈자한편〉 29장

　　대입 수험생이라면 학교와 전공을 두고 깊은 고민을 하지 않을
수 없습니다. 비록 최종적으로는 점수에 근거해 선택한다 해도 고
민이 끝나는 건 아닙니다. 스무 살의 선택이 다시는 바꿀 수 없는

인생의 최종 선택이 될지도 모른다는 고민이 시작됩니다. 물론 선택은 중요합니다. 하지만 이 한 번의 선택으로 인생이 결정되는 건 아닙니다.

학교를 졸업하면 취업이라는 또 한 번의 인생 고민을 맞닥뜨립니다. 그동안 공들인 전공과 적성에 맞는 직업을 찾아야 한다는 부담감을 떨치기 어렵습니다. 누가 가르쳐 주지 않아도 첫 직장의 중요성을 알고 있기 때문입니다. 전공이 같다고 모두 같은 길을 걷는 것도 아님을 차차 알게 됩니다. 전자 공학을 전공한 사람이 행정직 공무원이 되거나 선원이 되기도 합니다. 영문학을 전공한 사람이 농부가 되거나 연극 무대를 설계하는 엔지니어가 되기도 합니다. 법을 전공했다고 모두 법률 관련 일을 하는 것도 아니며 문학을 전공했다고 반드시 글을 쓰는 직업을 갖는 것도 아닙니다. 전공은 길을 정해 주기도 넓혀 주기도 하기 때문입니다.

최선의 길을 찾아서

조직에서 일하다 보면 자의 반 타의 반 전직과 이직을 생각하게 됩니다. 일 잘하는 사람은 헤드헌터로부터 달콤한 러브콜을 받고는 합니다. 더 좋은 연봉과 조건을 제시하며 적을 옮길 것을 권유받습니다. 일 못하는 사람은 어떻게라도 지금의 조직에서 떠나고 싶어 합니다. 다른 환경과 조건에서 다시 시작해 보고 싶은 욕심이 들기 때문입니다. 적성이 다를 수도 있고 상사가 마음에 들지 않을 수도 있습니다. 호시탐탐 기회만 엿보기도 합니다. 동일 직무를 유지하며 직장을 옮기는 이직, 그간의 직무 자체를 바꾸며 직장을 옮기는 전직을 반복합니다.

이직과 전직의 특징 중 하나는 한번 시작하면 그 한번으로 끝나지 않는다는 데 있습니다. 첫 직장에서 얼마나 오랫동안 일을 할 수 있는지, 같이 시작한 입사 동기들과 언제까지 동고동락할지는 아무도 모릅니다. 10년, 20년, 30년을 함께할 수도 있지만 이는 기적에 가까운 일이라는 것을 오십, 육십에 깨닫습니다.

사십에 떠나든 오십에 떠나든 육십에 정년퇴직을 하고 떠나든 언젠가는 조직을 떠나야 합니다. 사십에 떠나면 40년, 오십에 떠나면 30년, 육십에 떠나도 20년은 더 일해야 합니다. 불혹의 나이에 이직과 전직을 시작하면 자리를 몇 번 더 옮겨야 할지 예측하기 어렵지만 그게 최선이라면 다른 방법은 없습니다.

이직과 전직 없이 첫 직장에서 은퇴한다는 건 결코 쉬운 일이 아닙니다. 특히 공조직이 아닌 사조직에서의 정년퇴직이란 꿈같은 일이 됐습니다. 불혹의 갈등 시기와 지천명의 오십을 지나 이순에 정년퇴직을 할 수 있다면 겉보기에 그보다 더한 축복은 없을 것입니다.

하지만 자세히 들여다보면 걸어온 길이 피 말리는 경쟁의 연속이었다는 걸 알 수 있습니다. 함께 시작한 입사 동기라 해도 업무가 다 같지 않습니다. 어떤 동기는 인사에서, 어떤 동기는 영업에서 시작합니다. 4년이 지났다고 모두 대리가 되는 것도 아니며 8년이 지났다고 모두 과장이 되는 것도 아닙니다. 함께 승진한 과장이라고 모두 본사에서 근무하는 것도 아니며 어렵게 부장이 됐다고 모두 임원이 되는 것도 아닙니다.

기업이 성장하기만 한다는 보장도 없습니다. '올해 경기가 가장 안 좋다'는 말을 매년 듣습니다. 그 모든 악조건을 이겨 내야 부장은 임원이 되고 여러 임원 중 단 한 명이 CEO가 됩니다. 어떤 동기는 대리 승진에 탈락해 이직하고, 어떤 동기는 과장 승진에 막혀 전직하고, 어떤 동기는 부장 승진에 고배를 마셔 퇴직 후 자영업을 하고, 어떤 동기는 임원으로 몇 년 일하다 퇴직 후 사업을 합니다. 동기 중에서 단 한 명만이 권도를 잡게 됩니다.

길이 달라도 인생이 틀린 것은 아니다

공자는 공부하는 단계, 시작하는 단계, 두각을 나타내는 단계, 최고가 되는 단계를 말했습니다. 학교라는 교육 시스템에서 함께 배웠다 해도 졸업 후 모두 같은 길을 가지 못하는 게 현실입니다. 혹여 같은 길을 간다고 해도 모두 두각을 나타낼 수 없는 게 현실입니다. 혹여 여러 명이 두각을 나타낸다고 해도 모두 최고의 권위자가 될 수 없는 것 역시 현실입니다.

모든 분야가 비슷합니다. 정치학을 전공했다고 모두 정치의 길을 가는 건 아니며 정치를 한다고 해서 모두 훌륭한 정치인으로

서지는 못합니다. 훌륭한 정치인이 된다고 해서 모두 대권을 잡지 못하듯 말입니다.

　세상 그 누구의 인생도 헛되지 않듯 그 어떤 경력도 무가치하지 않습니다. 졸업 후 전공과 다른 일을 시작하는 게 잘못은 아닙니다. 조직에서 열심히 일하다 이직과 전직을 하는 게 잘못은 아닙니다. 과장이나 부장 승진에서 탈락한 게 인생의 실패를 의미하지는 않습니다. 임원이 되지 못하고 전문가가 되지 못했다고 삶이 무너지지는 않습니다.

　원하는 길로 들어서 원하는 걸 얻고 원하는 힘을 얻어 사는 것도 좋은 인생이지만, 원하는 길이 아니어도 새로운 길을 찾고, 원하는 걸 얻지 못해도 가치 있는 걸 만들면서 힘을 얻지는 못했지만 행복과 지혜를 얻었다면 아름다운 삶입니다. 세상의 삶이 모두 다르지만 우열을 나타내지 않습니다. 어차피 다른 사람들과 똑같은 삶을 살 수는 없습니다. 공자 시대도 지금도 마찬가지입니다. 어떻게 생각하느냐, 어떤 가치를 만들고자 노력하느냐가 의미 있고 아름다운 인생을 만드는 기술입니다.

가야 할 길을 알고
일관되게 걷는다

중심

공자께서 말씀하셨다.
"삼아 나의 도는 하나로 꿰어져 있다."
증자가 "네"라고 답했다.
공자가 밖으로 나가자 문인들이 물었다.
"무엇이라고 말씀하셨습니까?"
증자가 말했다.
"스승님의 도는 충서일 뿐이다."
子曰 參乎 吾道一以貫之 曾子曰 唯
子出 門人問曰 何謂也 曾子曰 夫子之道 忠恕而已矣
자왈 삼호 오도일이관지 증자왈 유
자출 문인문왈 하위야 증자왈 부자지도 충서이이의
〈이인편〉 15장

일흔이 넘은 공자는 자신의 삶을 이렇게 요약했습니다.

"나의 길은 하나로 꿰어져 있다. 나는 세상의 흐름에 흔들리지 않고 내가 가야 할 그 길을 지금까지 일관되게 걸어왔다."

공자는 일관되게 살았다고 했지만 그게 무엇인지 정확하게 말하지는 않았습니다. 하지만 제자인 증삼은 그 일관성을 충(忠)과 서(恕)로 이해했습니다. 자신이 맡은 일에 충심을 다하고 타인에게는 이해하고 용서하는 마음을 갖는 것입니다. 충은 중심(中心)으로, 어떤 일을 할 때 한마음으로 집중하는 마음입니다. 서는 여심(如心)으로, 상대와 같이하는 마음입니다. 내충외서(內忠外恕)의 마음입니다. 자신에게는 엄격하고 타인에게는 온유한 내강외유(內剛外柔)의 마음이라고 할 수 있습니다.

희망 어린 서른의 길

"나의 도는 하나로 관통된다."

나의 길에는 일관성이 있다는 뜻인데요. 서른의 오도일이관지와 오십의 오도일이관지는 그 느낌이 사뭇 다릅니다. 서른에 드는 오도일이관지는 희망이라 부를 수 있습니다. 인생 청사진에 새겨질 분명한 '나의 길'을 만들 수 있기 때문입니다. 다가올 환경이나 조건에 따라 길이 바뀔 가능성도 있지만 그래도 가고 싶은 길을 분명하게 선택할 수 있기 때문입니다.

서른에는 길이 보이지 않을 수 있습니다. 길은 있으나 일관성이 없을 수도 있습니다. 길은 시작됐으나 계속 가야 할 자신이 없다고 생각할 수도 있습니다. 당장 해결해야 할 취업이라는 과제에 치여 어떤 일을 하면서 어떻게 살아야겠다는 생각조차 어려울 수 있습니다.

그래도 서른은 희망입니다. 시간을 이기는 건 세상에 없기 때문입니다. 오십에는 불가능하지만 서른에는 가능한 게 바로 시간입니다. 그래서 서른에 그 길을 생각하고 꿈꿔야 합니다. 생각하고 꿈꾼다고 모두 이룰 수 있는 건 아니지만 꿈꾸지 않고 이룰 수 있는 건 단 하나도 없습니다.

오십에 듣는 '오도일이관지'에는 조급함이 묻어 있습니다. 누구나 50여 년을 살면 뒤를 돌아보게 됩니다. 어떻게 지금까지 왔는가를 보면 신기하기도 하고 후회스럽기도 합니다. 일관성을 지키면서 살아온 사람이 얼마나 될까요? 20대 초반에 어떻게 하다 보니 그 전공을 선택하고 어떻게 하다 보니 그 조직에 들어가서 나름 열심히 일하다 보니 어느덧 오십이 된 것이지요.

지금까지의 삶과 여정이 마음에 들고 흡족했다면 앞으로도 계속 같은 패턴으로 살아가면 됩니다. 그게 일관성을 지키는 일입니다. 하지만 지금까지의 삶이 아쉽고 마음에 들지 않았다면 일관된 인생을 살았다는 공자의 오도일이관지가 새롭게 다가옵니다.

열심히 살았지만 무엇을 위해 열심히 살았다는 것인지, 뼈 빠지게 노력하며 살았지만 누구를 위해 산 것인지, 당당하게 살았지만 누구를 위한 당당함인지, 가족을 위해 살았다지만 정말 그게 전부인지, 50년을 살았는데 대체 나라는 사람의 정체성은 무엇인지, 그 어떤 것도 정의되지 못한 채 흔들리는 자신을 바라볼 수도 있습니다.

만약 서른에 인생의 뜻을 세웠다면 20년이 지난 오십의 자신은 분명 덜 흔들리고 있을 것입니다. 마찬가지입니다. 오십에 오도일이관지를 시작하지 못한다면 20년이 지난 칠십에도 계속 흔들리고 있는 자신을 보게 될지 모릅니다.

조급함이 묻어 있는 오십의 길

오십에 조급하다는 건 그래도 희망입니다. 오십에도 결정할 수 있기 때문입니다. 세상의 흐름에 흔들리지 않는 내가 가야 할 길을 정할 수 있기 때문입니다. 무엇을 정한다는 건 그것 이외에 대부분은 포기한다는 말입니다.

지금까지 일관성 없는 삶을 살았다는 건 지금까지 하고 싶은 일을 하며 살았다는 걸 의미합니다. 아무리 바빠도 술 마시고 싶으면 술 마실 시간을 내고 TV 볼 시간은 있어도 책 읽을 시간은 내지 않았습니다. 육아에, 가정생활에, 대체하기 어려운 일에 많은 시간을 할애하며 직장 생활을 한다는 것 자체가 쉬운 일은 아니었습니다. 하루하루 버거운 시간을 보내며 일관성 있는 인생을 생각하기가 현실적으로 어려웠습니다.

그래서 오십은 더 희망적입니다. 가정적으로나 경제적으로나 어느 정도는 안정을 유지할 수 있는 시기이기 때문입니다.

오십은 시작하기에 좋은 나이입니다. 스물의 미숙함, 서른의 치열함, 마흔의 흔들림도 줄어든 오십은 일관성 있는 일을 시작하기에 좋은 나이입니다. 어떤 일을 오십부터 칠십까지 20년 동안 계속한다면 그 결과는 어떨까요? 오십부터 구십까지 40년을 한다면 어떤 기적 같은 일이 일어날까요?

일을 하기에 오십은 정말 최고의 시기입니다. 경제적으로 안정됐다면 어떤 일이든 선택해 시작하면 됩니다. 경제적으로 불안하다면 지금의 경제 활동을 지속하며 주말이나 여유 시간에 하고 싶은 일을 시작하면 됩니다.

물론 본업 때문에 속도가 나지 않을 수 있지만 큰 문제는 아닙니다. 앞으로 20년 혹은 40년 동안 할 일이기 때문에 조금 느려도 큰 문제는 없습니다. 중요한 건 선택에 있습니다. 그래서 칠십이 됐을 때 우리도 당당하게 오도일이관지를 외칠 수 있길 기대해 봅니다. 세상의 흐름에 흔들리지 않고 내가 가야 할 길을 지금까지 일관되게 걸어왔다고 말입니다.

꽃을 피웠으면
열매를 맺어 보자

✽

결실

공자께서 말씀하셨다.
"싹은 트였으나 꽃을 피우지 못하는 경우가 있고
꽃은 피웠으나 열매 맺지 못하는 경우도 있다."
子曰 苗而不秀者有矣夫 秀而不實者有矣夫
자왈 묘이불수자유의부 수이불실자유의부

〈자한편〉 21장

수제자였던 안회가 죽었을 때 공자는 이렇게 말했습니다.

"내가 이 사람을 위해 애통해하지 않으면 대체 누구를 위해 애
통해하겠느냐? 슬프다. 하늘이 나를 망쳤구나, 나를 망쳐 버리는
구나."

안회는 공자의 가장 뛰어난 제자였습니다. 그는 스승의 가르침을 실천하는 데 한순간도 멈추지 않았습니다. 공자는 "내가 안회와 종일토록 이야기할 때, 그는 한 번도 내 말에 이의를 제기한 적이 없었다. 겉으로 보기에는 마치 어리석은 사람처럼 그저 수긍할 뿐이었다. 그러나 그가 물러난 뒤 그의 삶을 살펴보면 그는 내가 한 말을 하나도 어기지 않고 그대로 실천하고 있었다. 그는 결코 어리석은 제자가 아니었다. 오히려 나를 돌아보게 만드는 스승과도 같은 제자였다"라고 말하기도 했습니다.

안회는 공자가 가장 아끼고 신뢰한 제자였습니다. 배우기를 가장 좋아했던 제자도 안회였고 가장 어진 제자도 안회였습니다. 안회는 안빈낙도의 대명사였습니다. 그런 제자가 스승보다 먼저 세상을 떠나자 공자는 너무나 안타까운 마음에 한탄한 것입니다.

꽃은 흔들리며 핀다

어려서 총명했으나 커서 눈에 띄지 않는 경우가 있습니다. 입학은 했으나 졸업을 하지 못하는 경우가 있고, 졸업은 했으나 취업을 하지 못하는 경우가 있습니다. 취업은 했으나 승진을 하지 못하는 경우가 있고, 승진은 했으나 임원이 되지 못하는 경우가 있습니다. 임원은 됐으나 대표가 되지 못하는 경우가 있고, 대표는 됐으나 명예롭지 못한 경우가 있습니다. 사업은 시작했으나 5년을 넘기지 못하는 수가 있고, 5년은 넘겼으나 손해를 보는 수가 있습니다. 수익은 발생하나 성장이 어려운 상황에 몰리기도 합니다.

　서른에 이립은 했으나 마흔에 불혹이 쉽지 않은 경우가 있고 마흔에 불혹은 했으나 쉰에 지천명이 힘든 경우도 있습니다. 쉰에 지천명은 됐으나 예순에 이순이 어려운 경우가 있고 예순에 이순은 됐으나 일흔에 마음 둘 곳이 없는 경우도 있습니다.

　"흔들리지 않고 피는 꽃이 어디 있으랴, 젖지 않고 피는 꽃이 어디 있으랴" 노래한 시인이 있습니다. 이 세상 그 어떤 아름다운 꽃들도 다 흔들리면서 피었나니, 흔들리면서 줄기를 곧게 세웠나니, 흔들리지 않고 가는 사랑은 없다고 했습니다. 이 세상 그 어떤 빛나는 꽃들도 다 젖으며 피었나니, 바람과 비에 젖으며 따뜻하게 꽃잎을 피웠듯 젖지 않고 가는 삶은 없다고 했습니다.

　인생의 꽃을 피우는 것도 쉬운 일이 아닙니다. 싹은 내 의지와 무관하게 트이지만 꽃을 피우기 위해서는 비에 젖고 바람에 흔들리면서도 많은 것을 이겨 내야 하기에 더욱 그렇습니다. 우리가 이 세상에 나온 건 우리 자신의 의지가 아닙니다. 인연과 연결해 생각할 수도 있지만 분명한 건 자신의 의지는 아닙니다. 그래서 그것을 하늘의 영역으로 돌려 인명은 재천이라 사람의 목숨은 하늘에 달려 있다고 옛사람들이 말했는지도 모릅니다.

　새롭게 태어나는 모든 건 다 그만한 가치가 있습니다. 인간이든 동물이든 식물이든 생명이 있는 모든 것의 시작에는 셀 수 없는 가치가 있는 것입니다.

꽃피우는 사십, 열매 맺는 오십

사십은 꽃을 피우기에 가장 적당한 시기가 아닐까 생각합니다. 가장 왕성하게 노력하는 시기, 가장 치열하게 살아가는 40대가 인생의 아름다운 꽃이 될 가능성이 높습니다. 경제적으로 수입이 가장 많은 시기, 가정적으로도 활기가 가장 넘치는 시기, 직장에서도 승진하기 가장 좋은 시기, 신체적으로도 아직 버틸 만한 시기, 사회적으로도 인정받기 좋은 시기로 인생의 꽃을 피울 가장 좋은 나이가 바로 불혹의 40대인 듯합니다.

열매 맺기에 가장 좋은 시기는 50대가 아닐까 합니다. 꽃이 핀다고 바로 열매가 맺히는 건 아닙니다. 열매는 자라고 익어 가는 시간이 필요합니다. 기다리지 않고 맺는 열매가 어디 있으랴, 이 세상 그 어떤 달콤한 열매도 다 때를 기다리면서 익었나니, 여름과 겨울을 기다리면서 천년 향기를 만들었나니, 기다리지 않고 맺는 열매가 어디 있겠습니까?

사랑하는 사람 둘이 만나 가정을 이루고 사회의 건전한 일원으로 역할을 다하는 것만으로도 박수받아 마땅하지만, 싹은 트였으나 꽃을 피우지 못하는 경우가 있고 꽃은 피웠으나 열매를 맺지 못하는 경우도 있다는 공자의 말은 무엇을 함의할까요?

싹으로 트였으면 꽃을 피워야 하고 꽃을 피웠으면 당연히 열매까지 맺기를 바라는 간절한 마음이었을 것입니다. 누구의 마음이 그렇지 않겠습니까? 죽고 사는 문제만 아니라면 누구든 당연히 꽃피고 열매 맺기를 바라겠지요.

오십에 서서 그간의 삶을 되돌아봤을 때 '이 정도면 됐다'고 생각한다면 인생의 열매를 맛본 것일 수도 있겠지만 아직 뭔가 아쉬움이 남는다면 잠깐 멈추고 생각해 봐야 합니다. 이때야말로 인문학의 힘이 필요합니다. 역사, 문학, 철학, 고전의 도움이 필요할 때입니다.

오십은 인문학을 공부하기 참으로 적당한 시기입니다. 타인의 요구에 의해서가 아니라 스스로의 필요에 의해서입니다. 스스로의 질문에 답하기 위해 책을 읽는 50대의 독서가 바로 인문학의 시작입니다. 옛사람들은 인생을 어떻게 살았는가? 그게 역사입니다. 세상 사람들은 어떤 인생을 살아가는가? 그게 문학입니다. 사람들은 어디서 와서 어디로 가는가? 나는 누구인가? 삶이란 무엇인가? 그게 철학입니다. 누구에게나 적용해도 좋을 오래된 지혜가 담긴 이야기는 무엇인가? 그게 고전입니다.

공자는 가장 사랑하는 제자의 죽음 앞에서, 싹은 트였으나 꽃을 피우지 못하는 수가 있고 꽃은 피웠으나 열매 맺지 못할 수도 있다며 안타까워했습니다.

2,500년이 지났지만 공자는 여전히 지천명의 사람들에게 말하고 있습니다. 꽃을 피웠으면 제발 열매까지 맺어 보자고 말입니다. 지금까지의 삶이 마음에 들지 않는다면 마음에 드는 열매를 남기기 위해서라도 50대를 잘 보내라 합니다. 억울해서라도 한 번

더 힘을 내고 도전할 수 있는 나이가 50대라 합니다. 지금까지 잘 살아왔다면 더 가치 있는 자신과 세상을 위해 무엇인가 해야 할, 한 번 더 가치를 올릴 수 있는 절호의 시간이 50대라 합니다.

나부터 바로 서고
사람들이 따르게 하라

행동

자공이 군자는 어떤 사람인가를 묻자 공자께서 말씀하셨다.
"말보다는 행동을 앞세워라. 그럼 사람들이 너를 따를 것이다."

子貢問君子 子曰 先行其言 而後從之
자공문군자 자왈 선행기언 이후종지
〈위정편〉 13장

《논어》에는 군자에 대한 다양한 정의가 등장합니다. 제자들의
수양과 성향 혹은 처지와 상황에 따라 공자가 가르치는 군자의 정
의가 조금씩 달랐습니다. 자공은 공문십철이라고 불리는 10명의
핵심 제자 중 하나로 특히 논리적인 언사에 재주가 많다는 평가를
받았습니다. 그는 노나라의 안위를 위해 열국을 뛰어다니며 훌륭
한 외교술을 펼치다 공자 사후 제나라에서 재상을 역임하기도 했
습니다.

하지만 자공은 말이 행동을 앞선다는 단점이 있었습니다. 그런 자공이 군자에 관해 묻자 "자기 스스로가 먼저 실천해 본 다음 그 결과를 바탕으로 말을 해야 한다. 그럼 사람들은 따라오게 돼 있다"라고 가르쳤던 것입니다.

말은 쉽지만 실천은 어렵다

간디를 존경했던 인도의 한 어머니가 어린아이와 함께 간디를 찾아갔습니다.

"선생님, 저희 아이에게 설탕을 좀 적게 먹으라고 타일러 주세요. 저희 아이가 선생님을 매우 존경하기 때문에 선생님이 말씀하시면 그대로 따를 것 같습니다."

간디는 잠시 생각하더니 3주 후에 다시 오면 그때 말해 주겠노라고 답하고 그냥 돌려보냈습니다. 어머니는 좀 의아했지만 3주 후에 다시 간디를 찾아가 같은 부탁을 했습니다. 그때서야 간디는 "애야, 설탕을 많이 먹으면 몸에 해롭단다. 설탕을 좀 줄이렴" 하고 말했습니다. 간디는 의아스럽게 생각하는 아이 어머니에게 이렇게 말했습니다.

"사실은 저도 설탕을 좋아합니다. 그래서 제가 먼저 3주 정도 시간을 들여 설탕을 줄일 수 있는가를 시험해 봤는데, 줄일 수 있어서 오늘 그렇게 말한 것입니다."

말은 누구나 쉽게 할 수 있습니다. 행동과 실천이 어렵지, 옳은 말을 하는 건 어려운 일이 아닙니다. 훈수는 누구나 쉽게 둘 수 있습니다. 결과에 책임지지 않는 훈수는 어려운 일이 아닙니다. 글을 쓰는 게 어려운 일이지 글을 읽고 자기 생각이나 비판을 몇 자 적는 건 어려운 일이 아닙니다. 정책을 연구하고 수립해 바르게 실행하는 게 어려운 일이지 그 결과를 갖고 갑론을박하는 건 어려운 일이 아닙니다. 그러니 비평과 비판을 앞세우는 사람은 보통 사람이며 실천과 행동을 앞세우는 사람이 리더가 되는 것입니다.

우리의 삶도 마찬가지입니다. 문제로 보면 문제가 아닌 게 없습니다. 50대만 그런 것도 아닙니다. 10대부터 90대까지 문제없는 사람은 단 한 사람도 없습니다. 우리의 삶은 단 한순간도 실체가 아닌 게 없습니다. 말로만 되는 삶은 단 한순간도 없습니다. 그래서 누구에게나 삶이 쉽지 않습니다. 쉽지 않은 삶을 행복하고 만족스럽게 만드는 건 말이 아니라 행동에 있습니다. 백 마디 말보다 한 가지 실천이 성과를 만들기 때문입니다.

50대에도 마찬가지입니다. 오십은 인생의 하프 타임입니다. 살아온 만큼 더 살아갈 수도 있는 인생의 반환점에 서 있습니다. 인생 전반전의 실수를 거울 삼아 인생 후반전을 계획해야 합니다.

인생 전반이야 처음 살아 보는 경험이라 마음대로 하는 것도 어려웠고 원하는 결과를 얻기도 만만치 않았습니다. 하지만 인생 후반은 조금 다릅니다. 50년이라는 경험이 쌓였기 때문입니다.

오십, 행동이 필요한 시간

지난 50년의 삶을 성찰해 보는 시간이 필요합니다. 사람들과의 관계에서 가장 중요하게 생각했던 게 뭔지, 실제로 그렇게 행동했는지, 삶의 원칙이 있었다면 어떤 것이었는지, 열정적으로 살아가는 것에 대한 동경은 있었지만 정말 열정을 갖고 몰입한 지가 얼마나 됐는지, 지식 기반의 사회를 살아가며 학교 학습이 끝난 다음에도 어떤 평생 학습을 하면서 지식과 지혜를 쌓았는지, 욕심과 품위의 갈등에서 어떤 교양을 유지하며 살아왔는지 성찰해 보는 시간이 하프 타임에 필요합니다.

삶의 균형을 점검해 볼 필요가 있습니다. 어떻게 사는 것이 균형 있게 사는 삶이며 어떤 삶의 태도가 성숙한 삶의 모습인지를 알아야 인생 후반에 적용해 볼 수 있기 때문입니다. 목표에 대한 의지는 언제까지 필요한지, 반복적으로 해야 할 일들은 어떤 것들인지, 삶의 품격을 높이는 방법에는 어떤 게 더 유효한지를 사려해 보는 하프 타임이 필요합니다.

끝없이 사랑하고 사랑받는 성숙한 사랑을 위해 어떤 노력이 더 필요하며, 시들지 않는 삶의 생기를 위해 어떻게 변화의 바람이 계속 불게 할 수 있는지, 육체의 노화와 함께 꺾일 수도 있는 생각과 사고의 폭을 어떻게 생생하게 유지할 수 있을지, 인생 후반에도 건강한 주도성을 뺏기지 않고 살아갈 수 있는 성숙하고 공감적인 삶의 모습을 하프 타임에 그려야 합니다.

오십은 마무리를 준비하는 때가 아니라 앞으로의 50년을 위한 용기를 가져야 할 때입니다. 오늘이 마지막이라는 간절함도 필요하지만 50년이 더 기다리고 있다는 희망도 필요합니다. 꾸준함과 반복은 성공적인 인생을 만드는 가장 오래된 비밀입니다.

인생 후반에도 마찬가지입니다. 삶의 희극과 비극을 가르는 건 분명한 목표입니다. 포기와 결심에도 용기가 필요합니다. 한 개를 선택하는 건 다른 아흔아홉 개를 포기하는 용기가 있기 때문입니다. 지금은 다시 한 번 희망의 목표를 세우고 간절히 집중해 인생 후반을 만들 때입니다.

오십은 전략과 말이 아닌 전술과 행동이 필요한 시기입니다. 목표를 선택하는 기술을 통해 미래의 강점을 선택하고 강점을 강화하는 구체적인 전술을 통해 실천해야 합니다. 말이 아닌 행동으로 흔들리지 않고 살아 있음을 보여 줘야 합니다.

거인의 어깨 위에서
생각하는 법

오십의 지혜

오십에는 나에게서
찾아야 한다

자신

공자께서 말씀하셨다.
"군자는 자기에게서 찾고 소인은 남에게서 찾는다."

子曰 君子求諸己 小人求諸人

자왈 군자구저기 소인구저인

〈위령공편〉 20장

공자보다 약 70년 전에 태어난 철학의 아버지 탈레스는 "세상에서 가장 쉬운 일은 타인에게 충고하는 일이며 세상에서 가장 어려운 일은 자기를 아는 일"이라고 했습니다. 또한 올바른 인생을 살기 위해서는 타인을 비난하지 말아야 한다고 했습니다. 현실주의자 공자도 "군자는 잘못의 원인을 자기에게서 찾으려 노력하지만 소인은 타인에게서 찾으려 한다"라고 했습니다.

리더는 잘못의 원인을 자기에게서 찾고 보통 사람은 잘못의 원인을 외부로 돌립니다. 타인을 책망하거나 원망할수록 발전은 멀어져 갑니다. 스스로 되돌아보지 않는 사람은 자연스레 뒤처지게 됩니다.

부부의 자리에 서면 배우자를 탓하고, 부모의 자리에 서면 자식을 탓합니다. 자식의 자리에 서면 부모를 탓하고 형제의 자리에 서면 형제자매를 탓합니다. 팀장은 팀원을 탓하고 팀원은 팀장을 탓합니다. 사장은 직원을 탓하고 직원은 사장을 탓합니다. 운전자는 보행자를 탓하고 보행자는 운전자를 탓합니다. 선생은 학생을 탓하고, 학생은 선생을 탓합니다. 고객은 점원을 탓하고 점원은 고객을 탓합니다. 어른은 아이를 탓하고 아이는 어른을 탓합니다. 사람의 본능일지도 모릅니다.

지금의 나를 만든 것은 나

지금의 내가 만족스럽다면 누구 때문일까요? 지금의 내가 만족스럽지 않다면 그 또한 누구 때문일까요? 나이 오십에 이 질문에 대답해야 하는 이유는 분명합니다. 지금의 나를 만든 것이 내가 아니라면 앞으로 만들어질 나도 내가 만드는 것이 아닐 수 있기 때문입니다. 지금까지의 삶이 마음에 든다면 굳이 이 질문에 대답하지 않아도 됩니다. 하지만 지금까지의 삶이 마음에 들지 않는다면 이제는 대답해야 합니다. 과연 그 원인이 나였는지 아니면 타인이나 외부 조건에 있었는지 말입니다.

지금 누군가를 원망하고 있다면 타인에게서 원인을 찾고 싶기 때문입니다. 지금 누구 때문이라는 핑계를 대고 싶다면 내가 약해졌다는 걸 의미합니다. 부모든, 형제든, 상사든, 친구든 마찬가지입니다. 내가 움직이지 않으면 세상은 아무것도 주지 않습니다. 주는 대로 받기만 한다면, 주지 않으면 굶어야 합니다. 일도 수입도 마찬가지입니다. 주어진 일만 하다가는 언젠가 일이 없어집니다. 주는 대로 받기만 하면 언젠가는 수입이 끊깁니다.

회사를 다닐 때는 주어진 일만 하고 주는 월급만 받았습니다. 주어진 일을 하고 고정된 월급을 받으면서도 불평불만이 많았습니다. 가능하면 일을 적게 하고 쉬는 시간은 늘리고 싶은 마음이 있었기에 일이 조금만 많아져도 상사를 욕하고 동료들과 얼굴을 붉히고는 했습니다. 그러니 일이 손에 들어오지 않았으며 경력이 쌓여도 업무의 전문성은 연차에 비례하지 못했습니다. 가끔 업무 성과가 좋으면 내가 잘해서라고 생각했고 업무 성과가 떨어지면 동료들과 상사의 협조나 지원이 부족해서라고 생각했습니다.

그런 생각과 직장 생활의 패턴이 20년이라는 기간을 거치며 고착됐다는 것을 퇴직 후 사업할 때쯤 알게 됐습니다. 열 명도 안 되는 작은 컨설팅 회사를 경영하면서 실감했습니다. 선배들의 조언을 듣고 독서를 통해 대표 역할을 예습했음에도 지난 20여 년의 습관과 생각을 바꾸기 어려웠습니다. 조금만 일이 어긋나도 '그 정도는 직원들이 알아서 처리하거나 해결하겠지' 하며 기다리고는 했습니다.

하지만 열에 여덟은 해결되지 않았습니다. 겉으로나 속으로나 직원들이 미워지기 시작했고 매출은 점점 떨어져만 갔습니다.

미래의 나를 만드는 것도 나

정상으로 돌아오기까지 충분한 수업료를 내지 않을 수 없었습니다. 결론은 간단했습니다. 문제의 원인은 직원이 아니라 제게 있었다는 것입니다. 제가 움직이지 않으면 직원들도 움직이지 않습니다. 제가 최선을 다하지 않으면 직원들은 능력의 반도 발휘하지 않습니다. 제가 문제를 풀려고 사방으로 뛰지 않으면 직원들은 단 한 발자국도 움직이지 않습니다. 제가 모범을 보이지 않으면 직원들은 어제 같은 오늘을 보내고 오늘 같은 내일을 보내면서도 불평불만만 이야기합니다. 제가 전 직장에서 가졌던 생각과 행동을 제 직원들도 똑같이 하고 있었습니다.

원망과 핑계는 인간적인 감정일 수는 있지만 삶에 꼭 필요한 것은 아닙니다. 누구를 원망하고 무엇에 핑계를 대는 것은 쉬운 선택이지만 이 쉬운 방법으로 인생이라는 어려운 문제를 해결하는 데에는 한계가 있습니다. 내가 팀원이든, 팀장이든, 사장이든 마찬가지입니다. 사기업에서 일하든, 공공 기관에서 일하든, 신입 사원이든 임원이든 마찬가지입니다. 내일의 나는 결국 오늘의 내가 만드는 것입니다.

오늘 핑계와 원망을 기준으로 일한다면 더 나은 내일을 기대하기 어렵습니다. 오늘 핑계와 원망을 기준으로 사람을 대한다면 성장하는 자신을 기대하기 어렵습니다. 오십에도 변명과 원망을 입에 달고 산다면 칠십에도 달라지지 않습니다. 결국 누구를 탓할 수 있을까요? 스스로를 돌아보지 않고는 진정한 변화도 발전도 일어날 수 없습니다.

배우고 함께하고
흔들리지 마라

✻

리더

공자께서 말씀하셨다.

"배우고 때때로 익히니 기쁘지 아니한가.

친구가 먼 곳에서 오니 즐겁지 아니한가.

남이 알아주지 않아도 서운해하지 아니하니 군자가 아니겠는가."

子曰 學而時習之不亦說乎

有朋自遠方來不亦樂乎 人不知而不慍不亦君子乎

자왈 학이시습지불역열호

유붕자원방래불역락호 인부지이불온불역군자호

〈학이편〉 1장

《논어》의 첫 번째 문장, 〈학이편〉 제1장입니다. 기원전 480년경
춘추 시대 말기 어느 봄날, 노나라 수도 곡부에 자리한 공자 학당에
서 강론이 열렸습니다. 일흔이 넘은 공자의 곁으로 제자들이 하나

둘 모여들었고 마침내 공자가 입을 열며 가르침을 시작했습니다.

"리더로서, 군자로서 당당히 서기 위해 가장 먼저 해야 할 일이
무엇인지 아느냐? 리더가 되기 위해 어떻게 준비하고 어떤 수양을
쌓아야 하는가는 세 단계로 나눠 볼 수 있다.

첫째, 학습을 통해 스스로를 바로 세워야 한다. 배움을 통해 자
립하는 것은 한 인간으로서 가장 큰 기쁨이자 자신을 단단하게 만
드는 비결이다.

둘째, 사람들과 조화를 이루며 살아야 한다. 가까운 벗들과 잘
지내는 것은 물론 먼 사람들과도 좋은 관계를 맺을 수 있어야 한
다. 사람과의 어울림 속에서 진정한 리더의 그릇이 다듬어지기 때
문이다.

셋째, 남들이 너희를 몰라준다고 서운해하지 마라. 진정한 가치
는 시간이 지나도 반드시 드러나는 법이니 흔들리지 말고 묵묵히
나아가라. 배움, 어울림, 그리고 담담한 마음. 이 세 가지를 잊지
않는다면 너희들은 반드시 훌륭한 리더로 성장할 것이다."

배우고 때때로 익히니 기쁘지 아니한가

공자의 일성(一聲)은 바로 학습이었습니다. 리더를 꿈꾸는 사
람이라면 가장 먼저 해야 할 일이 학습입니다. 스스로 배우고 익
히는 것이 리더가 되기 위한 필수 조건입니다. 학습이 즐겁든 때

로는 버겁든 상관없습니다. 우리는 배우고 익히며 세상의 주인으로 당당하게 설 수 있습니다. 내 삶을 내가 바로 세우지 못한다면 어찌 다른 사람을 이끌 수 있겠습니까? 학습은 자신을 세우는 기둥이며 성장의 기쁨을 가져다줍니다.

배우지 않고 리더가 될 수 없으며 반복 없이 리더가 될 수 없습니다. 먼저 스스로 서야 비로소 타인을 이끌 수 있기 때문입니다. 배경 약한 사람이 일어설 수 있는 최선의 방법 역시 학습입니다. 학습은 그 누구라도 일어설 수 있는 가장 확실한 길이며 성장의 기쁨을 주는 행복한 삶의 뿌리와도 같습니다. 뿌리가 단단해야 삶도 흔들리지 않습니다. 결국 학습이야말로 행복한 삶을 여는 열쇠입니다.

친구가 멀리에서 오니 즐겁지 아니한가

공자의 두 번째 가르침은 함께하는 인생의 즐거움입니다. 진정한 기쁨은 혼자만의 것이 아닙니다. 인생의 참된 즐거움은 친구, 벗, 후배, 선배, 동료들과 함께할 때 시작됩니다. 함께하는 사람들과의 관계가 바로 리더가 반드시 배워야 할 지혜입니다.

리더는 단순히 앞장서는 사람이 아닙니다. 뜻을 모아 모두를 한 방향으로 이끌며 갈등을 조정하고 해결하는 사람입니다. 갈등이 풀리지 않으면 조직은 단 한 발짝도 나아갈 수 없습니다. 반대하는 사람을 설득하고 마음을 하나로 모아야 비로소 진정한 리더가 됩니다. 사람은 사람과 함께할 때 비로소 삶의 의미를 찾습니다. 뜻을 같이하는 이들이 있다면 더욱 행복한 일입니다.

물론 함께하는 일이 언제나 즐겁기만 한 것은 아닙니다. 그러나 함께하는 시간을 즐거운 순간으로 만들어 가는 것이 리더의 역할입니다. 가정이든, 조직이든, 사회든 마찬가지입니다. 사람을 모으고 마음을 모으고 뜻을 모을 수 있는 힘을 가진 사람, 그 사람이 진정한 리더입니다. 그러니 먼 곳에서 벗이 찾아온다면 어찌 기쁘지 않겠습니까?

남이 알아주지 않아도 서운해하지 아니한다

공자의 세 번째 가르침은 사람들 사이로 들어가는 것입니다. 사람은 보통 상대가 먼저 인정해 주기를 바랍니다. 자신은 좀처럼 타인을 인정하지 않으면서도 타인으로부터는 별것 아닌 걸로도 칭찬받고 싶어 합니다. 팔뚝에 작은 완장이라도 하나 차면 그 마음은 더 커집니다. 우쭐해지는 마음은 도리어 아주 사소한 것에도 마음이 상하게 합니다. 리더로 남들 앞에 섰음에도 무시당하거나 비난받는다면 서운한 마음과 괘씸한 마음이 들지 않을 리더가 얼마나 될까요?

그러니 타인이 알아주든 말든 자신과 조직의 목표를 위해 흔들림이 없어야 합니다. 남들이 알아주지 않더라도 노여워하거나 서운해하지 않는 건강한 마음을 갖고 있어야 합니다. 일희일비하지 않고 흔들림 없이 사람을 품어 주는 사람이 바로 리더입니다.

리더십은 누구에게나 필요하다

매일 반복되는 일상이 평범해 보이지만 사실 그것이야말로 가장 특별한 일입니다. 결혼도 쉽지 않은 일이지만 가정을 꾸려 나가는 것은 더 어려운 일임을 살아가면서 깨닫습니다. 누군가의 자식으로 살다가 누군가의 부모가 된다는 것, 20~30년을 다르게 살아온 남녀가 가족이 된다는 것, 그리고 아이를 낳아 초등학생이 될 때까지 키워 내는 것은 그 자체로 기적 같은 일입니다. 건강한 가족을 이루고 건강한 가정을 만들어 가는 과정 역시 기적 같은 노력의 연속입니다. 셀프 리더십은 나 혼자만 잘하면 되는 일이지만 가정 리더십은 혼자만 잘해서 해결되지 않습니다. 세상에서 가장 어려운 것이 부부 관계이고 가장 복잡한 것이 부모와 자식 관계입니다.

조직에서의 리더십도 마찬가지입니다. 조직에서 리더의 역할은 결국 사람들 사이의 문제를 해결하는 것입니다. 나와 상사, 나와 부하, 나와 동료, 나와 고객뿐만 아니라, 나와 업무, 나와 시간, 나와 직업, 나와 미래까지 이 모든 것이 리더십의 문제와 연결됩니다. 상사와의 갈등, 아랫사람에게 받는 감정의 상처, 고객과의 스트레스는 리더가 풀어야 할 숙제입니다. 그 과정을 거치며 조직을 이해하고 진정한 리더로 성장하게 됩니다. 혼자서는 잘해 나가는 셀프 리더도 둘 이상이 모이면 헤매는 순간이 많아집니다. 혼자 일하는 방법과 함께 일하는 방법은 다르기 때문입니다. 퇴근할 때까지 단 한 순간도 사람과 업무에서 완전히 벗어나기 어렵습니다. 그러니 조직에서는 정교한 리더십이 필수입니다.

관계의 어려움은 여기서 끝나지 않습니다. 주중에는 일에만 집중하면 되지만 주말에는 또 다른 고민과 갈등이 기다립니다. 싫어도 만나야 하는 사람들과의 모임, 가까운 친인척의 결혼식, 직장 관련 경조사, 학교 모임, 종교 모임, 운동 모임, 동호회까지 사람이 모이는 곳에는 언제나 갈등이 존재합니다.

다양한 리더십의 단서를 《논어》〈학이편〉 제1장이 보여 줍니다. 리더로 성장하는 3단계, 즉 셀프 리더, 조직 리더, 사회 리더로 나아가는 길을 간명하게 설명합니다. 이는 오십 이전에도 이후에도 필요한 단계입니다.

오십이 넘어도 배움이 필요하면 다시 시작하고, 사람들과의 관계를 더 깊이 들여다보며 함께 살아가는 방법을 고민하며, 누군가가 나를 서운하게 하거나 소외감을 주더라도 연연하지 않고 묵묵히 나의 길을 걸어가는 것이야말로 진정한 리더의 모습일 것입니다.

어찌해야 할까,
스스로 생각하는 힘

궁리

공자께서 말씀하셨다.

**"어떻게 할까, 어떻게 할까라고 스스로 말하지 않는 사람은
나도 이미 어찌할 수가 없다."**

子曰 不曰如之何如之何者 吾末如之何也已矣

자왈 불왈여지하여지하자 오말여지하야이의

〈위령공편〉 15장

《논어》에 등장하는 공자의 어록은 일상의 평범한 대화가 많습니다. 격식을 차리거나 잘 보이기 위해 일부러 꾸민 말이 아닌 반복되는 삶에서 제자들과 나눈 대화들이 대부분입니다.

여지하(如之何) 역시 마찬가지입니다. '어찌해야 할까, 어찌해야 할까'를 늘 되뇌면서 궁리에 궁리를 더해야 한다고 강조하고 있습니다. 스승이 한 가지를 가르쳤을 때 스스로 세 가지를 깨우

치지 못하는 제자에게는 더 이상 가르침을 주지 않았다는 공자의 교육법 역시 여지하 정신이었습니다.

궁리에 궁리를 더하면 보이는 것

저는 지금도 붓글씨 잘 쓰는 사람을 보면 그렇게 부러울 수가 없습니다. 《논어》 공부를 하면서 붓으로 《논어》를 써 보면 좋겠다는 생각을 많이 했지만 막상 붓으로 직접 써 보면 서체가 볼품없어 종이를 찢어 버리고는 했습니다. 숙련에 오래 걸리는 붓글씨보다 좀 더 빠르고 쉽게 익힐 수 있는 유용한 방법이 없을까 궁리하다가 결국에는 젓가락에 먹물을 찍어 《논어》를 쓰게 됐습니다. 시작한 지 얼마 지나지 않아 어느 정도 마음에 드는 글씨체가 완성돼 이후 《논어》 강의 PPT는 모두 젓가락 서체를 사용했습니다.

세상에 쉬운 일은 없습니다. 쉬운 일은 내려가는 것뿐입니다. 성공이나 발전이 아닌 실패나 몰락으로 가는 길은 어렵지 않습니다. 하지만 위로 올라가는 길은 늘 어렵습니다. 등산도 공부도 사업도 인생도 마찬가지입니다.

그래서 공자도 여지하 정신의 필요성을 강조했던 것 같습니다. 《논어》에 일관성 있게 등장하는 공자의 가르침 중 하나는 스스로 방법을 찾게 하는 것입니다. 공자는 하나를 알려 주면 세 개 정도는 스스로 터득하기를 바랐습니다. 직접 화법보다는 은유적인 표현을 많이 사용했습니다.

　여지하 정신은 학교에서만 필요한 게 아닙니다. 개인과 가정, 조직과 기업, 국사를 논하는 조정에 이르기까지 모든 사람이 가져야 할 삶의 정신이라 할 수 있습니다. 일터에서는 특히 더 그렇습니다. 좋은 직장과 나쁜 직장이 따로 있는 게 아니라 그 안에서 어떻게 일하느냐가 더 중요합니다. 스스로 궁리하지 않는 사람은 아무리 좋은 직장에 다닌다 해도 좋은 결과를 얻기 어렵습니다.

　오십에 보는 인생 후반전도 그렇습니다. 멋진 미래와 후진 미래가 따로 있는 게 아니라 주어질 시간을 어떻게 사용하느냐가 더 중요합니다. 스스로 궁리하지 않는 사람은 인생 후반이 아무리 길다 해도 좋은 결과를 얻기 어렵습니다.

　사람들은 기댈 곳이 있으면 최선의 노력을 다하지 않는 경향이 있습니다. 누구나 믿는 구석이 있으면 나태해지기 쉽습니다. 취업 준비생이나 자격증 시험, 공무원 시험을 준비하는 사람들은 말하지 않아도 치열한 경쟁의식으로 최선의 노력을 하고 있습니다. 여지하 정신을 극도로 활용하는 시기가 아닐까 합니다.

　그러나 취업에 성공해 막상 직장인이 되면 상황은 거의 180도 달라집니다. 공무원 시험에 합격해도 상황은 180도 달라집니다. 조직과 미래가 안정되면 안정될수록 여지하 정신은 쪼그라져만 갑니다. 더 이상 궁리를 하지 않아도 미래가 보장되기 때문입니다. 머리 아프게 연구와 궁리를 하지 않아도 중간은 가기 때문입니다.

세상에는 파도를 닮은 게 참 많습니다. 계절의 변화도 음양의 변화도 그렇습니다. 감정 곡선도 인생 곡선도 그렇습니다. 취업의 즐거움 뒤에는 퇴직의 아쉬움이 따르고 승진의 즐거움 뒤에는 책임과 스트레스가 따라옵니다. 인생 최고의 연봉을 받는가 싶으면 은퇴가 코앞으로 다가오고 퇴직으로 시간의 자유를 얻는가 싶으면 건강과 경제적인 어려움이 따라옵니다.

어느 날 아침 일어나 보니 여러 방송국에서 제발 한 번만이라도 출연해 달라는 섭외가 쇄도한다거나 다양한 매체에서 인터뷰 요청이 줄을 잇는 꿈같은 일은 현실에서 일어나지 않습니다. 어떤 사람이 신데렐라처럼 갑자기 세상에 나타나는 것 같은 사람들도 5년, 10년 전부터 예리하게 칼을 갈면서 단계를 밟아 준비해 왔을 것입니다.

이제껏 성실하게 살아왔다면 지금부터는 여지하를

오십이 돼 지나온 시간을 되돌아보면 정작 '어찌해야 할까, 어찌해야 할까' 하는 여지하 정신이 필요한 시기는 조직의 일원이 된 이후였다는 걸 깨닫습니다. 취업 준비 기간이 5년이나 걸렸다고 해도 조직에서 일할 기간은 그보다 족히 네 배는 길 것입니다.

누구나 준비하는 5년에는 최선을 다합니다. 하지만 그보다 네 배나 긴 20년의 조직 생활에 최선을 다하는 사람들은 많지 않습니다. 물론 지각 조퇴 결근 없이 10년, 20년 근속 상을 받은 것으로 최선을 다했다고 생각하면 할 말은 없지만, 20년 조직 생활을 하고도 오십에 미래가 불안하다고 느낀다면 이야기가 달라집니다. 근면한 것과 여지하 정신은 분명 다르기 때문입니다.

정해진 규정을 빈틈없이 성실하게 지켰다 해도 성과나 결과를 만들어 내지 못했다면 여지하 정신은 없었던 것이나 다름없습니다. 공적인 일이나 사적인 일이나 마찬가지입니다. 자신의 업무에서 두드러진 성과를 내지 못했다면 공적인 일에 여지하 정신을 내지 않은 것과 다름없습니다. 자신의 업무로 퍼스널 브랜드를 만들지 못했다면 사적인 일에 여지하 정신을 내지 않았다는 것을 의미합니다.

조직에서 업무 성과를 탁월하게 내는 사람들은 그 누구를 막론하고 궁리에 궁리를 더했을 것입니다. 출퇴근 시간만 정확히 지킨다고 성과가 만들어지는 게 아니기 때문입니다. 어떤 어려운 문제가 프로젝트에 걸려 있어도 꼭 해결하겠다는 각오와 궁리에 궁리를 반복했기에 성과를 내게 되는 것입니다.

여지하 정신이 있는 사람들은 포기하지 않습니다. 타인을 원망하지도 않습니다. 핑계도 대지 않습니다. 결국은 자신이 풀어야 할 문제라는 것을 알고 있기 때문입니다.

문제는 오십부터입니다. 그간 여지하 정신을 무시하고 살아왔다면 이제부터가 중요합니다. 그래도 조직에 있을 때는 여지하 정

신이 부족해도 함께 묻어 갈 수 있기에 치명적인 결과를 피할 수
도 있지만 인생 후반전에는 상황이 다릅니다. 이제는 내가 주인이
되는 일이 대부분이기 때문입니다.

　내가 하지 않으면 단 한 발자국도 나아가지 못합니다. 내 힘이
아니면 그 누구도 도와주지 못합니다. 힘이 들어도 내가 풀지 않
으면 바로 주저앉아야 합니다. 이때 가장 필요한 것이 바로 '어찌
해야 할까, 어찌해야 할까' 하는 여지하 정신입니다.

내가 정한 약속을
지키는 삶

원칙

공자께서 말씀하셨다.
"고가 고가 아니면 고이겠는가, 고이겠는가."
子曰 觚不觚 觚哉 觚哉
자왈 고불고 고재 고재
<옹야편> 23장

　'고(觚)'는 고대 중국 주나라의 술잔을 말합니다. 마시기 불편하게 만들 목적으로 술잔의 모양을 모나게 사각으로 만들었습니다. 절주를 위해 만든 술잔으로도 절주하지 못하고 고라는 이름을 쓰면서도 술잔의 각을 없애 사용한다면 그것이 과연 절주를 위한 술잔이라 할 수 있을까요? 고라는 술잔을 사용하면서도 주량을 조절하지 못한다면 고가 아니며 둥근 모양의 술잔으로 술을 마시면서 고라고 부를 수는 없다는 말입니다.

고대인들도 절주가 무척이나 어려웠던 게 틀림없습니다. 얼마나 술 조절이 어려웠으면 술잔을 각지게 해 마시기 불편하게 만들고, 모서리가 둥근 술잔으로 술을 마시면서도 술잔의 이름을 고라고 했을까요?

18년 동안 유배 생활을 했던 다산은 고향에 있는 자식들에게 편지로 훈육을 했습니다. 그는 한번은 둘째 아들에게 다음과 같이 편지를 보냈습니다. 천리타향 유배지에서 외롭게 유배살이를 하는 아버지가 아들에게 보낸 간곡한 편지입니다.

"네 형이 왔을 때 시험 삼아 술 한 잔을 마시게 했더니 취하지 않더구나. 그래서 너의 주량은 얼마나 되느냐고 물었더니 너는 네 형보다 배도 넘는다고 하더구나. 어찌 글 공부에는 이 아비의 버릇을 이을 줄 모르고 주량만 아비를 훨씬 넘어서는 거냐? 좋지 못한 소식이구나. 네 외할아버지는 말술을 거뜬히 마셔도 취하지 않으셨지만 평생 동안 술을 입에 가까이하지 않으셨다. 벼슬을 그만두신 후 늘그막에 세월을 보내실 때가 돼서야 비로소 수십 방울 정도 들어갈 조그만 술잔을 하나 만들어 놓고 입술만 적시고는 하셨다. 무릇 나라를 망하게 하고 가정을 파탄하는 흉패한 행동은 모두 술로 말미암아 비롯된다. 옛날에는 고라는 술잔을 만들어 술을 절제했다. 후세 사람들은 '고'라는 술잔을 쓰면서도 절제를 하지 못했다. 그래서 공자는 "술잔의 이름이 고라고 해도 절제가 따르지 않는다면 그것을 과연 고라고 부를 수 있겠는가?"라고 말씀하셨다.

술을 경계하고 절대로 입에 가까이하지 말거라. 참으로 술맛이란 입술을 적시는 데 있다. 소 물 마시듯 마시는 사람들은 입술이나 혀에는 적시지도 않고 곧장 목구멍에다 탁 털어 넣는데 그들이 무슨 맛을 알겠느냐? 술을 마시는 정취는 살짝 취하는 데 있는 것이지, 얼굴빛이 홍당무처럼 붉어지고 구토를 해 대고 잠에 곯아떨어진다면 무슨 술 마시는 정취가 있겠느냐? 요컨대 술 마시기를 좋아하는 사람들은 병에 걸리기만 하면 폭사하기 쉽다. 주독이 오장육부에 스며들어 하루아침에 썩어 문드러지면 온몸이 무너지고 만다. 술로 인한 병은 등창이 되기도 하며, 뇌저·치루·황달 등 별스러운 기괴한 병이 있는데, 이런 병이 일어나면 백약이 효험이 없다. 너에게 빌고 비노니 술을 입에서 끊고 마시지 말도록 해라."

원칙을 지키는 삶

어디 술잔뿐이겠습니까? 부모님께 들었던 일상의 기준, 선생님께 배운 공부와 생활의 원칙, 여러 책을 읽으면서 느꼈던 빛나는 인생의 교훈, 직장 선배나 상사들에게 들었던 직장 생활의 철칙, 스크린으로 배운 명대사들까지 세상에는 수많은 원칙이 존재합니다.

원칙은 대체로 지키기가 쉽지 않습니다. 쉽게 행할 수 있는 것이라면 굳이 원칙으로 정해 놓지도 않았을 것입니다. 술을 마시지 말라는 게 아니라 절제를 하라는 것인데 그게 그렇게 지키기가 어렵습니다. 달콤한 설탕이 많이 든 음료나 탄수화물 음식을 먹지 말라는 게 아니라 절제하라는 것인데, 그것도 마찬가지입니다. 한 번 들어간 회사를 평생 다니라는 게 아니라 최소 3년은 다녀 봐야 그 회사를 알 수 있다는 것인데, 그것도 쉽지 않습니다. 남들에게 욕 듣는 게 싫으면 욕하지 말라는 것인데, 그것도 쉽지 않습니다. 남들 거만한 것이 싫으면 나도 남들에게 거만하지 말라는 것인데, 그것도 그렇습니다.

부자는 통과되고 가난한 사람은 걸려드는 그물망의 법이라면 그게 법이겠습니까. 권력자는 피해 가고 일반인은 잡혀가는 법치라면 그게 법치겠습니까. 대기업은 살려 주고 소기업은 무시하는 정책이라면 그게 정책이겠습니까. 잘난 사람은 혜택받고 못난 사람은 손해 보는 정책이라면 그게 정책이겠습니까. 세상에 아무리 그럴듯한 명분의 법조문이 거미줄처럼 촘촘하게 조직됐어도 모두에게 적용되지 못하고 선별적으로 적용한다면 그게 민주주의 법이겠습니까.

평범함을 지키는 삶

오십이 되면 뛰어남보다는 평범함이 행복에 더 가깝다는 걸 깨닫습니다. 그래서 사람들은 아프지 않고, 슬프지 않고, 억울하지 않고, 억압받지 않고, 비난받지 않고, 가난하지 않게 살고 싶어 합니다. 너무 많이 아프지 않고, 너무 많이 슬프지 않고, 너무 많이 억울하지 않고, 너무 많이 억압받지 않고, 너무 많이 비난받지 않고, 너무 많이 가난하지 않게라도 살고 싶어 합니다.

하지만 원칙을 지키는 어려움만큼이나 평범함을 지키는 게 만만치 않습니다. 오십이 되면 소소했던 평범함이 큰 행복이었다는 걸 알게 됩니다. 비싸고 멋진 고급 승용차가 아니어도, 멋진 놀이동산이 아니어도 아이들과 함께했던 추억들 하나하나가 행복한 느낌으로 다가옵니다. 원칙을 지키는 삶, 평범함을 지키는 삶이 더 편하고 더 행복한 삶일 수 있습니다.

오십에 들어서면 인생을 되돌아보게 됩니다. 비로소 스스로 정한 원칙을 지키는 삶이 얼마나 어려운 일인지 절감합니다. 행복한 삶은 특별한 삶이 아닐 수도 있습니다. 최고의 부자가 가장 행복한 사람이 되는 건 아닙니다. 부자가 돼 전원생활을 하고 싶다면 전원에서 사는 사람들은 이미 행복한 사람들일 것입니다.

평범한 사람들은 특별해지고 싶은 욕망이 있지만 특별한 사람들은 도리어 평범한 사람들의 소소한 행복을 꿈꿉니다. 인생에 정해진 답은 없습니다. 그러나 원칙을 지키는 삶, 특히 스스로 정한 인생의 원칙을 묵묵히 지켜 나가는 삶은 분명 아름답고 행복할 것입니다.

소명을 알고 예를 알고 말을 안다는 것

기준

공자께서 말씀하셨다.
"명을 알지 못하면 군자가 될 수 없다.
예를 알지 못하면 일어설 수 없다.
말을 알지 못하면 사람을 알 수 없다."
子曰 不知命 無以爲君子也
不知禮 無以立也 不知言 無以知人也
자왈 부지명 무이위군자야
부지례 무이립야 부지언 무이지인야
<요왈편> 3장

《논어》의 마지막 어구, 세 문장에는 중요한 기준이 들어 있습니다. 목적 있는 삶, 바르게 사는 삶, 함께하는 삶의 원칙입니다. 오십에 더 의미 있게 다가오는 삶의 기준입니다. 삶의 목적이 무엇

인지 알기 위해 철학자가 될 필요는 없지만 공자는 나이 오십에 그것을 정확하게 알아차렸다고 했습니다.

공자의 천명은 주나라 초기처럼 만백성이 모두 행복한 대동 사회로의 회복을 위해 자신의 삶을 걸겠다는 것이었습니다. 천명을 이루고자 현실적으로 가장 빠른 길은 정치권으로 뛰어들어 권력의 힘을 이용해 나라를 개혁하는 것이었습니다. 공자는 50대 초반 드디어 그 기회를 잡게 됩니다. 기회를 잡은 공자는 능력을 발휘해 고속 승진 끝에 노나라 재상을 겸직한 대사구에 오릅니다.

삼부지, 명과 예와 말

부지명(不知命), '명을 알지 못하면 군자가 될 수 없다'는 말은 천명을 깨닫지 못하거나 자신의 소명을 알지 못하면 진정한 리더로 서기 어렵다는 뜻입니다. 삶의 목적을 분명히 정하고 나아갈 목표를 명확히 하지 않는다면 리더가 되기는커녕 자기 몸 하나 건사하기도 쉽지 않습니다.

부지례(不知禮), '예를 알지 못하면 일어설 수 없다'는 말처럼 우리는 결코 혼자 살아갈 수 없습니다. 누군가의 도움 없이는 단 하루도 온전히 살아가기 어렵습니다. 태어난 후 최소 3년 동안은 부모의 지극한 보살핌 없이 살아남기 힘듭니다. 두세 살 아이조차도 혼자 있을 때보다 놀이방이나 어린이집에서 또래 친구들과 어울릴 때 말문이 더 쉽게 트입니다. 코로나 팬데믹을 겪으며 학교가 단순히 공부만 하는 곳이 아니라는 사실이 더욱 분명해졌습니다. 직장은 혼자만의 힘으로는 아무것도 해낼 수 없는 곳이며 사회생활은 더 말할 나위도 없습니다.

공동체에서 살아가려면 기준과 규칙이 필요합니다. 함께 살아가기 위해서는 최소한의 충돌과 갈등은 막아야 합니다. 다수가 오른쪽으로 통행하는데 누군가가 굳이 왼쪽으로 가려 한다면 부딪히는 것은 피할 수 없습니다. 그곳이 도로 위라면 충돌은 단순한 불편을 넘어 치명적인 결과를 초래할 것입니다.

예는 단순한 형식이 아니라 우리가 함께 살아가기 위한 가장 기본적인 원칙입니다. 그래서 소소한 것은 약속으로, 중한 것은 법조문으로 기준을 정하는 것입니다. 그래서 '예를 알지 못하면 일어설 수 없다', '예를 알지 못하면 사회에서 함께 살아가기가 어렵다'고 말하는 것입니다. 함께 지키기로 약속된 예를 지키지 못한다면 건강한 조직원으로서 제 역할을 하기 어렵고 리더가 되는 건 더욱 어렵습니다. 자신이 중요한 것처럼 타인도 중요하다는 걸 아는 것, 타인의 입장으로 생각해 보는 것이 바로 인격입니다. 예를 지킨다는 건 성숙한 인격을 가진 사람임을 보여 주는 거울입니다.

부지언(不知言), '말을 알지 못하면 사람을 알 수 없다'는 말처럼 사람의 품격은 말에서 시작됩니다. 말을 잘하는 것도 중요하지만 더 중요한 것은 잘 듣는 것입니다. 말은 단순한 소통의 도구가 아니라 마음을 전하고 관계를 쌓는 다리와도 같습니다. 그러니 말을 아는 것이 곧 사람을 아는 길입니다. 상대의 말귀를 알아듣지 못한다면 아무리 많은 말을 오랫동안 한다 해도 뜻을 정확히 이해하기 어렵습니다. 말의 뜻을 알지 못하면 상대를 알지 못합니다. 상대가 어려운 외국어를 하는 것도 아닌데 대화를 하면서도 계속 겉돌기만 한다면 듣기에 문제가 있을 확률이 높습니다.

세상에서 내가 가장 중요하듯 상대 또한 나만큼이나 중요합니다. 내가 나를 알지 못하는 것도 중요한 문제지만 상대를 알지 못하는 건 종종 더 큰 문제를 만듭니다. 상대의 말을 놓치면 말뿐만 아니라 사람 자체를 잃을 수 있습니다. 한 사람을 잃는 건 그와 관련된 모두를 잃는 것과 다르지 않으며 한 사람을 얻는 건 그의 과거와 현재, 미래까지 얻는 것입니다. 그가 알고 있는 수많은 사람을 아는 것입니다. 그 시작이 말에 있습니다. 그 시작이 듣기에 달려 있습니다.

오십의 삶이 굳건해지는 세 가지 기준

부지명, 인생의 목적은 누구에게서 받는 게 아니라 내가 정하는 것입니다. 내가 정하고 내가 믿는 것입니다. 내가 정하지 않으면 나의 천명은 정해지지 않습니다. 인생의 목적이 없어도 시간과 세월은 지나갑니다. 목적이 없으면 목표의 필요성도 떨어집니다. 분명한 목표가 없으면 현실에 머무르게 됩니다. 뒤처지게 됩니다. 재미없는 인생이 될 공산이 커집니다. 인생의 목적이 분명해도 시간과 세월은 지나갑니다. 목적이 있으면 목표의 필요성은 높아집니다. 분명한 목표가 있으면 나태로부터 멀어집니다. 현실을 극복하게 됩니다. 앞서게 됩니다. 재밌는 인생이 될 공산이 커집니다.

부지례, 내가 그를 인정하면 그도 나를 인정합니다. 그에게 예의를 보이면 그도 나에게 예의를 보입니다. 가는 행동이 바르면 오는 행동도 바릅니다. 그를 세우면 그가 나를 세웁니다. 그게 세상인심입니다. 내가 제대로 서고 싶으면 가까운 사람부터 제대로 대해야 합니다. 그를 인정하지 않으면 그도 나를 인정하지 않습니다. 그에게 예의를 보이지 않으면 그도 나에게 예의를 보이지 않습니다. 가는 행동이 악하면 오는 행동도 악합니다. 그를 비난하면 그도 나를 비난합니다. 그게 세상인심입니다. 내가 제대로 서고 싶으면 가까운 사람부터 제대로 대해야 합니다.

부지언, 그를 알고자 하면 그의 말을 들어야 합니다. 그의 말을 듣지 않고 그의 생각을 알 수는 없습니다. 그의 말을 들으려면 내 생각을 잠시 내려놓아야 합니다. 내 생각으로 그의 말을 들으면 그의 말이 들어오지 않습니다. 들어오지 않으면 들리지 않습니다. 한 사람을 알면 세상을 얻은 것과 같고 한 사람을 잃으면 세상을 잃은 것과 같습니다. 그게 배우자가 될 수도, 자식이 될 수도, 부모가 될 수도, 고객이 될 수도, 상사나 부하가 될 수도, 스승이 될 수도 있습니다.

단 하루를 살아도
사람답게

❀

열정

공자께서 말씀하셨다.
"아침에 도를 들으면 저녁에 죽어도 좋다."
子曰 朝聞道 夕死可矣
자왈 조문도 석사가의
<이인편> 8장

춘추 시대는 격변의 시대였습니다. 각국의 제후들은 패권 경쟁에서 살아남고자 모든 수단을 강구해야 했습니다. 승리를 위해서라면 그 어떤 권모술수와 비열한 방법도 마다하지 않았습니다. 주나라 초기의 인의(仁義) 정치는 이미 사라진 지 오래였습니다. 나라에 군주다운 군주가 없으니 고위 관리들은 관리들대로 자신의 잇속만 챙기며 군주를 군주로 대하지 않았습니다. 반역과 반란이 반복되며 백성들의 삶은 착취와 고통의 연속이었습니다. 공자의

고국 노나라의 상황은 삼환(三桓)이라 불리는 세 가문의 횡포로 그야말로 최악이었습니다. 공자는 최선을 다했지만 노나라를 떠날 수밖에 없었습니다. 인과 바른 도가 통용되는 세상으로의 변화를 위해 14년 이상을 떠돌아다니며 천하를 주유했지만 결과는 너무나 초라했습니다. 68세에 노나라로 돌아와 제자들을 가르치고 《춘추》를 쓰면서 죽음을 맞이했습니다.

공자는 세상이 바르게 돌아간다는 백성들의 말을 들을 수만 있다면 그날 저녁에 죽어도 좋다고 했습니다. 이는 단 하루를 살아도 사람답게 살아가는 세상을 만나고 싶다는 말이며, 간절히 바라던 일을 이루면 더 이상의 여한이 없겠다는 뜻이었습니다.

누구에게 한 번이라도 뜨거웠는가

살아 있는 모든 것은 죽습니다. 시간이 정해져 있지 않을 뿐 그누구도 예외가 될 수 없습니다. 죽음은 미지의 세계입니다. 죽다 살아날 수는 있어도 죽음을 경험해 본다는 건 불가능한 일입니다. 누구나 죽고 싶지 않을뿐더러 죽음을 두려워합니다. 어떤 이는 영원한 이별에 두려움을 느끼고 어떤 이는 극도의 고통이 오지 않을까 무서워합니다. 어떤 이는 심판받지 않을까 무서워하고 어떤 이는 이루지 못한 아쉬움에 떠나는 것을 두려워합니다. 그런데 공자는 도를 들으면 죽어도 좋다고 했습니다.

연탄재 함부로 발로 차지 마라

너는, 누구에게 한 번이라도 뜨거운 사람이었느냐?

안도현 시인의 〈너에게 묻는다〉라는 시입니다. 요즘이야 자주 볼 수 없지만 얼마 전까지만 해도 겨울이면 길모퉁이 언덕배기에서 자주 봤던 차갑게 식어 버린 연탄재입니다. 빙판길 위에서 이리저리 채여 산산이 부서지고 마는 연탄재이지만, 지난밤 새벽까지 주인을 위해 온몸을 하얗게 불살랐던 그 연탄재입니다.

오십이 돼서 반문해 봅니다. 아직 연탄재처럼 식어 버린 것은 아니지만 지금껏 단 한 번이라도 누구를 위해 그토록 뜨겁게 인생을 불사른 적이 있었던가. 누구를 위한다고는 했지만 그게 정말 그를 위한 것이었는지 아니면 나를 위한 것이었는지 돌이켜 봅니다. 배우자를 진정 뜨겁게 사랑한 적이 언제였던가. 친구를 진정으로 뜨겁게 아낀 적이 있었던가. 부모님께 진정으로 뜨거운 효도를 한 적이 있는가. 상사를 뜨겁게 보좌한 적이 있었는가. 함께하는 공동체 동호인들과 함께 진정 뜨거운 시간을 보낸 적이 있는가. 사랑한다는 말은 했지만 정말 열정을 다해 사랑했는가. 깊은 우정이라 말했지만 그가 외롭고 힘들 때 슬쩍 외면하지는 않았는가. 힘 빠지고 정신 혼미해진 부모님께도 평소보다 더 뜨겁게 효성을 보였는가. 앞에서는 존경한다고 말했지만 뒤에서 진정으로 상사를 따르고 보좌했는가.

오십이 돼서 희망해 봅니다. 타인을 향한 불평불만은 멈추고 나

혼자만이라도 제대로 잘해 나갈 수 있기를 기대해 봅니다. 나는 뜨거운 사람이었을까. 나는 나에게 얼마나 뜨거운 사람이었을까. 자신할 수 없습니다. 남들만큼 살았다고 생각하지만 남들보다 더 열정을 갖고 뜨겁게 살았다고 하기에는 걸리는 것들이 많습니다. 지금까지도 열정적으로 살지 못했는데 바뀐다 해도 앞으로 얼마나 바뀔 수 있을까 염려가 들지만 그래도 희망해 봅니다.

단지 열정 하나 보탰을 뿐

10년 후에도 이 질문에 답해야 합니다. 20년 후에도 마찬가지입니다. 답은 명료합니다. 단 한 번이라도 뜨겁게 살아 보자고 지금 결정하는 것입니다. 타인에게 뜨거운 기쁨을 줄 수 없다면 먼저 나 자신에게 그런 사람이 돼 보는 것입니다. 오십, 육십이라도 내가 하고 싶은 일을 하면서 열정적으로 살아간다면 이보다 더 멋진 일은 없을 것입니다.

나를 바라보는 사람들은 나로 인해 조금 더 행복해집니다. 나를 염려했던 사람들로부터 안도의 미소를 보게 될 것입니다. 단지 내가 하는 일에 열정을 하나 더 보탰을 뿐인데 나로 인해 세상이 바뀌기 시작할 것입니다. 그 뜨거운 열정으로 내가 즐겁고 가족이 만족하며 주변인들의 격려가 더해져만 갈 것입니다.

누구 때문에 지금 내가 이 모양일까요. 배우지 못한 아버지 때문에, 가난한 할아버지 때문에, 남들 같은 조상을 두지 못했기 때문에, 고향이 동쪽이라, 학교가 서쪽이라, 가방끈이 끊어져서, 태어나길 건강 체질이 아니라서, 경쟁이 너무 치열해서, 환경이 너무 취약해서, 상사를 잘못 만나서, 함께 사는 배우자의 마음이 틀어져서, 아이들이 너무 이기적이기 때문이라 생각하기 쉽습니다.

하지만 이 모든 것은 간단한 이유에서 시작합니다. 내가 나에게 집중하지 못했기 때문입니다. 내가 나의 일에 열정을 느끼지 못했기 때문입니다. 내가 나에게 뜨겁지 못했기 때문입니다. 내가 나를 뜨겁게 달구면 내 주변에서 차갑게 떨고 있던 모든 것이 녹기 시작합니다. "아침에 도를 들으면 저녁에 죽어도 좋다"라는 말은 오늘 뜨겁게 살고 있다면 내일 죽어도 여한이 없다는 말입니다.

미지근하게 사는 삶은 백날을 살아도 개운하지 않습니다. 오십과 육십이 기다려지는 이유 중 하나입니다. 내가 나의 주인이 되는 나이가 바로 오십, 지천명이기 때문입니다. 내가 나의 의지로 뜨겁게 살아갈 수 있는 나이가 육십, 이순이기 때문입니다.

옛것을 익혀
새로운 것을 아는 법

❋

학습

공자께서 말씀하셨다.

"옛것을 익혀 새로운 것을 알면 스승이 될 수 있을 것이다."

子曰 溫故而知新 可以爲師矣

자왈 온고이지신 가이위사의

<위정편> 11장

옛것을 익히는 온고(溫故)는 학습을 말합니다. 학습의 시작은 과거로부터 혹은 역사로부터 배우는 것입니다. 교과서 역시 지나간 과거의 기록입니다. 오늘을 만든 어제까지의 지식과 지혜를 익혀 새로운 무엇을 만들어 내는 것을 지신(知新)이라고 합니다.

1577년 가을, 황해도 해주로 내려온 율곡 이이는 학문을 시작하는 이들을 가르치고자 《격몽요결》을 편찬하면서 그 이유를 이렇게 들었습니다.

"한두 학생이 찾아와 학문을 물었는데, 내가 스승이 될 만한 게 없음을 부끄럽게 여기면서도 처음 학문하는 사람들이 방향을 모르고, 굳은 의지도 없으면서 그냥 배우겠다고 한다면 피차에 도움 될 것이 없고, 도리어 남의 조롱만 사게 될까 걱정스러웠다. 그래서 간략하게 책 한 권을 써서 마음을 세우고, 몸을 경계하고, 부모를 봉양하고, 남을 접대하는 방법을 대략 서술해 《격몽요결》이라 이름했다. 학생들로 이것을 읽고서 마음을 씻고 즉시 공부에 착수하게 하고자 한다. 나 역시 오랫동안 구습에 얽매여 괴로워하던 차에 이것으로 자신을 경계하고 반성하고자 한다."

뜻을 세우면 곧 절반이다

《격몽요결》 첫 장인 〈입지〉에 밝힌 대로 뜻을 세우는 중요성은 아무리 강조해도 지나치지 않습니다. 사람의 용모는 추한 것을 바꿔 예쁘게 만들 수 없으며 신체는 짧은 것을 바꿔 길게 할 수 없으나 오직 심지만은 어리석은 것을 바꿔 슬기롭게 할 수 있으며 불초한 것을 바꿔 어질게 할 수 있다고 했습니다. 이런 뜻을 마음에 보존해 굳게 지켜 물러서지 않는다면 누구나 도에 가까울 수 있을 것이라고도 했습니다.

시작이 반입니다. 뜻을 세우면 이미 절반입니다. 나머지 절반은 온고입니다. 옛것을 익히는 것이 나머지 반입니다. 지금까지 세상을 빛나게 했던 찬란한 성과는 모두 입지와 온고의 과정을 통해 만들어졌습니다. 율곡의 지적처럼 일에는 바른 목적과 분명한 목표가 먼저입니다.

나이 오십이 넘어 지금까지 해 온 일을 계속하든 새로운 분야에 도전하든 먼저 목표를 분명히 정하는 일부터 해야 합니다. 물론 쉬운 일은 아닙니다. 목표대로 되지 않는 경우가 부지기수지만 목적이 바르다면 목표는 여건에 따라 수정 가능합니다. 서울에서 부산을 내려가려는 목적이 분명하다면 4시간이 목표든 6시간이 목표든 상황에 따라 변경이 가능하지 않겠습니까.

다음으로는 뚜렷한 의지입니다. 어떤 일이든 목표를 달성하는 것은 쉽지 않습니다. 새로운 분야를 학습하는 건 더욱 그렇습니다. 새로운 사업을 연구하고 공부하는 것도 마찬가지입니다. 의지가 강하지 않다면 의지를 다지는 일에 더 집중해야 합니다. 의지 없이 일을 시작하거나 진행하면서 좋은 결과를 기대하는 것은 불 없이 어두운 밤길을 걷는 것과 같습니다. 마지막으로 하나 더, 바로 착수할 수 있는 용기와 결단 그리고 끈기가 있어야 합니다.

무엇을 공부하고 학습할 것인가

성인, 맹자, 성선, 요순 등의 용어가 요즘에는 매우 어색하지만 500년 전에는 일상의 용어였습니다. 새로운 분야의 공부를 시작하는 사람은 그 분야에서 최고를 이룬 사람처럼 되겠다는 목표를 먼저 세워야 합니다. 보통 사람이나 최고를 이룬 사람이나 본성은 하나입니다. 성격과 역량의 차이가 없을 수는 없지만 참되게 알고 실천해 지난날의 나쁜 습관을 버리고 역량을 키워 간다면 도달할 수 없는 이유가 없으니, 보통 사람이라고 어찌 최고를 이룬 사람처럼 되겠다는 목표를 정하지 않을 수 있겠습니까?

"사람은 모두 요임금이나 순임금처럼 될 수 있다"라는 맹자의 말을 요즘으로 치환하면 "사람은 모두 빌 게이츠나 스티브 잡스처럼 될 수 있다"라는 말과 같습니다. 사람은 누구나 가능성과 잠재력을 갖고 있기에 명확한 목표와 비전을 갖고 꾸준히 분발한다면 가능하지 않은 것이 없습니다. 분명한 목표를 세우고 역량을 충분히 키우며 행실을 독실하게 하는 것은 모두 나에게 달려 있으니 굳이 타인이나 다른 조건에서 성취의 기준을 찾을 필요가 없습니다.

무릇 스스로 뜻을 세웠다고 말하되 곧바로 공부하지 않고 미적거리면서 뒷날을 기다리는 까닭은 말로는 뜻을 세웠다고 하나 실제로는 배움을 향한 정성이 없기 때문입니다. 입지를 중시하는 까닭은 '입지를 확고히 하면' 곧바로 공부에 착수해 오히려 미치지 못할까 염려하며 항상 공부할 것을 생각해 물러서지 않기 때문입니다. 만약 혹시라도 뜻이 성실하고 독실하지 못해 그럭저럭 옛 습관을 답습하며 세월만 보낸다면 수명을 다해 세상을 마친들 어찌 성취하는 바가 있겠습니까?

어떻게 살아야 할 것인가. 어떻게 참다운 사람이 될 것인가. 더 행복하고 더 의미 있는 삶을 살기 위한 새로운 전략들이 매일매일 만들어지고 있지만 과거에도 이미 그런 전략과 전술들이 있었습니다. 어떻게 오십의 시기를 보내야 더 의미 있고 행복할 수 있을까요? 오십을 살았던 수많은 옛사람은 이미 생각하고 도전했던 결과를 남겼습니다. 책으로, 사진으로, 음악으로, 그림으로, 유튜브로 남겼습니다. 찾아보고 내 것으로 만드는 일은 오롯이 내가 해야 할 일입니다.

이제는 '무엇을 온고할 것인가'만 남았습니다. '무엇을 공부하고 학습할 것인가'만 남았습니다. 방법은 준비돼 있으니 목표를 정하고 뜻을 견고하게 세우면 됩니다. 오십이 돼도 다시 무엇을 할 것인가에 집중해야 하는 이유입니다.

온고 후에는 지신이 찾아옵니다. 온고지신이 되면 리더가 될 수 있습니다. 내 인생의 리더를 넘어 타인의 인생에도 좋은 영향을 주는 리더가 될 수 있습니다. 리더를 꿈꾼다면 온고가 수월해집니다. 타인에게 긍정적인 영향을 주고 싶다면 온고가 수월해집니다. 목표가 생겼기 때문입니다. 온고 후에는 언제나 지신이 따라오기 때문입니다.

아는 것과 모르는 것을 분명하게

지식

공자께서 말씀하셨다.

"유야! 너에게 안다는 것이 무엇인지 알려 주마. 아는 것을 안다고

하고 모르는 것을 모른다고 하는 것이 진정 아는 것이다."

子曰 由 誨女知之乎 知之爲知之 不知爲不知 是知也

자왈 유 회여지지호 지지위지지 부지위부지 시지야

<위정편> 17장

유는 공자의 제자 자로의 이름입니다. 그는 공자와 같은 노나라
출신으로 공자보다 아홉 살이 적었습니다. 성격이 거칠고 출신은
미천했지만 용맹했으며 심지가 곧았습니다. 공자가 누구보다 믿
고 의지한 친구 같은 제자였습니다. 공자는 자로에게 안다는 것이
무엇인지 말해 줬습니다. 자신이 아는 건 언제 누구에게라도 안다
고 하고 알지 못하는 건 언제 누구에게라도 알지 못한다고 솔직하

게 말할 수 있는 것, 그것이 진정 아는 사람의 태도라는 것입니다.

"정보의 홍수에서 사람들은 쉽게 착각합니다. 스치듯 한번 들은 것을 마치 자신이 알고 있는 것으로 생각하고는 합니다. 한번 들은 것과 정확히 알고 있는 것은 다릅니다. 모르면서도 알고 있는 것처럼 보이고 싶고, 알면서도 모르는 것처럼 보이고 싶을 때가 있습니다. 아는 것과 모르는 것을 구분하는 힘, 아는 것을 실천하는 힘, 그 힘으로 끊임없이 개선, 개발, 혁신하면서 부가 가치를 높여 가는 사람이 진정으로 아는 사람입니다."

최종엽,《공자의 말》

안다는 것은 무엇이고 모른다는 것은 무엇인가

아는 걸 안다고 하고 모르는 건 모른다고 하는 것이 말은 쉬워도 실천하기는 어렵습니다. 잘 알면서도 자신의 이익을 위해 모른 척하는 경우가 많고 잘 모르면서도 체면과 허세 때문에 아는 듯 행세하는 경우도 많습니다.

그 결과가 본인 혼자에게 미친다면 큰 문제가 아니겠지만 그 거짓의 피해가 많은 사람에게 영향을 준다면 작은 문제가 아닙니다. 종종 사람이 죽고 사는 치명적인 결과를 만들기도 합니다. 한 사람의 잘못된 증언 때문에 감옥에서 수십 년을 보낼 수도 있고 돈의 유혹에 빠져 거짓말로 온 사회가 불필요한 힘을 낭비하기도 합니다. 사실은 사실대로 보도하지 못하면서 거짓을 사실처럼 보도하는 일부 언론의 문제가 끊이질 않습니다. 누구보다 공정하고 누구보다 정확히 알고 있다고 자부하는 언론에서 2,500년 전 앎의 기준에도 미치지 못하는 행태를 보이는 것은 언론의 주인이 누구인지를 분명하게 말해 주고 있을 뿐입니다.

나이 오십이 돼도 모르는 게 많습니다. 한 가지 일에 매달려 수십 년을 살다 보면 그럴 수밖에 없겠지만 황당할 때가 많습니다. 부부 사이에도 그렇습니다. 20년 이상을 함께해도 문득문득 놀랄 때가 있습니다. 당연히 동의해 줄 거라고 생각했던 일에 의견이 나뉠 때는 서운하고 화가 나기도 합니다. 지금껏 믿어 온 그 사람이 맞나 하는 의심이 들기도 합니다. 결국 내가 알고 있는 게 전부가 아니라는 깨달음에 이르면 꽁지를 내릴 수밖에 없지만 그래도 알 수 없는 게 부부인 것 같습니다. 아는 것은 안다고 하고 모르는 것은 모른다고 솔직해져야 그나마 한시라도 빨리 화해할 수 있습니다.

세상에서 가장 가까운 자식과 서먹해지는 경우도 생깁니다. 고등학생이나 대학생이 된 자식과의 소통에 적지 않은 문제가 발생합니다. 성장한 아이가 갑자기 평소와 다르게 느껴질 때가 있습니다. 그토록 잘 따르던 아이가 언제부터인가 말수가 적어지고 자기주장이 강해지며 부모의 말 한마디에 입과 방문을 함께 닫아 버리기도 합니다.

그 어떤 전략을 써도 아주 오랫동안 풀리지 않는 애매한 경우가 발생합니다. 어떤 부모나 '우리 아이는 내가 잘 알아'라고 말하지만 시간이 흐르면 '제일 모르는 아이가 바로 자식'이라는 사실을 깨닫게 됩니다.

어떤 기술을 써도 잘 풀리지 않는 아이가 큰 돌덩이처럼 보이지만 세월이 약이라는 것 또한 깨닫게 됩니다. 그 돌덩이는 바람을 막아 주고 큰 바위로 변해 부모를 지켜 줄 테니까요. 아이 문제로 답답한 50대지만 어쩌겠습니까? 아이나 부모나 또 한 번의 성장통을 겪는 것인데요. 지금 알고 있는 게 전부가 아니라는 것을 알아 가는 중입니다.

지금이 바로 잠재력을 발휘할 적기

《천자문》에 잠(潛)이라는 글자가 나옵니다. '비늘 달린 고기는 물 아래로 잠기고' 할 때의 잠입니다. 잠긴다는 뜻으로, 잠재력(潛在力)이나 잠수함(潛水艦)에 쓰입니다. 사람이면 누구나 갖고 있는 잠재력을 충분히 발휘할 수 있는 적기가 바로 지금입니다. 30대는 30대가 가장 좋은 시기이고, 50대는 50대가 최적의 시기이며, 70대는 70대가 잠재력을 발휘하기에 가장 적절한 때입니다.

하기 싫은 일을 하면서 잠재력을 극대화하기는 쉽지 않지만 하고 싶은 일을 하면서 잠재력을 끌어내는 것은 그리 어려운 일이 아닙니다. 오십은 하고 싶은 일을 골라내는 시기입니다. 지난 20

여 년간 해 온 일 이상으로 지금부터 20여 년 동안 해야 할 일이 중요하기 때문입니다. 할 수만 있다면 지금까지 해 온 경험과 기술을 십분 활용해 다시 시작해 보는 것입니다. 할 수 없다면 전혀 새로운 일에 과감히 도전해 보는 것입니다.

생각과 실행은 큰 차이가 납니다. 따뜻한 거실에서 TV 화면을 통해 한겨울 얼음을 깨고 물에 뛰어드는 예능인을 보는 것과 실제로 뛰어드는 것은 놀랄 만큼 큰 차이가 있습니다. 퇴직 전에 생각한 사업과 퇴직 후에 시작하려는 사업은 하늘과 땅만큼의 차이가 있습니다. 알고 있는 지식이나 경험으로 돈을 번다는 건 하늘과 땅만큼의 차이가 있습니다.

이처럼 아는 것을 정말 안다고 할 수 없는 경우가 너무 많습니다. 30퍼센트의 지식과 경험으로 90퍼센트 이상을 알고 있다고 자만하기 십상입니다. 30퍼센트의 실력으로 비즈니스를 시작하면 나머지 70퍼센트는 돈으로 메꿔야 합니다. 직장인의 로망인 멋진 사업 경영을 아무리 잘 준비해도 3년 버티기가 어려운 이유입니다. 기본이 돼야 창의력도 실행력도 빛을 발합니다. 끈기와 의지는 기본이며 자기 관리는 습관이 돼 있어야 합니다.

'아는 걸 안다'는 건 만만한 일이 아닙니다. 무엇을 아는지 무엇을 모르는지를 넘어서야 하기 때문입니다. 미래는 오지 않았기에 알 길이 없습니다. 그래서 과거를 묻는 것입니다. 지나온 여정을 자세히 살펴야 앞으로의 여정을 예측할 수 있습니다. 지나온 20년을 객관적으로 볼 줄 아는 식견을 가져야 내일을 준비할 수 있으며 이후 20년을 제대로 갈 수 있습니다.

고치지 못했다면
지금이 적기다

근심

공자께서 말씀하셨다.
"덕을 닦지 못한 것, 학문을 강구하지 못한 것, 의를 듣고 실천하지
못하는 것, 불선을 고치지 못하는 것이 나의 근심이다."

子曰 德之不修 學之不講
聞義不能徙 不善不能改 是吾憂也
자왈 덕지불수 학지불강
문의불능사 불선불능개 시오우야

<술이편> 3장

공자에게도 근심거리가 있었습니다.

첫 번째는 덕을 닦지 못한 것이었습니다.

덕의 정의를 한마디로 말하기는 쉽지 않습니다만, 두 글자로는
신(信)과 인(仁)으로 거짓이 없고 어진 마음을 갖는 것이라고 말

할 수 있습니다. 세 글자로는 지인용(智仁勇)입니다. 지혜와 사랑과 용기가 덕입니다.

두 번째는 학문을 깊이 있게 연구하지 못한 것입니다. 여러 가지 좋은 방법으로 궁리하거나 연구해 보지 못한 걸 근심했습니다.

세 번째는 의를 듣고 배워 무엇이 옳고 그른 것인지를 알고 있으면서도 실천하지 못한 것입니다.

마지막으로 어떤 것이 선하고 선하지 못한 것인지를 알면서도 선하지 못함을 고치지 못하는 것이 근심이라 했습니다.

오십에 그동안 얼마나 교양 있게 살아왔는가를 되돌아봅니다. 상대의 입장이 되지 못하면 상대를 이해하기 어렵습니다. 절망을 당해 보지 않으면 절망에 빠진 사람들을 이해하기 어렵습니다.

건강한 사람은 백혈병으로 사투를 벌이고 있는 환자를 이해하기 어렵습니다. 말 한마디에 수많은 사람이 일사천리로 움직이는 보좌를 받는 사람은 사소한 일 하나를 풀어 보려고 온종일 뛰어다니는 힘없는 사람을 이해하기 어렵습니다.

오십에 하는 고민

자기는 인하지 않으면서 타인은 인해야 한다고 당연하게 생각하고 있지는 않은지, 자기는 의롭지 못하면서 타인은 늘 올바르게 행동해야 한다고 믿고 있지는 않은지, 자기는 예의를 지키지 않으면서 타인은 반드시 예의를 지켜야 한다고 믿고 있지는 않은지, 자기는 지혜롭지 못하면서 타인은 지혜롭게 행동해야 한다고 요구하지는 않은지, 자기는 약속을 지키지 못하면서 타인은 반드시 약속을 지켜야 한다고 믿고 있지는 않은지 되돌아봐야 할 시간입니다.

겉으로 보면 그럴듯한 리더들도 1년이 지나도록 책 한 권 제대로 읽지 못하는 경우가 있습니다. 같은 일을 20년 하고도 전문가가 못 되는 사람들이 많지만 어떤 이는 10년을 일하고 전문가가 되기도 합니다. 어떤 일을 하든 기존의 지식에 실무 경험을 추가해 새로운 사례를 만들면서 전문성을 키워 가는 전략적인 사람들이 있습니다. 학습이란 학교나 책상에 앉아서만 하는 것이 아닌 일터 현장이나 삶의 현장에서 이뤄진다는 걸 알 수 있습니다. 책에서 배운 개념과 이론이 맞을 수도 있고 맞지 않을 수도 있다는 것은 여러 가지 좋은 방법으로 궁리하고 연구해 보지 않으면 얻을 수 없는 사안입니다. 어떤 직업이든 어떤 일이든 자기 일로 전문가가 된 사람들에게는 그들만의 학습법이 있었다는 사실을 되돌아봐야 할 시간입니다. 오십이 지나도 또 다른 멋진 기회가 남아 있기 때문입니다.

우리는 살아오며 어떻게 사는 게 옳은 건지 또 선하게 사는 건지를 수없이 들었습니다. 들을 때마다 늘 마음이 흔들렸습니다. 마음은 급했지만 행동이 그에 미치지 못했기 때문입니다. 서른에도 그랬고 마흔에도 그랬습니다. 쉰이 되도 마찬가지입니다. 의롭게 살아가는 사람들이 없어서 선하게 살아가는 사람이 없어서 내가 의로운 사람이나 선한 사람이 못 되는 게 아닙니다. 바르게 살아가는 사람이 없어서 내가 바르게 살아가지 못하는 게 아닙니다.

실행이 그만큼 어렵기 때문입니다. 천하의 공자도 의를 듣고 배워 무엇이 옳고 그른 것인지를 익히 알고 있으면서도 의를 실천하지 못했다고 근심했습니다. 어떤 것이 선하지 못한 것인지를 알면서도 불선을 고치지 못했다고 근심했습니다.

그러니 바르고 선하게 살아가는 게 중요합니다. 어려우니 가치 있는 것입니다. 누구나 다 하는 일이라면 누군들 그게 대수겠습니까? 이 실행과 실천을 오십에 고민하는 이유입니다. 오십이 지나도 또 한 번의 멋진 기회가 남아 있기 때문입니다.

오십에 하는 근심 걱정

오십에 닥치는 개인적인 근심 걱정은 아무래도 현직에서 물러나는 것입니다. 자진해서 물러나기에는 시간적 여유가 있다고 생각하지만 갑자기 현직에서 물러나는 주변인들을 보며 걱정이 커집니다. 자진해서 물러나는 경우보다 원하지 않아도 물러나는 경우가 더 많습니다. 일에서 밀려나면 그간 별문제가 아니었던 권력과 권위, 경제와 돈, 건강과 질병의 문제가 잇따릅니다.

오십에 닥치는 조직이나 사회에서의 걱정거리는 공자가 지적했던 것처럼 교양이라고는 눈을 씻고 봐도 찾을 수 없는 사람, 학습과는 아예 담을 쌓고 사는 사람, 좋은 책을 보고 훌륭한 강의를 많이 들어도 변함이 없는 사람, 좋지 못한 행동을 분명히 알면서도 여러 구실을 붙여 정당화시키는 사람들입니다. 우리 주위에는 이런 사람들이 적지 않습니다. 더 큰 문제는 그들과 많은 시간을 함께해야 한다는 것입니다.

오십이 되면 자기 자신뿐만 아니라 사회에도 책임을 져야 하는 어른의 위치에 들어섭니다. 지천명과 더불어 우리에게는 다양한 사람들과 함께 또 한 번의 멋진 기회가 남아 있기에 되돌아보는 것입니다. 꼭 내가 세상에 도움이 되는 인생을 살지 못한다고 해서 문제가 되지는 않겠지만 세상에 도움이 되는 작은 변화를 시도해 나간다면 삶의 행복은 배가될 것입니다.

사익을 따를 것인가,
공리를 따를 것인가

이익

공자께서 말씀하셨다.
"이익에 따라 행동하면 원망이 많아진다."

子曰 放於利而行 多怨
자왈 방 어 리 이 행 다 원

<이인편> 12장

방(放)은 놓다, 내놓다, 의거하다 등의 의미로 석방, 추방, 의거 등으로 쓰이는데, 여기서는 '의거하다'라는 의미로 사용합니다. 방어리(放於利)는 '이익에 의거해'라는 뜻입니다. 이익에 의거해 혹은 이득에 따라 행동하면 결국 원망이나 원한이 많아진다는 뜻입니다. 맹자보다 180여 년 전에 살았던 공자는 리(利)를 그렇게 정의했습니다.

양혜왕이 맹자에게 질문합니다.

"노인장께서 천 리 먼 길을 멀다 여기지 않고 오셨는데, 앞으로 어떻게 우리나라를 이롭게 할 수 있겠습니까?"

맹자가 대답합니다.

"어찌하여 하필 이익을 말씀하십니까. 인의가 있을 뿐입니다. 왕께서 어떻게 하면 우리나라를 이롭게 할까 하시면, 대부들은 어떻게 하면 우리 집안을 이롭게 할까 할 것이며, 사와 서민들은 어떻게 하면 나 자신을 이롭게 할까 할 것이니, 이런 식으로 윗사람과 아랫사람이 서로 이익을 취하면 나라가 위태로워질 것입니다. 의리를 하찮게 여기고 이익을 우선시하면 모조리 뺏지 않고는 만족하지 않을 것입니다. 인한 사람치고 자기 어버이를 버리는 자는 없으며, 의로운 사람치고 자기 임금을 하찮게 여기는 자는 없는 것입니다. 왕께서는 인의를 말씀하시면 되지, 하필 이익을 말씀하십니까."

《맹자》〈양혜왕 상〉

맹자는 의리가 사라지고 전쟁을 통해 서로 죽이는 패권국이 되겠다는 명리만을 추구했던 전국 시대를 살았습니다. 명리를 앞세우는 양혜왕을 처음으로 만나는 자리에서 맹자는 리가 아니라 인의가 먼저라고 강변하고 있습니다.

사리사욕, 사사로운 이익과 욕심

오십에 리(利)를 생각해 봅니다. 나의 즐거움에 조금이라도 방해가 되면 참지 못하고 버럭 화를 내면서 가족들에게 피해를 주진 않았는지. 욱하는 성격으로 어린아이들에게 상처를 주진 않았는지. 나에게 잘못한 사람을 진정으로 용서해 준 적이 한 번도 없으면서 나의 잘못을 용서해 주지 않는 사람을 야박하다고 원망하지는 않았는지. 남의 사소한 실수나 잘못을 보면 쉽게 노하거나 불만을 토로하면서 내 실수나 잘못은 대수롭지 않게 생각하지는 않았는지. 내 사랑은 존중받아야 할 소중한 가치라고 생각하면서 상대의 사랑은 무시하지 않았는지. 객관적인 사실이 아닌 사사로운 감정 때문에 사람을 미워하지는 않았는지 되돌아보게 됩니다.

법적으로도 체벌과 학대를 범죄로 규정하고 있지만 자식은 엄하게 키워야 한다는 생각 때문인지 부모의 학대로 사망에 이르는 험악한 사건이 끊이질 않습니다. 부모가 받는 스트레스와 부부 사이의 갈등을 자녀에게 폭력으로 푸는 경우가 많은데, 이 역시 리에 관련된 문제입니다. 아이를 방치하면서도 자신은 게임과 오락으로 시간을 보내고 아이를 학대하면서도 쇼핑하는 즐거움을 놓지 못하는 것이 방증하고 있습니다.

스트레스를 받으며 직장 생활을 한 사람이 스트레스를 주는 경우가 많은데, 스트레스 역시 리에 관련된 문제입니다. 개구리 올챙이 적 생각하지 못하는 것처럼 누군가의 상사가 되면 부하 탓만

하는 사람들이 많습니다. 교육이나 후배 양성에는 신경도 쓰지 않으면서 성과 부족에 대해서는 인신공격을 마다 않고 매몰차게 몰아붙이는 건 자신의 실적과 성과 때문입니다.

끼어들기, 새치기 운전도 적지 않습니다. 누구나 급할 때가 있기 마련이지만 습관적으로 끼어들기를 하는 운전자를 볼 때마다 인생도 그렇게 살고 있지는 않은지 의심해 보지 않을 수가 없습니다. 자기만 급하고 자기만 피곤하다고 느낀다면 더 그렇습니다.

공리공욕, 옳고 그름의 의

사람들은 누구나 물질적·정신적으로 풍요로운 삶을 살고 싶어 합니다. 어떻게 사는 게 더 행복한 삶인지는 가치관에 따라 다를 수 있습니다. 부자로 살면서 많은 이에게 칭찬과 존경을 받는 사람들이 있지만 비난과 욕을 먹는 사람들도 있습니다. 가난하게 살면서도 칭찬과 존경을 받는 사람들이 있지만 비난과 욕을 먹는 사람들도 있습니다. 부자로 살면서 존경까지 받는다면 더할 나위 없지만 가난하게 살면서 비난과 욕까지 들어야 한다면 문제가 아닐 수 없습니다.

태어나면서 부귀빈천(富貴貧賤)을 마음대로 선택할 수 있는 사람은 아무도 없습니다. 살아가면서 부자가 될 수도 가난해질 수도 있습니다. 귀하게 되기도 천하게 바뀌기도 합니다. 노력의 문제입니다. 칭찬과 존경을 받을 수도 있고 질시와 비난을 받을 수도 있습니다. 선택의 문제입니다. 자신의 이익만을 따를 것인가 옳고 그름의 의를 따를 것인가는 나의 선택에 달려 있습니다.

나, 내 집안, 우리 회사, 우리 지역, 우리 나라의 이익을 생각하지 않는 사람은 없습니다. 하지만 이는 혼자 살 때 필요한 원칙입니다. 함께 사는 세상의 법칙은 조금 달라야 합니다.

이익만을 따라가다 보면 결국 원망이 많아집니다. 부자든 빈자든 마찬가지입니다. 리에는 이익이라는 의미와 예리하다는 뜻이 공존합니다. 그 이익이 누군가를 예리하게 찔러 아프게 한 결과로 만들어진 거라면 더욱 그렇습니다.

혹여 오십이 되는 지금까지 사리사욕을 삶의 기준으로 삼았다면 이제 공리공욕을 삶의 기준으로 삼아야 합니다. 세상으로부터의 인정과 존경 그리고 칭찬의 목소리는 더 커질 것입니다. 가족과 친척, 이웃과 우리 사회로부터 들릴 것입니다.

흔들리는 인생을
굳게 잡아 주는 힘

오십의 균형

꾸밈과 바탕이 좋아야
명품이다

✳

조화

공자께서 말씀하셨다.
"꾸밈과 바탕이 조화를 이룬 뒤에야 군자라고 할 수 있다."

子曰 文質彬彬 然後君子
자왈 문질빈빈 연후군자

<옹야편> 16장

"내면의 바탕이 외면의 꾸밈을 이기면 촌스럽고 외면의 꾸밈이 내면의 바탕을 이기면 번지레하다. 꾸밈과 바탕이 조화를 이룬 뒤에야 군자라고 할 수 있다."

공자는 군자의 모습을 이렇게 설명합니다. 내면의 단단함(質)과 외면의 세련됨(文)이 균형을 이룰 때 비로소 진정한 군자가 된다는 지혜입니다. 질은 내면의 깊이이며 문은 외면의 아름다움입니다. 내면만 강조하면 투박해지고 외면만 중시하면 공허해집니다. 겉과 속이 조화를 이룰 때 진정한 가치를 지닐 수 있습니다. 사람도 제품도 마찬가지입니다.

군자의 질은 학문과 인에서 시작되며 문(文)은 언어와 예에서 드러납니다. 인간의 내면은 타고나는 것이 아니라 무엇을 배우고 어떻게 익히느냐에 따라 깊어지고 단단해집니다. 그래서 우리는 평생 배우고 성장하는 것이지요. 문은 단순한 꾸밈이 아니라 말과 태도, 그리고 예의를 통해 완성됩니다. 내면의 깊이가 단단히 자리 잡고 외면의 표현이 이를 조화롭게 감싸안을 때 비로소 진짜 군자가 될 수 있습니다.

자신의 실력을 믿고 오만과 무례를 일삼는 사람이 있는가 하면 화려한 외면이 내면을 받쳐 주지 못하는 사람도 있습니다. 실력은 출중하지만 행색이 초라한 사람이 있고 외모는 빛나지만 실력은 형편없는 사람도 있습니다.

사람은 내면이 무엇보다 중요하지만 내면의 아름다움을 적절한 외면이 감싸 줄 때 비로소 완전한 조화를 이룹니다. 외양 디자인도 세련되고 내부 기능도 뛰어난 제품이 진짜 명품이듯 내면의 깊이와 외면의 품격을 고루 갖춘 사람이야말로 진정한 리더입니다.

인생 전반에는 '문(文)'의 삶을 산다

우리 인생 또한 이와 비슷합니다. 누군가의 자식으로 살아가는 삶, 누군가의 배우자로 살아가는 삶, 누군가의 부모로 살아가는 삶, 학교에서는 학생으로 직장에서는 직장인으로 살아가는 삶은 문의 삶입니다. 나이와 환경에 따라 서로 다른 책임과 의무를 다 해야 하는 삶, 타인의 시선에 신경 쓰지 않을 수 없이 함께 살아가는 삶이 문의 삶입니다.

요즘은 경쟁으로 인생의 외형을 만들어 갑니다. 인생을 둘로 나눌 수 있다면 인생 전반은 문의 삶에 더 가깝습니다. 경쟁하지 않고 인생 전반을 살아가는 사람은 거의 없습니다. 경쟁 속에서 마음의 상처가 생기지 않는 사람도 거의 없습니다. 인생은 원래 그런 거라고, 인생은 원래 힘들고 괴로운 거라고 생각하는 게 차라리 마음 편하기도 합니다.

인생 전반이 함께 살아갈 수밖에 없는 문의 삶이라면 인생 후반은 내가 중심이 되는 질의 삶이라고 할 수 있습니다. 부모한테 받은 사랑은 반도 되돌려 드리지 못했는데 이미 부모는 돌아가시고, 사랑하는 자식 역시 모두 성장해 각자 제 갈 길로 떠나가게 됩니다. 미운 정 고운 정 배우자만이 남아 함께 가야 하는 삶입니다. 그동안의 조직 생활이나 사회생활의 제약에서 조금씩 벗어나게 되는 삶입니다.

이제는 타인의 시선에 큰 신경을 쓰지 않아도 큰 부담을 느끼지 않아도 됩니다. 기존의 경쟁 시스템에서 벗어나 자율적으로 살아도 됩니다. 경쟁으로 인한 마음의 상처는 줄었지만 이제는 내가 내 삶의 진정한 주인이 돼야만 합니다. 질의 삶이 시작되는 것입니다.

부자 아빠, 가난한 아빠를 아들이 선택할 수는 없습니다. 치열한 경쟁 없이 대학에 들어가는 것은 수험생들의 선택 사항이 아닙니다. 아무리 준비해도 들어가고 싶은 직장을 누구나 들어갈 수는 없습니다. 아무리 열심히 일해도 동기 모두가 한 번에 과장이 될 수는 없습니다. 아무리 기를 써도 모두 정년퇴직까지 일할 수는 없습니다. 선택 사항이 아닙니다.

그렇게 우리는 인생 전반을 살아갑니다. 초·중·고교를 거쳐 대학에 들어갑니다. 치열한 입사 시험을 거쳐 직장을 들어가 나름의 최선을 다합니다. 과정 과정마다 그 어떤 과정도 쉽게 되는 것은 없습니다. 늘 최선을 원했지만 차선이 되기도 어려웠습니다. 최고의 대학, 최고의 기업을 원했지만 현실은 원하지 않았던 대학, 원치 않았던 회사에 들어가는 게 십중팔구였습니다.

인생 전반을 자기가 세운 계획에 따라 혹은 자신의 꿈에 따라 살아가는 사람은 거의 없습니다. 물론 그렇게 살아가는 대단한 사람이 전혀 없는 것은 아니지만 극히 어려운 도전 과제입니다. 일찍 성공한 사람은 성공을 지키기 어렵고 두뇌가 명석한 사람은 몸이 두뇌를 따라가지 못하는 경우가 많습니다. 대부분은 치열한 경쟁에서 상처투성이가 되고 맙니다. 그렇게 전반전이 지나면 다시 한 번 기회의 시간이 찾아옵니다.

치열한 경쟁이었지만 인생 전반에 인생 후반의 의식주가 해결되는 성과를 만들었다면 대단한 일이 아닐 수 없습니다. 인생을 두고 이렇다 저렇다 말을 많이 하지만 대다수가 원하는 삶은 의식주가 해결된 안정된 삶입니다. 200여 년 전 다산은 강진에 있는 제자에게 편지를 보냈습니다.

"따뜻이 입고 배불리 먹는 데에만 뜻을 두고서 편안히 즐기다가 세상을 마치려 한다면 죽어 시체가 식기도 전에 벌써 이름이 없어질 것이니 이는 금수일 뿐이다. 그래도 이같이 살기를 원하느냐?"

인생 후반에는 '질(質)'의 삶을 산다

문의 삶에 질의 삶이 더해져야 인생을 만족스럽고 행복하게 마무리할 수 있습니다. 어떤 이는 기세등등하고 멋진 인생 전반을 살았지만 인생 후반에는 외롭고 쓸쓸하게 살아갑니다. 어떤 이는 볼품없고 힘든 인생 전반을 살았지만 인생 후반은 즐겁고 행복하게 살아갑니다. 어떤 이는 멋진 인생 전반에 이어 인생 후반도 즐겁고 행복하게 살아갑니다. 어떤 이는 볼품없고 힘든 인생 전반에 이어 인생 후반도 외롭고 쓸쓸하게 살아갑니다.

인생 전반을 어떻게 살았든 인생 후반은 나를 위한 삶이어야 합니다. 책임지는 삶에서 벗어나 온전히 내가 내 삶의 주인이 되는 삶을 살아야 합니다.

오십, 지천명. 경제적인 여유가 있으면 있는 대로 없으면 없는 대로 질의 삶을 시작할 수 있습니다. 이제부터는 인생에 핑계가 통용되지 않습니다. 목표와 계획을 스스로 세우지 않으면 누군가 세워 준 목표나 계획에 따라 인생 후반을 살아야 할지도 모릅니다. 혹은 그냥 살아가는 것이 자신의 인생이 될지도 모릅니다.

인생 전반은 가족의 일원으로, 가족을 책임지는 책임자로, 사회와 국가의 일원으로 살았다면 인생 후반에는 나를 더 성장시키는 나를 위한 나의 삶을 살아가야 합니다. 그게 바로 가족을 위하고 사회를 위하고 국가를 위한 일입니다. 문질빈빈(文質彬彬)의 완성된 삶이고 행복한 삶입니다. 군자의 삶이며 리더의 삶입니다.

흔들리지 않는 뜻과
꺾이지 않을 꿈

의지

공자께서 말씀하셨다.
"삼군을 통솔하는 장수는 뺏을 수 있으나
필부에게서 그 뜻은 뺏을 수 없다."
子曰 三軍可奪帥也 匹夫不可奪志也
자왈 삼군가탈수야 필부불가탈지야
<자한편> 25장

춘추 시대 제후국이 가질 수 있는 병력 규모인 3만 6,000명 대군을 삼군이라 합니다. 공자는 삼군을 총지휘하는 장군을 전쟁이나 전투로 뺏을 수 있으나 일개 범부라 해도 그의 가슴속 깊은 뜻은 뺏을 수 없다고 말했습니다. 간절한 뜻을 지닌 사람은 돈이나 출세에 마음을 뺏기지 않고 가난하다고 해서 뜻을 바꾸지도 않으며 어떤 위험에도 굴복하지 않기 때문입니다. 강한 의지를 이길 수

있는 것은 없습니다.

간절한 뜻을 세운다는 것

뜻을 세우기가 만만치 않습니다. 뜻을 굳게 세우면 육군 참모 총장도 뺏을 수 없는 막강한 힘을 가진다는 걸 알면서도 그렇습니다. 고등학교 때는 대학 입학이 절실한 목표였지만 막상 대학생이 되고 나면 절실함이 안개처럼 사라집니다. 졸업이 다가오면 취업이라는 새로운 목표가 우리의 밤잠을 설치게 하지만 간절히 원하던 회사에 들어가 사원이 되고 대리가 되면 또다시 우리는 목표 없는 시간을 보냅니다. 과장 승진 시기가 다가올 때면 '제발 과장만'이라고 간절히 바라지만 과장이 된 후에는 또다시 목표를 잃어버립니다. 차장이 되도 부장이 되도 계속 반복됩니다. 그렇게 인생 전반을 보내다 보면 어느덧 오십 중반이 되고 맙니다.

율곡은 조선 중기 관찰사, 병조 판서, 이조 판서 등 중요한 요직을 거쳤던 고위 관료였습니다. 당대 사람들은 율곡을 고관대작으로 기억하겠지만, 지금 우리에게 율곡은 《격몽요결》의 저자로 더 많이 기억됩니다. 날아가는 새도 떨어트린다는 권세 높은 이조 판서보다는 조선 최고의 성리학자로, 그가 평생 간직했던 정신으로 기억됩니다.

율곡이 단지 관료로 인생을 마무리했다면 우리는 그를 잘 기억하지 못했을 것입니다. 하지만 백성에 대한 사랑과 관심이 그대로 녹아 있는 《격몽요결》은 500년이 지난 지금까지도 많은 이에게 기억되고 있습니다.

이름만 들어도 알 수 있는 고위 관료나 정치가들이 세상을 움직이는 것처럼 보이지만, 국민과 시민을 위한 진심 어린 마음 없이 자신의 출세만을 위한 몸부림으로만 끝난다면 그 누구도 그를 오래 기억하지 않을 것입니다.

그 사람의 마음에 어떤 뜻이 있었는지가 그를 기억하게 만드는 것이지 그의 직위나 권력 때문이 아니기 때문입니다. 그저 부유한 집안에서 태어나 좋은 교육을 받아 잘 먹고 잘 살다 간 사람으로만 기억되는 건 누구라도 할 수 있는 일입니다. 단지 누구를 부모로 만났느냐의 문제이지 다른 의미 있는 것은 아무것도 없기 때문입니다.

우리가 어떤 사람을 기억하는 건 권력을 휘두르며 마음대로 편하게 살다 간 생이 아니라 힘없고 도움이 필요한 사람들을 위해 능력과 권력을 사용한 생이었기 때문입니다. 그의 시작에 소중한 뜻이 있었기 때문입니다. 단지 잘 먹고 잘 놀다 가는 게 아닌 어떤 가치를 남기고 갈 것인가를 늘 생각하고 실천했던 생입니다.

평범한 사람의 꿈이든 큰 뜻을 품은 사람의 꿈이든 마음 깊숙이 새겨진 의지는 그 누구도 뺏을 수 없습니다. 장관의 자리는 언제든 잃을 수 있어도 마음속의 진실은 영원합니다. 그러니 중요한 것은 바른 뜻을 세우고 그 뜻을 끝까지 밀고 나가는 사람이 결국 당대에 존경받고 미래에 기억된다는 사실입니다. 좋게 기억되는 것은 행복하고 즐거운 일입니다. 공자도 《논어》 〈학이편〉 1장에서 이를 지적했습니다.

"친구가 먼 곳에서 오니 즐겁지 아니한가."

친구가 멀리에서 온다는 말에는 두 가지 의미가 있습니다. 공간적으로 멀리서 찾아온다는 의미와 시간을 넘어 누군가가 나를 기억해 준다는 의미입니다. 지금 우리가 공자를 기억하듯 먼 훗날 누군가가 우리를 좋은 뜻으로 기억해 준다면 그보다 더 즐거운 일이 어디 있을까요?

시간이 걸려도 계속 나아가자

100년 후 사람들에게 어떤 기억으로 남을 것인가요? 지난 시간도 소중하지만 앞으로의 시간이 더 중요합니다. 이제부터 어떤 뜻을 품고 살아가야 할까요? 지금까지의 환경이나 여건보다 앞으로의 상황이 더 어려워질 수도 있습니다. 그렇다면 우리는 어떻게 해야 할까요?

인생의 기준을 조금 다르게 보면 가능할 수도 있습니다. 사람들이 말하는 일반적인 성공 기준에서 벗어나 내가 중심이 되는 기준을 만드는 것입니다. 지금까지 살아온 시간만큼이나 앞으로의 시간이 더 남아 있습니다. 인생 전반에는 목표와 결심이 자주 흔들렸습니다. 남들 따라가기에 바빴습니다. 더 좋아 보이는 것들을 따라 해 봤지만 결과는 늘 처음의 기대와 달랐습니다.

이제는 꺾이지 않을 꿈을 가져 볼 때입니다. 흔들리지 않는 뜻을 세워 볼 때입니다. 오십이지만 시간이 부족하지는 않습니다. 뜻이 희미해서 가능성이 떨어질 수는 있어도 남은 시간이 부족해 달성하지 못할 일은 거의 없을 것입니다.

그동안 다양한 목표를 세우고 노력했지만 마음에 드는 결과를 얻지 못했다면 방법은 단 하나입니다. 가치 있는 뜻에 맞는 목표를 세우고 시간이 걸리더라도 포기하지 않는 것입니다.

누구나 평범한 삶에서 벗어나는 꿈을 갖고 인생을 살아갑니다. 그저 그런 인생을 살기보다 특별한 인생을 살기 원합니다. 분명한 뜻이 서 있다면 일상의 반복에서 오는 매너리즘을 벗어나 퍼스널 브랜드의 실현이 가능해집니다. 퍼스널 브랜드야말로 평범한 삶에서 벗어나 특별한 인생을 만드는 강력한 도구가 될 것입니다.

잘못을 알고도
고치지 않는 게 잘못이다

변화

공자께서 말씀하셨다.
"잘못을 저지르고도 고치지 않는다면 이것이 바로 잘못이다."

子曰 過而不改 是謂過矣
자왈 과이불개 시위과의

<위령공편> 29장

알면서도 고치지 못하는 것, 짜고 단 것을 반복해서 먹는 것, 금연과 흡연을 반복하는 것, 음주 후 운전을 반복하는 것, 운동과 포기를 반복하는 것, 내 잘못은 보이지 않고 다른 사람의 잘못만 보이는 것이 잘못입니다. 우리는 잘못을 저지르면서도 잘못을 고치려 노력합니다. 그래서 희망이 있습니다. 잘못이 없는 사람이 아니라 잘못을 고치려고 노력하는 사람이 결국에는 리더가 됩니다.

최종엽,《공자의 말》

지금까지 읽은 책 중에서 가장 기억에 남는 열 권을 소개해 달라고 갑자기 요청받는다면 바로 대답할 수 있는 사람이 얼마나 될까요? 많지 않을 것 같습니다. 그간 많은 책을 읽었음에도 기억이 나질 않아서 그럴 수도 있지만 실제로 책을 거의 읽지 않고 지내왔기 때문일 수도 있습니다. 오십이 되도록 가까이 두고 반복적으로 읽는 책이 누구나 열 권 정도는 되겠지만 지금 바로 그 책 제목이 생각나지 않는다면 잠시 멈출 필요가 있습니다.

오십에 바꿔 보는 독서법

책을 읽지 않고 살아왔다면 이제는 바꿔 보는 게 좋습니다. 누구나 시간 부족이 독서를 못 하게 되는 가장 큰 이유라고 생각하겠지만 이는 또한 가장 그럴듯한 핑계이기도 합니다.

책 이외에도 정보를 얻을 수 있는 다양한 매체들이 있지만 책에는 책 고유의 기능이 있습니다. 다른 매체에서 얻기 어려운 정보와 통찰력, 사고의 확장을 책에서 얻을 수 있습니다. 독서를 하지 않아도 세상을 살아가는 데 당장은 별문제가 없어 보이지만 그 기간이 길어질수록 보이지 않는 차이가 발생합니다. 눈에 보이지 않는 이 차이는 종종 우리 삶에 치명적인 타격을 주기도 합니다. 세상과 단절된 고정관념으로 주변인들과의 관계가 힘들어지기도 하고 축적되는 스트레스에서 벗어나지 못하게 되기도 합니다.

한 분야의 책만 읽어 왔다면 이제는 바꿔 보는 게 좋습니다. 지난 수십여 년 동안 전공 분야 혹은 전문 분야의 서적을 집중적으로 읽어 왔다면 오십의 고개에서 시선을 다른 쪽으로도 확대해 볼 필요가 있습니다.

물론 한 분야의 전문가가 되기에도 벅찬 게 현실이긴 합니다. 반도체를 연구하고 개발하는 기술자라면 20년, 30년간 전기 전자 분야의 책을 읽는 것만으로도 벅찼을 것입니다. 마케팅 전문가로 일하는 직장인 역시 마찬가지입니다. 그 어떤 전문 분야도 다 비슷합니다. 전문성을 높이고 역량을 키우기 위한 전문 분야의 독서가 불필요하다는 게 아니라 다른 분야의 독서를 가미해 본다면 새로운 통찰력이 생길 수 있다는 의미입니다. 엔지니어가 인문학 책을 읽으면 색다른 통찰력이 생길 것입니다. 마케팅 전문가가 역사 서적을 읽어도 마찬가지입니다. 아이들을 가르치는 교사가 《논어》를 읽으면 깊은 통찰이 생겨날 것입니다.

만약 다양한 분야의 책을 읽어 왔다면 이제는 바꿔 보는 게 좋습니다. 다양한 분야의 독서로 상식 수준의 정보는 많아졌지만 업무나 일상에서 실제로 활용 가능한 역량에 도움이 되지 않는다면 실용 독서를 해 보는 전략도 필요합니다. 만물박사가 되는 것도 좋지만 폭넓은 정보와 지식을 바탕으로 한 분야를 더 깊게 파고드는 집중 독서가 자신만의 강점을 강화시켜 줄 수 있습니다. 세상의 수많은 책은 다 읽을 수도 없고 다 읽을 필요도 없습니다. 이제는 분야를 한정해 깊게 읽는 독서가 필요합니다. 오십에는 효율적이고 효과적인 독서법이 필요합니다.

또한 책만 읽었다면 이제는 바꿔 보는 게 좋습니다. 책 읽기에만 집중하는 사람들을 가끔 만납니다. 5분의 자투리 시간만 생겨도 독서에 몰입해 1년에 수백 권의 책을 읽는 대단한 사람들입니다. 많은 책을 읽는 것이 분명 유익한 일이기는 하지만 혹여 수많은 책을 읽고도 어떤 결과나 성과를 만들어 내지 못한다면 독서는 사치일 뿐입니다

독서 모임에 빠지지 않고 참석하며 시간이 지나도 계속 책 읽는 모습만 보여 주고 있다면 독서가 취미이자 특기에서 머무를 뿐입니다. 오십이 넘어서도 쉼 없이 달려가는 설국 열차처럼 그저 독서에 매달리고만 있다면 전략을 바꿀 때가 온 것입니다. 독서의 목적은 독서 자체가 아닙니다. 실천이 없는 독서는 사치에 불과합니다. 작은 변화라도 시작할 때입니다. 읽기를 잠시 멈추더라도 실천의 길로 들어서야 합니다. 그게 진정한 독서의 길입니다.

오십 넘어 눈에 들어온 고전

저는 오십을 넘어 《논어》를 읽기 시작했습니다. 직장 생활 20여 년 동안 전공과 영어 서적을 제외하고는 읽은 책이 거의 없었습니다. 매일 반복되는 이른 출근과 늦은 퇴근 속에서 독서할 여유가 없었습니다. 퇴직 후 컨설팅 회사를 경영하며 책을 읽기 시작했습니다. 책을 읽지 않고는 비즈니스를 하기가 어렵다는 것을 느꼈고 독서를 시작하며 다양한 분야의 책들을 접했습니다. 그렇게 오

십을 넘기자 독서에 대한 생각이 조금씩 달라져습니다. 어차피 세상의 책을 다 읽지 못한다면 분야를 정해 전문성을 키우는 독서를 하는 게 더 효율적이고 효과적인 방법이라고 생각했습니다.

우연히 《논어》를 접했습니다. 두꺼운 《논어》를 간신히 다 읽어내니 《논어》를 풀어쓴 책이 궁금해졌습니다. 다양한 저자의 책을 읽다 보니 조금 더 전문적인 책을 찾아보게 됐습니다. 시간이 지나며 단순히 읽기를 넘어 원문을 쓰고, 몇 구절씩 외우며 글까지 쓰게 됐습니다. 글을 모아 책을 내고 책을 바탕으로 강의까지 하게 됐습니다. 강의는 읽는 것과는 완전히 다른 경험이었습니다.

강의는 더 넓고 깊은 독서를 요구했습니다. 《논어》뿐만 아니라 《맹자》, 《중용》, 《대학》도 읽어야 했습니다. 《주역》과 《시경》에도 관심이 가고 일본 학자가 쓴 《논어》 책과 중국 저자가 쓴 《논어》 책과 서양 학자가 쓴 《논어》 책에도 관심이 갔습니다. 순자, 한비자, 묵자, 장자, 노자에 관련된 책들도 눈에 들어왔습니다. 사마천의 《사기》를 비롯해 고전이 무엇인지를 조금 터득하게 되니 동양 고전을 지나 서양 고전들도 궁금해졌습니다.

단 하나의 덕이라도
있으면 된다

품격

공자께서 말씀하셨다.
"덕이 있는 사람은 반드시 이웃이 있어 외롭지 않다."

子曰 德不孤 必有隣

자왈 덕불고 필유린

<이인편> 25장

나는 유덕자(有德子)인가? 나는 덕이 있는 사람인가? 오십을 넘기면서 자문해 봅니다. 덕의 의미를 열 개의 단어로 모두 풀어쓰면 인(仁), 의(義), 예(禮), 지(知), 신(信), 자(慈), 우(友), 공(恭), 효(孝), 용(勇)으로 이 모두를 아울러 덕이라 합니다. 사람을 사랑하며 상대 입장에서 생각할 수 있는 사람, 바르게 행동하는 사람, 예의를 지키는 사람, 지혜로운 사람, 어떤 일을 해도 믿을 만한 사람, 아랫사람에게 자애로운 사람, 친구 간에 우정이 돈독한 사람,

손윗사람에게 공손한 사람, 부모에게 효도하는 사람, 용기 있는 사람이 덕을 가진 사람입니다.

덕 있는 사람의 도덕적 기준은 결코 만만치 않습니다. 그러니 덕성을 갖춘 사람이라면 외로울 리 없습니다. 이런 사람을 누가 싫어하겠습니까? 춘추 시대 공자가 제시한 도덕적 기준에 들기는 어렵겠지만 이 열 가지 덕성 중에 단 한 가지라도 가졌는지 자문해 봅니다. 오십에 어렵다면 육십, 칠십이 넘어서도 어려울 것입니다.

외롭지 않은 사람은 없겠지만

잇속을 위해 만난 사람은 잇속이 사라지면 더 만날 이유가 없어집니다. 월급 때문에 출근한다면 월급이 사라지는 날 출근할 이유가 사라집니다. 월급이 300만 원이면 300만 원만큼의 노동을 하면 됩니다. 일한 만큼 주고받는 게 가장 공평합니다.

하지만 주는 사람과 받는 사람의 기대는 다릅니다. 주는 사람은 일한 만큼의 월급을 주고 싶지만 받는 사람은 받는 만큼의 일을 하고 싶어 합니다. 그러니 주는 사람에게는 늘 월급이 많아 보이고, 받는 사람에게는 늘 월급이 적어 보입니다. 사장과 사원의 관계가 그렇습니다. 사장이나 사원이나 외롭기는 마찬가지입니다.

팀장과 팀원의 관계나 상사와 부하의 관계도 그렇습니다. 팀원은 팀장의 칭찬이나 격려에 늘 목말라합니다. 진심 어린 조언과 세심한 배려가 없음에 늘 아쉬워합니다. 분기에 단 한 번만이라도 팀원의 처지를 고려해 주기를 바라지만 그런 일은 일어나지 않습니다. 팀장은 어쩌면 그렇게도 윗사람에게만 잘 보이려고 할까 얄밉습니다.

팀장은 팀원을 칭찬하고 싶어도 칭찬할 구석을 찾지 못해 늘 아쉽습니다. 시간만 나면 개인적인 일에 집중하고 딴생각을 하는 팀원에게 어떤 세심한 배려를 더 해야 할지 답답합니다. 분기에 한 번만이라도 팀원 전원이 의기투합해 성과를 내지도 못하면서 불평불만만 토로하니 갑갑하기만 합니다. 목표 달성이나 성과 생각은 없고 매일 퇴근 시간만 기다리는 팀원이 얄밉습니다. 그러니 팀장이나 팀원이나 상사나 부하나 외롭기는 마찬가지입니다.

부모 자식이나 형제자매도 그렇습니다. 자식은 유산 상속에만 관심이 있고 부모 봉양에는 소홀합니다. 부모를 모시는 데 장남 차남이 무슨 상관이냐며 형은 동생에게 미루고 동생은 형에게 미룹니다. 병들고 몸 불편한 부모를 요양원에 맡겨 놓고 자식들은 계절마다 여행을 떠납니다. 형은 동생을 원망하고 동생은 형을 원망합니다. 부모가 돌아가시고 재산 상속 가족회의가 열리면 울고불고 싸움이 벌어집니다. 내가 장남인데 내가 장녀인데 하며 따지고 듭니다. 내가 더 부모님께 잘해 드렸다고 동생들이 덤빕니다. 왜 살아 계실 때 유산 정리를 깨끗하게 해 놓지 못했냐고 죽은 부모를 원망하기도 합니다.

장례식이 끝나면 남남처럼 서먹서먹해지고 맙니다. 부모님이나 형이나 동생이나 외롭기는 마찬가지입니다. 성인이 된 이후 오십이 되기까지 30여 년의 시간은 외로움의 연속이었습니다. 늘 사람들과 함께였지만 외롭지 않았던 적이 거의 없었습니다.

학창 시절이나 직장 생활을 할 때도 퇴직 후 사업을 할 때도 마찬가지였습니다. 도와주는 사람이 없었습니다. 지금까지 그랬다면 오십 이후에도 모습이 그려집니다. 가까운 친척들을 원망하며, 주변 사람들을 원망하며, 사회를 원망하며 힘없이 살아갈 모습이 그려집니다.

우리 모두는 함께 살아야 할 운명

우리는 모두 세상에 홀로 왔지만 함께 살아가는 운명을 지니고 있습니다. 홀로 왔기에 혼자만 잘하면 된다고 생각했습니다. 나만 잘하면 되고, 나만 똑똑하면 되고, 나만 성실하면 된다고 생각했기에 그렇게 살고자 노력했습니다.

그러니 모두 남이 됐습니다. 매일 함께 먹고 함께 지낸 직장 사람들도 형제들도 거의 남이 됐습니다. 오십에 바다 한가운데 홀로 남은 섬이 됐습니다. 오십이라는 나이가 될 때까지 나만 생각하며 살아온 게 문제입니다. 내가 문제입니다. 내가 문제였습니다. 직장이 아니라 상사나 부하가 아니라 형이나 동생이 아니라 내가 문제였습니다.

《논어》〈헌문편〉을 보면 천리마는 날렵한 생김새나 강한 힘을 가지고 있는 말이 아니라 훈련과 조련으로 얻어진 덕성을 가진 말이라고 합니다. 보통의 말이 천리마가 될 수 있다면 보통 사람이 탁월한 사람이 될 수 있는 것은 너무나 당연한 일일 것입니다.

덕을 키운다는 건 함께 살아가는 운명을 지닌 우리의 삶을 인정하고 수용하는 것입니다. 삶의 외로움과 외로운 삶에서 벗어나는 방법입니다. 좋은 이웃을 얻는 방법은 이웃에게 있는 게 아니라 나에게 있습니다. 좋은 사람을 만나는 방법은 그들에게 있는 게 아니라 나에게 있습니다. 형제자매의 사랑을 다시 받는 방법은 그들에게 있는 게 아니라 나에게 있습니다. 선배나 고객에게 사랑받는 방법은 그들에게 있는 게 아니라 나에게 있습니다. 외로웠던 과거를 외롭지 않은 미래로 바꾸는 방법은 환경이 아니라 나의 마음에 있습니다.

혹여 지금까지 나와 우리 식구만이 삶의 기준이었다면 이제는 타인도 그 기준에 추가할 여유가 필요합니다. 지금보다 더 큰 행복과 기쁨으로 돌아올 것입니다. 인, 의, 예, 지, 신, 자, 우, 공, 효, 용 중에서 단 한 가지만 실천할 수 있어도 그럴 것입니다.

어려운 일을 먼저 하고
얻는 건 뒤에 하라

실천

번지가 지혜가 무엇인지를 물었을 때 공자께서 말씀하셨다.
"백성들이 의로움에 이를 수 있도록 힘쓰고 귀신을 공경하되 귀신
을 멀리한다면 지혜롭다고 할 수 있다."
인이 무엇인지를 물었을 때 공자께서 말씀하셨다.
"어려움을 먼저 하고 얻는 것을 뒤로 한다면 어질다 할 수 있다."
樊遲問知 子曰 務民之義 敬鬼神而遠之 可謂知矣,
問仁 曰 仁者先難而後獲 可謂仁矣
번지문지 자왈 무민지의 경귀신이원지 가위지의
문인 왈 인자선난이후획 가위인의
<옹야편> 20장

공자보다 서른여섯 살이 적은 제자 번지는 공자의 수레를 자주
몰았습니다. 번지는 성품이 거칠고 이익을 잘 챙기는 인물로 묘사

되기도 했습니다. 뜬금없이 농사짓는 방법을 질문해 스승으로부터 핀잔을 듣기도 했습니다. 《논어》에는 인이라는 말이 족히 100번은 넘게 등장하는데 그중 세 번이 제자 번지의 질문이었습니다. 공자는 번지의 상황과 수준에 맞춰 매번 다른 대답을 했습니다. 그는 인에 대해 이렇게 가르쳤습니다.

"인은 사람을 사랑하는 것이다. 평소에는 공손하고 일할 때는 공경하며 사람을 대할 때는 진심을 다해야 한다. 또한 먼저 일을 하고 나중에 얻으며 먼저 어려움을 겪고 나중에 이익을 구하는 것이다."

지혜와 어짐은 삶에서 드러나야 한다

지혜로운 사람은 사람을 올바르게 아는 사람입니다. 개인의 이익보다 공동체의 정의 실현을 위해 힘쓰는 사람이 크게 지혜로운 사람입니다. 믿음과 가치를 따라 종교나 신앙을 따르되 거기에 지나치게 매몰되지 않는 사람이 지혜로운 사람입니다.

어진 사람은 사람을 사랑하는 사람입니다. 집에서든 밖에서든 사람을 대할 때 공손하고 일을 할 때는 공경하며 함께하는 사람들을 진심으로 대하는 사람이 어진 사람입니다. 자신의 이익보다 어려운 일을 먼저 해결하는 사람이 어진 사람입니다. 힘든 일을 앞장서서 수행하고 보답은 뒤로 미루는 사람이 어진 사람입니다. 어려운 문제를 해결하고자 먼저 나서는 사람이 어진 사람입니다. 진정한 어짊은 일을 시작하기 전에 상대의 마음을 헤아리는 것에서 비롯됩니다. 자신의 욕심을 다스리지 못해 남의 단점이나 잘못을 들추면서까지 일을 해서는 안 된다는 의미이기도 합니다.

오십에 삶의 균형점을 생각해 봅니다. 공자는 마흔에 지자(知者)가 됐고 오십에 인자(仁者)가 됐습니다. 사십에 불혹이 돼 흔들림을 잡았으며 오십에 천명을 얻어 세상을 사랑하는 마음을 밖으로 펼쳤습니다. 그런 공자를 따랐던 제자 자공은 지자의 위치에 올랐고 안회는 인자의 위치에 올랐습니다. 지혜로운 자공은 격변의 춘추 시대를 살면서도 부귀와 공명을 이뤘고 안회는 비록 단명해 일찍 세상을 떠났지만 사학 최고의 제자로 남아 동양 오성(五聖)의 명예를 얻었습니다. 자공과 안회의 위치까지 오르지는 못했지만 종종 공자의 개인 기사 역할을 했던 번지에게 준 스승의 가르침에서 오십의 어진 마음을 생각해 봅니다.

인은 사랑하고 아끼는 마음입니다. 사랑하는 마음이 곧 인의 마음입니다. 자연스럽게 사랑의 감정이 드는 사람을 사랑하는 것은 어렵지 않습니다. 젊은 남녀가 사랑에 빠지는 마음, 부모가 자식을 사랑하는 마음, 자식이 늙어가는 부모를 사랑하는 마음은 자연스럽습니다. 문제는 사랑하기 어려운 사람을 사랑하는 데 있습니다. 어려운 조건 속에서도 사랑을 베푸는 것은 쉽지 않습니다.

이는 자연스럽게 생기는 감정이 아니라 노력해야만 가능한 일이기 때문입니다. 쉽지 않은 일이지만 마음을 들여 행동으로 실천하는 것이 인이기 때문입니다. 인의 마음은 연민과 배려에서 비롯됩니다. 불쌍한 사람을 향한 사랑, 도움이 필요한 사람에게 내미는 손길, 상대의 입장에서 생각하는 배려, 용서하는 마음, 이 모든 것이 다 그렇습니다. 식구끼리의 용서도 쉬운 일이 아닌데 하물며 남을 용서하는 일은 더욱 어렵습니다. 그래서인지 공자의 제자들조차 기껏해야 두세 달에 한 번 정도밖에 인을 실천할 수 없었습니다. 즉 보통 사람들에게 인의 실천은 결코 쉬운 일이 아닙니다. 그러나 그 어려움을 극복하는 것이 곧 인의 길이기도 합니다.

1년에 단 한 번만이라도

오십에 인을 말하고 있습니다. 오십이 되기 전에는 인을 실천할 겨를이 없었습니다. 오십 이후에는 1년에 단 한 번만이라도 인을 실천할 수 있다면 균형 잡힌 행복한 인생이 될 것입니다.

용서하기 어려운 사람을 용서하는 것, 사랑이 필요한 사람에게 사랑을 나누는 것, 사랑하기 어려운 사람을 사랑으로 감싸는 것. 어렵지만 인생 후반에 그런 일이 일어난다면 이는 기적에 가까운 일입니다. 어쩌면 죽음에 이르러도 실천하기 어려운 일을 하는 것입니다. 용서받기 어려운 상대에게 용서받는 기적이 일어난다면 그 기쁨과 사랑은 그 무엇으로도 표현하기 어려울 것입니다. 누군가에게 최고의 기쁨과 사랑을 주는 주인공으로 단 한 번만이라도 선다면 새로운 세상을 만나게 되는 것입니다.

인은 어려운 일을 먼저 하고 이익은 나중에 생각하는 것입니다. 인은 타인을 용서하고 배려하는 걸 말하지만 이익은 뒤로 하고 어려운 일에 먼저 솔선수범하는 걸 말하기도 합니다.

하지만 현실은 늘 반대입니다. 일하기 전에 미리 명확한 이해득실을 계산하지 못하면 멍청한 사람으로 취급당하고는 합니다. 어떤 이는 일을 시작하기도 전에 권력과 정보를 이용해 자기 몫부터 두둑이 챙기기 급급합니다.

그래서 인이 어렵습니다. 보통 사람들이 근접하기에 그 벽이 너무 높을 수 있습니다. 따라서 인을 행하기만 하면 시대를 막론하고 특별한 사람이 될 것입니다.

어려운 일을 하고 싶어 하는 사람은 세상에 없습니다. 확실한 보상도 없는 일을 선뜻 나서서 하는 사람은 더더욱 없습니다. 하지만 누군가 그 어려운 일을 해 준다면 세상은 살기 좋은 곳이 될 것입니다. 인생 후반에 단 한 번만이라도 어려운 일을 해낸다면 비로소 가치 있는 삶이 시작될 것입니다. 어려운 일을 먼저 하고 얻는 건 뒤로 하는 사람이 진정한 지도자라 할 수 있습니다.

시 쓰고 노래하는 여유도
필요하다

여유

공자께서 말씀하셨다.
"시경의 시 삼백 편을 한마디로 말하자면
생각에 사함이 없다고 하겠다."
子曰 詩三百 一言以蔽之 曰思無邪
자왈 시삼백 일언이폐지 왈사무사
<위정편> 2장

지구를 강타한 코로나 팬데믹과 비슷한 시기, 한국에는 또 하나
의 열풍이 불어닥쳤습니다. 끝이 보이지 않는 코로나 상황 속에서
힘겹게 하루를 살아가는 사람들에게 작은 위로가 됐던 이른바 '트
로트 열풍'입니다. 중장년층의 노래인 줄만 알았던 트로트가 청년
들에게도 적지 않은 관심을 불러일으켰습니다. 애틋하면서도 직
설적이고 간절하면서도 흥에 넘치는 트로트는 보통 사람들의 마

음을 그대로 대변합니다.

《시경》은 동양에서 가장 오래된 시가집으로 춘추 시대의 노래를 정리해 놓은 책입니다. 공자는 주나라 초기부터 춘추 시대에 이르는 수천 수의 노래 가사 중 후대에 전해도 좋을 만한 곡만 뽑아 편집했습니다. 남녀 간의 절절한 사랑 노래, 귀족들의 노래, 나라의 큰 행사가 있을 때 부른 노래, 생활과 감성에 좋은 영향을 주는 노래 등 300여 편의 노래 가사 모음이 바로《시경》입니다.

예나 지금이나 노래는 사람들의 마음을 위로하고 힘든 마음을 보듬어 줍니다. 아픈 사람에게는 위안을 주고 즐거운 사람에게는 행복을 가져다줍니다. 음악과 노래는 각종 행사의 품격을 높여 주며 흩어진 사람들의 마음을 한곳으로 모이게 합니다.《시경》은 작품 형식으로 구분해 풍(風), 아(雅), 송(頌), 부(賦), 비(比), 흥(興)으로 나눌 수 있습니다. 풍은 지방을 나타내는 노래로 노나라 노래는 노풍, 제나라 노래는 제풍이라 했으며, 아는 규범과 표준에 맞게 만든 노래, 송은 나라의 공식적인 행사에 쓰였던 노래, 부는 직접적인 표현의 노래, 비는 다른 것을 연상케 하는 비유의 노래, 흥은 기쁨이나 슬픔의 정서를 자유롭게 표현한 노래입니다.

생각에 사함이 없다

공자는《시경》에 수록된 300수의 노래 가사를 순수하다고 평했습니다. 사무사의 사(邪)는 '간사하다, 마음이 바르지 않다, 사악하다, 품행이 부정하다'라는 뜻입니다. 즉 사무사는 생각에 사함이 없다, 생각이 간사하지 않다, 생각이 바르다는 의미입니다.

개인적인 의도나 특정 집단의 목적이 들어 있지 않은 기쁨과 노함, 슬픔과 즐거움을 있는 그대로 표현한 노래 가사가 바로 《시경》이라는 의미입니다. 남녀노소, 부귀빈천을 불문하고 늘 바른 생각만 할 수는 없습니다. 자기도 모르게 나쁜 생각이 드는 건 당연합니다. 그러니 공자가 시와 노래라는 좋은 도구를 이용해 바른 생각을 할 수 있도록 《시경》을 편찬한 것입니다.

특히 리더들의 생각에 사특함이 없도록 하기 위해 《시경》을 지었습니다. 국가나 조직의 리더들은 사람들에게 더 많은 영향을 미치기 때문에 특히 더 중요합니다. 리더의 생각과 사상이 바르면 가정, 사회, 국가의 다양한 문제들을 빠르게 해결할 수 있기 때문입니다. 사특함이 없는 노래와 함께 바르게 성장하기를 바라는 공자의 숨은 전략이 《시경》에 있습니다.

고려, 조선의 문무백관들은 조정이나 군영에서 퇴근해 집으로 돌아오면 붓을 들어 글을 쓰고 책을 읽고 시를 쓰며 하루를 정리했습니다. 이순신 장군은 단 하루도 편안한 날이 없는 전쟁 통에도 매일 일기를 쓰고 시를 쓰며 가슴의 번민을 풀었습니다. 율곡도 마찬가지였습니다. 위로는 변화를 싫어한 왕 선조를 모시고 아래로는 힘없고 미래 없는 백성들을 구하고자 불철주야 뛰었던 그도 조정에서 퇴청하면 글을 쓰고 시를 쓰며 답답함을 풀었습니다.

물론 같은 관료이면서도 시 한 줄, 책 한 권 남기지 못한 고위 관료들이 많이 있습니다. 그들은 업무의 번민과 답답함을 술과 기생으로 해소했을지도 모릅니다. 백성들은 죽건 말건 경치 좋은 곳에 정자를 짓고 시절을 가리지 않은 채 자신들만의 풍류를 즐기며 시간을 보냈을 것입니다. 도탄에 빠진 백성들의 원성을 무시한 채 다시 못 올 기회를 만끽하며 흥청망청 시간을 보냈을 것입니다.

스무 살의 고민을 쉰에 다시 한다

오십에 생각해 보니 반듯한 집 한 채만이라도 남겨지기를 바라며 모든 시간과 노력을 다한 지난 시간의 아쉬움이 남습니다. 노래, 그림, 책, 여행 등 그 어떤 작은 여유도 없이 집 한 채에 모든 걸 포기해야 했던 지난 시간이 너무 아쉽습니다. 제대로 된 취미 생활도 하나 못 하면서 열심히 살아왔다고 말하고 있는 자신이 미워집니다.

1년에 단 하루도 개인적인 사유로 휴가를 내지 않았습니다. 매년을 그렇게 보냈습니다. 감기나 몸살도 가능하다면 주말이나 휴가 기간에 맞추고 싶을 정도였으니 가족을 위한 주말 나들이는 꿈에 불과했습니다. 그렇게 수십 년을 보내고 오십에 서니 답답하기만 합니다. 부부의 시간과 아이들과의 시간, 부모님과의 시간과 형제자매들과의 시간, 친구들과의 시간을 모두 그 반듯한 집 한 채에 저당 잡히고 말았습니다. 미래의 반듯한 집 한 채에 현재의 모든 시간이 저당 잡히고 말았습니다. 출근을 제외한 모든 개인적인 일이 어색했습니다. 새로운 취미를 만드는 것도, 글을 쓰는 일도, 책을 읽는 일도, 머리를 기르고 싶던 일도, 청바지를 입고 싶었던 일도, 기타를 배우고 싶었던 것도, 노래를 배우고 싶었던 것도 모두 저지됐습니다. 누가 시켜서가 아니라 반듯한 집 한 채에 대한 욕심 때문이었습니다.

나다움이 무엇인지 가끔 혼란스럽습니다. 지금까지의 삶이 나다운 삶이었는지 나답지 않은 삶이었는지 헷갈립니다. 부모 형제들의 바람대로 살아온 건 아닌지, 선생님의 바람대로 살아온 건 아닌지, 사장님의 경영 철학과 상사들의 요구대로 살아온 건 아닌지, 미디어의 요청대로 살아온 건 아닌지, 반듯한 집 한 채만이라도 남기를 바라며 살아온 건 과연 누구의 삶인지 궁금합니다.

노래도, 그림도, 책도, 여행도, 어떤 여유도 없이 살아온 지난 시간이 누구답게 살아온 삶인지 궁금합니다. 내 삶인 것 같기도 하고 아닌 것 같기도 합니다.

오십 이후에도 내 삶인 듯 아닌 듯 그렇게 계속 가야만 하는 것인지, 조금 어색하겠지만 나의 길을 찾아가야 할 것인지 스무 살의 고민을 다시 하게 됩니다. 어쩌면 2,500년 전의《시경》속에 그 답이 있을지 모르겠습니다.

인생 하프 타임에
풀어야 할 숙제

절반

안연과 계로가 공자를 모시고 있을 때 공자께서 말씀하셨다.

"너희들의 뜻을 각자 말해 보거라."

자로가 말했다.

"수레와 말과 옷과 가벼운 갖옷을 친구들과 함께 쓰다가 다 낡아
져도 유감이 없습니다."

안연이 말했다.

"선행을 자랑하지 않고 수고로운 일을 남에게 맡기지 않고자 합
니다."

자로가 말했다.

"선생님의 뜻을 듣고 싶습니다."

공자께서 말씀하셨다.

"노인들을 편안하게 해 주고 친구들은 신의를 지키게 하고 젊은이
들은 품어 주고 싶다."

顔淵 季路侍 子曰 盍各言爾志
子路曰 願車馬衣輕裘 與朋友共 敝之而無憾
顔淵曰 願無伐善 無施勞 子路曰 願聞子之志
子曰 老者安之 朋友信之 少者懷之
안연 계로시 자왈 합각언이지
자로왈 원거마의경구 여붕우공 폐지이무감
안연왈 원무벌선 무시로 자로왈 원문자지지
자왈 노자안지 붕우신지 소자회지
<공야장편> 25장

공자가 성격이 다른 두 제자에게 '어떤 인생을 살고 싶은지' 물었습니다. 성격 급한 자로가 먼저 대답했습니다.

"저는 한 번 사는 인생인데 좀 폼 나게 살고 싶습니다. 최고급 승용차를 타고 친구들과 함께 이곳저곳 명소를 다니며 즐기고 싶습니다. 유명 디자이너가 제작한 최신 유행의 멋진 옷을 입고 고급 호텔의 격조 있는 레스토랑에서 최고급 술과 음식을 친구들과 함께하며 여유 있고 즐거운 삶을 살고 싶습니다. 저의 모든 돈을 친구들과 함께 다 써 버린다고 해도 섭섭지 않을 것입니다."

안연은 자로와는 다른 소망을 이야기합니다.

"저는 제가 좀 잘한 일이나 좋은 성과를 낸 일이 있더라도 남들에게 자랑하거나 교만하지 않겠습니다. 내가 하기에 귀찮거나 힘든 일을 남에게 시키지 않으며 살아가고 싶습니다."

두 제자의 포부를 들은 후 공자는 자신의 포부를 말했습니다.

"나는 세 가지를 하고 싶다. 먼저 우리 사회의 어르신들을 편안하게 해 드리고 싶다. 집안에서 부모님을 편안하게 모시는 것처럼 물질적으로나 정서적으로 마음 편하게 지내실 수 있도록 그런 여건을 만들어 드리고 싶다. 다음으로는 우리와 같은 연배의 친구들이나 동료들에게 믿음을 주는 사람이 돼 상호 간에 서로 신뢰할 수 있는 사회를 만들고 싶다. 마지막으로 우리의 미래 세대인 젊은 사람들을 관심과 사랑으로 포용하고 싶다. 무한한 가능성이 있는 그들을 마음껏 품어 그들이 무엇이든 할 수 있는 성인으로 성장할 수 있도록 도와주고 싶다."

어떤 인생을 살고 싶은가

《논어》의 대답은 간결합니다. 자로는 즐겁게 사는 것을 추천했습니다. 안연은 일에 최선을 다하며 남에게 피해 주지 않고 겸손하게 사는 걸 제안했습니다. 공자는 노인들을 편안하게 해 주고, 친구에게는 신의를 지키고, 젊은이들은 품어 주는 삶을 살고 싶어 했습니다.

어떻게 살 것인가의 명제가 주는 의미는 무겁지만 사람들의 삶은 무겁지 않습니다. 모두가 훌륭한 삶을 살지는 못합니다. 각자의 위치에서 중요하다고 생각되는 가치를 따라 살아가면 되는 것입니다. 남들보다 더 멋지고 아름다운 삶을 가르는 확실한 기준은 없습니다.

삶은 전반과 후반으로 이등분할 수 있습니다. 대부분의 운동 경기가 그렇듯 아무리 철저히 준비해도 전반전을 마치고 나면 결과에 아쉬움이 남습니다. 조금 더 잘할 수 있지 않았을까 후회하고는 합니다.

그래서 선수들은 하프 타임에 코치 곁으로 모여듭니다. 후반전의 전략과 계획을 듣기 위해서입니다. 하프 타임을 어떻게 보내느냐에 따라 후반전의 결과가 크게 바뀝니다. 하프 타임은 짧은 휴식 시간이라기보다 전략을 구상해 역전의 실마리를 찾는 활명수 같은 시간입니다. 하프 타임을 잘 활용하면 승리의 가능성이 올라갑니다. 우리의 인생 여정도 이와 비슷합니다.

인생의 하프 타임은 시기가 정해져 있지 않습니다. 사십이 될 수도 있고 오십 혹은 육십이 될 수도 있습니다. 서른 즈음에 시작된 전반전을 치르다 보면 어느 정도 매듭이 지어져 가는 걸 느낍니다. 그게 사십이면 사십부터, 오십이면 오십부터, 육십이면 육십부터 몇 년간을 하프 타임이라 생각하고 전략을 세우면 됩니다. 10분, 20분 운동 경기의 하프 타임은 정해져 있지만 인생의 하프 타임은 정해져 있지 않습니다. 1년이 될 수도 있고 4년이 될 수도 있습니다.

인생 후반의 5퍼센트를 하프 타임으로 쓴다면 30년이면 1년 반이고 40년이면 2년입니다. 물론 2년이 짧을 수도 있고 길 수도 있습니다. 계획과 구상만 한다면 짧지 않은 시간이 되겠지만 새로운 준비까지 생각한다면 2년은 결코 긴 시간이 아닐 것입니다.

그러니 딱 2년 혹은 3년을 정해 놓을 필요는 없습니다. 중요한 건 인생의 하프 타임을 이용해 인생 후반을 계획해 보는 것입니다. 인생 전반을 되돌아보는 것입니다. 내가 살아온 삶은 그 누구도 살아 보지 못한 유일한 삶입니다. 내가 살아갈 삶 또한 누구도 살지 못할 하나뿐인 삶입니다. 지나온 삶을 되돌아보는 것도 다가올 삶을 계획해 보는 것도 꼭 필요한 일입니다.

어떻게 살 것인가

어떻게 살 것인가? 자로의 삶을 따를 수도 있습니다. 안연의 삶을 인생 후반의 기준으로 삼을 수도 있습니다. 공자의 뜻처럼 살아갈 수도 있습니다. 《논어》에서 말하는 삶의 방식이나 태도를 따르지 않아도 됩니다. 살고 싶은 대로 살아가는 게 최고의 삶일지도 모릅니다. 잊지 말아야 할 건 타인의 삶을 따라도 좋고 살고 싶은 대로 살아도 되지만 결정은 해야 한다는 것입니다. 기준을 정해 놓고 사는 것과 무작정 살아가는 대로 사는 것은 다르기 때문입니다.

기준을 정해야 기준에서 크게 벗어나지 않습니다. 항로를 정해야 항로에서 크게 벗어나지 않습니다. 열심히 가는 것에만 집중한다면 원하는 목적지에 도달할 확률은 제로에 가깝습니다. 힘들다고 생각하면 세상 그 누구도 힘들지 않은 사람은 없습니다. 부자도 힘들고 빈자도 힘듭니다. 육체적 고통이나 정신적 고통이나 참기 어려운 건 비슷합니다. 노인도 힘들고 아이도 힘듭니다. 여자도 힘들고 남자도 힘듭니다.

　반면 즐겁다고 생각하면 세상 그 누구도 즐겁지 않은 사람이 없습니다. 부자도 빈자도 노인도 아이도 여자도 남자도 삶이 즐겁습니다. 기준은 어떻게 살 것인가를 정하는 데 있습니다. 인생 하프타임에 해결할 가장 중요한 숙제 중의 하나입니다.

오십부터는
인자의 삶이 좋다

❀

방식

공자께서 말씀하셨다.

"지자는 물을 좋아하고 인자는 산을 좋아한다. 지자는 동적이고
인자는 정적이다. 지자는 즐겁고 인자는 오래 산다."

子曰 知者樂水 仁者樂山 知者動 仁者靜 知者樂 仁者壽

자왈 지자요수 인자요산 지자동 인자정 지자락 인자수

<옹야편> 21장

요산요수(樂山樂水)라는 말이 있습니다. 산을 좋아하고 물을
좋아한다는 의미입니다. 이 요산요수의 출처가 바로 《논어》〈옹
야편〉 21장입니다. 락은 좋아할 요, 즐길 낙, 노래 악으로 쓰입니
다. 여기서는 '좋아하다'는 뜻으로 쓰였습니다.

지혜로운 사람은 물을 좋아한다, 물론 즐겁다는 뜻으로 지자의
즐거움은 물과 같다고 해석하기도 합니다. 마찬가지로 인자는 산

을 좋아하니 인자의 즐거움은 산과 같다고 할 수 있습니다. 지자는 물을 좋아하고 동적이며 즐겁고 인자는 산을 좋아하고 정적이며 오래 삽니다. 지자는 책과 배움을 가까이해 지식이나 지혜가 많은 사람, 인자는 사람을 사랑하고 포용하며 용서할 줄 아는 사람입니다. 물은 활동적으로 쉼 없이 움직이는 특징을, 산은 움직임은 없으나 많은 것을 포용하며 고요한 모습을 지니고 있습니다.

지자로 살았던 자공, 인자로 살았던 안회

세상의 지식이나 지혜는 동적인 특징을 지녔습니다. 마치 강물이 쉼 없이 흘러가는 것처럼 하루에도 수없이 많은 책이 출간되고 24시간 쉼 없이 새로운 뉴스나 정보가 쏟아져 나옵니다. 새로운 책과 정보를 통해 빠르게 돌아가는 세상을 선도하는 자세로 살아가는 건 즐거운 일이 아닐 수 없습니다.

공자의 제자 중에 자공을 대표적인 지자로 꼽습니다. 그 어떤 제자보다도 활동적이었던 자공은 새로운 정보를 늘 먼저 접하고 그 정보를 활용해 결국 노나라 최고의 부자가 됩니다. 노나라는 물론 춘추 시대 열국을 다니며 활동하는 외교가로서도 이름을 날립니다. 공자의 제자 중 누구보다도 정치·외교·경제의 전문가로 즐겁게 인생을 살다 간 지자였습니다.

자식을 사랑하는 부모의 마음은 늘 변치 않는 정적인 인자의 마음입니다. 누군가를 용서하는 마음이 인자의 마음입니다. 부모의 마음이나 용서하는 마음은 정입니다. 사랑받는 느낌도 행복하지만 사랑하는 마음은 더 행복합니다. 용서받는 느낌도 편안하지만 용서하는 마음은 더 편안합니다. 행복하고 편안한 사람이 더 건강해지는 건 당연한 결과입니다.

지자와 인자에 단계가 있는 건 아니지만 지자보다는 인자가 더 성숙한 단계로 평가받는 건 마음의 문제이기 때문일 것입니다. 몸을 수련하는 것보다 마음을 수련하는 게 더 어렵습니다. 누군가를 용서한다는 게 결코 쉬운 일이 아니기 때문입니다. 안빈낙도가 일상이었던 안회는 가난했지만 사람을 사랑하고 용서하는 마음을 가진 공자 제일의 제자였습니다. 그래서 공자의 제자 중 안회를 대표적인 인자로 꼽습니다.

인생 전반은 지자, 인생 후반은 인자

삶에는 때때로 기준이 필요합니다. 지자요수, 인자요산이 좋은 삶의 기준이 될 수 있습니다. 30년간 조직 생활을 한다고 가정해 봅니다. 전반 15년은 지자요수를 기준으로 삼아 보는 것입니다.

그럼 빠르게 변화하는 시대에 맞춰 지식과 정보에 귀를 기울이게 됩니다. 흐르는 강물처럼 끊임없이 배우고 새로운 것에 민감해지게 됩니다. 모르는 것이 생기면 망설이지 않고 파고들게 됩니다. 활력 넘치고 생동감 있게 도전하는 동적인 사람이 됩니다.

어느 조직이든 처음에는 누구나 어색하고 궁금한 것이 많습니다. 그러나 시간이 해결해 줄 것이라 기대하기보다는 적극적으로 배우고 해결해 나가는 태도가 더욱 즐거운 직장 생활을 만듭니다. 이것이 바로 지자요수의 삶입니다.

후반 15년은 인자요산을 기준으로 삼아 보는 것입니다. 이제는 지식에서 사람으로 눈을 돌려야 할 때입니다. 조직에서의 성과는 기술과 장비만으로 만들어지지 않습니다. 아무리 최신 설비와 최고의 기술을 갖췄다 해도 이를 운용하는 사람의 마음이 따라 주지 않으면 최상의 결과를 낼 수 없습니다.

결국 일은 사람이 하는 것입니다. 사람의 마음을 얻지 못하면 좋은 성과도 얻을 수 없습니다. 지자요수의 태도로 학습하고 성장하며 인자요산의 마음으로 사람을 품는 것, 이것이 균형 잡힌 삶의 지혜입니다.

조직에는 언제나 갈등이 존재합니다. 누구에게나 고민이 있습니다. 누구나 합당한 인정을 받고 싶어 합니다. 아니, 그렇게 해 줘야 합니다. 조직의 윗자리로 올라가고 있다면 인자의 마음이 필요합니다. 법과 원칙을 준수하면서도 상대의 마음을 다치지 않게 하는 마음 기술이 필요합니다. 상대방의 입장에서 생각하는 역지사지의 마음을 모르는 사람은 없습니다. 하지만 역지사지의 마음을 행동으로 보여 주는 사람도 거의 없습니다. 모르는 게 있으면 가르치고 또 가르치면서 참고 또 참으면서 기다리는 마음으로 대한다면 그를 얻을 수 있습니다. 한 사람의 마음을 제대로 얻는 건 그의 세상을 얻는 것과 같습니다. 한 사람의 세상을 얻는 건 세상 전부를 얻은 것과 마찬가지입니다.

우리의 인생도 그렇습니다. 우리가 100년을 산다면 50세까지는 지자의 삶이, 50세 이후부터는 인자의 삶이 더 어울립니다. 지금까지 빠르고 치열하게 나와 우리 가족만을 위해 살아왔다면 이제부터는 조금 더 타인을 생각하고 사랑하는 마음의 여유와 도량을 지닌 채 살아가 보는 건 어떨까요. 더 행복한 삶이 될 것입니다.

사람이 중심이 되는 인자의 삶을 기준으로 인생 후반을 시작한다 해도 지자로서의 자세와 태도가 필요치 않은 건 아닙니다. 새로운 도전이 필요하다면 일정 기간 다시 활동적으로 탐색하고 공부해야 하기 때문입니다.

어떤 일을 하든 의미 있는 결과를 내기 위해서는 학습과 정보가 꼭 필요합니다. 그 시기가 50세건 70세건 마찬가지입니다. 인생 전반을 지자의 방식으로 살아왔다면 인생 후반은 인자의 삶을 기반으로 지자의 방식을 취해 보면 좋겠습니다. 분명 효과적일 것입니다.

잘난 이도 못난 이도
모두 스승이다

스승

공자께서 말씀하셨다.

"세 사람이 길을 가면 그중 반드시 나의 스승이 있다. 그중 선한 자
에게선 선함을 따르고 선하지 못한 사람을 보면 나를 고치면 된다."

子曰 三人行 必有我師焉

擇其善者而從之 其不善者而改之

자왈 삼인행 필유아사언

택기선자이종지 기불선자이개지

<술이편> 21장

살다 보면 나와 맞지 않는 사람을 만나기도 하고 때로는 감정이
앞설 때도 있습니다. 누군가의 선한 모습을 보며 본받고 싶다가도
나보다 나은 사람을 보면 질투가 올라오기도 합니다. 부족한 사람
을 보며 반면교사로 삼으려 하지만 오히려 비난하고 싶은 마음이

들 때도 있습니다.

나이 오십이 되도록 '여전히 배울 준비가 돼 있지 않구나' 하는 생각이 들 때가 많습니다. 배운다는 것은 결국 겸손해지는 것이고 나를 돌아보는 일이라는 것을 알면서도 마음처럼 쉽지만은 않습니다.

흔히 오십이 되면 인생이 보인다고 하지만 정말 그럴까요? 세상을 바라보는 눈이 조금은 넓어졌을지 몰라도 여전히 흔들리고 여전히 미숙합니다. 주어진 시간도 만나게 될 사람들도 결국 나를 완성해 가는 과정이겠지만 이는 생각보다 훨씬 길고, 지난합니다. 길 위의 모든 사람이 나의 스승이 되려면 나는 얼마나 더 많은 시간을 걸어야 할까요?

나만의 성에 갇혀

언제부터인가 부자를 보면 신경질이 났습니다. 전후좌우 따져 볼 겨를도 없이 화가 났습니다. 젊은데 부자인 사람을 보면 더욱 짜증이 났습니다. 노력 없이 부자가 된 것처럼 보이는 사람을 보면 나이와 상관없이 욕이 튀어나오기도 했습니다. 가까운 사람이 잘 풀리는 걸 보면 질투와 시기심에 마음이 불편하고 괴로울 때가 많았습니다. 사촌이 땅을 사도 배가 아파 죽을 지경인데 잘나가는 동창이나 동료들을 볼 때는 오죽했겠습니까? 단 한 번의 누락도 없이 승진하며 특진의 기회까지 독차지한 동료에게 겉으로야 축하했지만 속은 얼마나 쓰렸겠습니까? 좋은 학교를 나온 것도 아니고 뭐 하나 잘난 것이 없어 보이는 동료가 그랬을 때는 더욱 씁쓸했습니다.

아랫사람이나 후배들을 적지 않게 무시했습니다. 그들이 아무리 옳은 말을 해도 듣고 싶지 않았습니다. 듣는 시늉은 했지만 제대로 듣지 않았습니다. 시간이 갈수록 높아만 가는 나만의 성에 결국 포박되고 말았습니다. 핑계만 늘어 갔습니다.

나의 부진함은 부모, 학력, 배우자, 아이들, 건강 때문이지 나의 책임이나 노력이 부족해서가 아니라고 핑계 대기에 여념이 없었습니다. 상사를 무시하지는 않았지만 존경하지도 않았습니다. 일 잘하는 동료를 질투하지는 않았지만 인정하지도 않았습니다. 일 잘하는 부하에게 미소는 보냈지만 진심 어린 칭찬이나 격려를 전하지 못했습니다.

공자는 "세 사람이 길을 가면 그중에 반드시 나의 스승이 있다. 그중 선한 자에게선 선함을 따르고 선하지 못한 사람을 보면 나를 고치면 된다"라고 말합니다. 세상 사람들 모두가 나에게 선생이 될 수 있다는 말입니다.

잘난 사람에게선 잘남을 배우고, 못난 행동을 하는 사람을 보면 그를 반면교사 삼아 나를 고치면 된다는 것입니다. 내가 어떻게 생각했는가, 내가 어떻게 행동했는가, 가까운 가족이나 동료, 상사, 선후배들을 어떻게 대했는가가 지금의 나를 만들었다고 볼 수 있습니다.

세상에는 다양한 사람들이 함께 살아갑니다. 잘난 사람도 있고 못난 사람도 있습니다. 능력 있고 훌륭한 가문에서 태어난 사람이 있고 가난하고 볼품없는 가문에서 태어난 사람도 있습니다. 선한 사람도 있고 악한 사람도 있습니다. 배우기를 좋아하는 사람이 있듯 배우기를 싫어하는 사람도 있습니다.

원했던 것과 너무 많이 떨어진 곳에서 힘들게 살고 있다면 그 원인은 타인에게 있지 않습니다. 부자를 보며 신경질을 낸 것이나 승진한 동료를 보며 마음이 괴로웠던 건 그 부자나 동료가 아니라 나에게 원인이 있기 때문입니다.

상사를 무시하고 따르지 못한 건 그 상사가 아니라 나에게 이유가 있기 때문입니다. 직장 상사가 벽이 되기도 하고 악마처럼 보일 때가 있습니다. 밉상인 상사를 보며 나는 나중에 절대로 저런 상사는 되지 말아야지 다짐하지만 그게 마음처럼 되지 않습니다. 그때 필요한 게 바로 인내입니다. 아무리 지독한 상사도 시간이 지나면 사라집니다. 그 지독한 상사도 시간이 지나면 나를 가르치는 스승이었다는 것을 알게 됩니다.

이제는 사람이 자산이다

지금까지는 기술이 자산이고 영어와 학력이 자본이었지만 오십이 넘으면 사람이 귀한 자산이 됩니다. 건강한 아내, 건강한 남편이라는 이름 하나만으로도 귀한 존재입니다. 존 리 대표가 부러움과 질시의 대상이 아니라 그를 통해 작은 도움이라도 받을 수 있다면 그가 바로 경제 선생님입니다. 그를 통해 자신을 되돌아보는 기회가 있었다면 그는 이미 스승입니다.

사람을 통한 배움이 진짜입니다. 사람을 통해 배우는 게 살아 있는 공부입니다. 목표를 정하면 그 분야에서 모범적으로 살아가는 사람들이 보이기 시작합니다. 실패한 사람들도 보입니다. 강의나 강연에 목표를 뒀다면 우리 주변에도 강의하는 사람들이 적지 않게 있다는 걸 알게 됩니다.

책을 통해 강의를 배울 수도 있지만 강사를 통해 배우는 게 더 효율적입니다. 강의를 잘하는 사람에게는 강의를 잘하는 기술을 배우고 강의를 잘 못하는 사람에게는 못하는 원인을 배울 수 있습니다. 이를 모르는 사람은 없습니다. 하지만 알고 있다고 모두 그렇게 하는 것도 아닙니다. 쉬운 것 같으면서도 어려운 게 배움입니다. 특히 나이 들어 누군가에게 배우는 일은 더욱 그렇습니다.

내 생각을 품고 배움에 임하면 쉽지 않습니다. 듣고 싶은 것만 듣는다면 그 결과 역시 보나 마나입니다. 마시다 남은 콜라가 반 이상이나 들어 있는 잔에 아무리 맛있고 향긋한 커피를 더한다 해도 그건 커피도 콜라도 아닌 마시기 어려운 액체일 뿐입니다.

배울 때는 일단 내 생각을 조금 접어 둬야 합니다. 내 나이, 학력, 경력 때문에 선생님의 말씀이 제대로 들리지 않는다면 아직

배움의 자세가 부족하다 생각해야 합니다. 그런 성인 학생을 가르
치고 싶은 선생님도 없겠지만 가르침의 결과도 허망할 것입니다.

인생 후반에는
모든 게 내 책임이다

책임

제나라 경공이 공자에게 정치에 관해 묻자 공자께서 대답하셨다.
"임금은 임금답고 신하는 신하다우며
아버지는 아버지답고 아들은 아들다워야 합니다."
경공이 말했다.
"좋은 말입니다. 진실로 임금이 임금답지 않고 신하가 신하답지
않으며 아버지가 아버지답지 않고 아들이 아들답지 않다면
비록 곡식이 있다 해도 내가 그것을 먹을 수 있겠습니까?"
齊景公問政於孔子 孔子對曰 君君 臣臣 父父 子子
公曰 善哉 信如君不君 臣不臣 父不父 子不子 雖有粟
吾得而食諸
제경공문정어공자 공자대왈 군군 신신 부부 자자
공왈 선재 신여군불군 신불신 부불부 자부자 수유속
오득이식저
<안연편> 11장

공자가 30대 초반에 제나라를 방문했을 때 제나라 군주 경공을 만났습니다. 경공이 정치에 관해 묻자 공자는 군군, 신신, 부부, 자자라고 답했습니다.

대통령은 대통령다워야 하고 대장은 대장다워야 하며 사장은 사장다워야 합니다. 장관은 장관다워야 하고 사무관은 사무관다워야 합니다. 임원은 임원답고 팀장은 팀장다워야 합니다. 아버지는 아버지다워야 하고, 어머니는 어머니다워야 합니다. 자식은 자식다워야 하고 형은 형답고 동생은 동생다워야 합니다.

다워야 한다

대통령이 대통령답지 못하면 국가 재정이 아무리 충분해도 국가 경영은 실패하고 맙니다. 대장이 대장답지 못하면 군 장비와 병력이 아무리 강해도 국난의 위기에서 국가를 제대로 지키지 못하고 실패하고 맙니다. CEO가 CEO답지 못하면 기업 자금이 아무리 충분해도 그 규모와 상관없이 기업 경영은 실패하고 맙니다. 장관이 장관답지 못하면 대통령이 아무리 훌륭하다 해도 국가 경영은 휘청거립니다. 사무관이 사무관답지 못하면 정책다운 정책이 나오기 어렵습니다. 중대장이 중대장답지 못하면 중간부터 무너집니다. 임원이 임원답지 못하고 팀장이 팀장답지 못하면 기업은 흔들리고 맙니다. 아버지가 아버지답지 못하고 어머니가 어머니답지 못하면 가정 파탄은 시간문제입니다. 자식이 자식답지 못하면 가정의 행복은 멀리 물 건너간 셈입니다.

절대 권력을 가진 임금이나 대통령이라 해도 모범을 보이지 않으면 충성하는 신하나 각료를 두기 어렵습니다. 혹여 어쩌다 아버지가 됐다 해도 아버지는 아이들의 거울이 돼야 합니다. 자기는 하고 싶은 대로 하면서 자식에게는 엄격한 기준을 가져다 댄다면 겉으로야 따르는 척하겠지만 속으로는 곪기 시작해 결국에는 터지게 돼 있습니다. 자식이 잘못되는 건 물론 자식의 탓도 있겠지만 부모의 탓이 훨씬 더 크다 하겠습니다.

그러니 임금과 아버지가 먼저고 신하와 아들이 그다음입니다. 임금과 아버지는 권력과 힘을 갖고 있기 때문입니다. 하지만 세상에는 권력과 힘을 갖고도 되지 않는 게 너무도 많습니다. 권력과 힘으로 일정 기간 유지할 수는 있어도 오랫동안 유지할 수는 없습니다. 가진 자가 모범을 보이지 않는다면 권력과 힘의 영향력은 한정적일 수밖에 없습니다.

기기교교입니다. 기업은 기업다워야 하고 학교는 학교다워야 하며 종교는 종교다워야 합니다. 종교가 이익을 중요하게 여기는 기업처럼 운영돼선 안 됩니다. 학교가 기업이나 종교 단체처럼 운영돼서도 안 됩니다. 기업 역시 학교나 종교 단체처럼 경영해서는 좋은 성과를 낼 수 없습니다. 기업은 선의의 경쟁을 기반으로 해야 합니다. 사장이 기업의 이익을 위해선 모든 걸 희생해도 된다고 생각한다면 사장다운 생각이 아닙니다. 학교는 온고지신의 장이 돼야 합니다. 전통과 문화를 가르치면서도 미래를 위한 혁신적인 사고와 지식을 함양해야 합니다. 학교나 교육이 경쟁을 부추기면서 부자들의 향연이 돼서는 안 됩니다. 믿음이 다르다고 다른 종교를 비방하거나 폄하하면 안 됩니다. 믿음이 돈독하지 못하다고 해서 무시한다거나 애처롭게 생각해서도 안 됩니다.

전반은 전반답게, 후반은 후반답게

인생 후반을 어떻게 보내는 게 인생 후반답게 보내는 것일까요? 여러 조건이나 개인의 노력이 잘 어울려 나름 만족스럽게 살아왔고 또 살아가고 있다면 앞으로의 여정은 어떻게 펼쳐질까요? 어느 조건 하나 제대로 맞는 게 없어 아무리 노력해도 만족스러운 삶을 살아올 수 없었고 지금 역시 불만족스러운 시간을 보내고 있다면 앞으로의 여정은 어떻게 펼쳐질까요? 인생 전반은 전반답게 인생 후반은 후반답게 사는 게 어떤 것일까요?

인생 전반의 시작은 누구나 부모의 역할과 환경의 영향을 많이 받을 수밖에 없습니다. 시작의 조건이 다르면 과정과 결과에 영향을 미칠 수밖에 없기 때문입니다. 누구나 처음 살아가는 삶이기에 마음대로 되지 않습니다. 좌충우돌하며 살아가야 합니다. 그러니 조금이라도 잘못되고 어려워지면 부모를 탓하고 사회를 탓하면서 불평과 불만을 토로합니다.

하지만 젊음과 힘이 있기에 밀고 나갑니다. 그렇게 사십을 넘기고 오십을 넘기며 인생의 언덕을 넘어갑니다. 인생 전반은 잘되면 내 노력 덕분이고 못되면 조상과 환경을 탓할 수도 있지만 인생 후반은 다릅니다. 잘해도 내 탓 못해도 내 탓입니다. 이제는 인생 전반이라는 예행 연습을 지나 오롯이 내 의지와 목표와 도전으로 만들어지는 삶이기 때문입니다.

'처음이라서', '어려서', '잘 몰라서'라는 핑계는 더 이상 이유일 수 없습니다. 그러니 지금까지의 삶이 마음에 들었다면 계속 이어 가면 됩니다. 하지만 지금까지의 삶이 마음에 들지 않았다면 다른 방법을 써야 합니다.

그래도 다행스러운 건 지금의 50대에게는 시간이 아직 많이 남았다는 것입니다. 50여 년 전 50대는 가능하지 못했던 시간이 우리는 가능해졌습니다. 마음을 돌려 전략을 다시 짜면 충분히 행복한 인생 여정을 만들어 갈 수 있습니다.

보이는 만큼 아는 만큼
살기 위한 길

오십의 내공

욕먹는 게 싫으면
욕하지 말라

사랑

자공이 물었다.
"평생토록 실천할 만한 한마디 말이 있습니까?"
공자께서 말씀하셨다.
"그것은 '서'라는 말이다.
자기가 바라지 않는 것은 남에게 베풀지 않는 것이다."
子貢問曰 有一言而可以終身行之者乎
子曰 其恕乎 己所不欲 勿施於人
자공문왈 유일언이가이종신행지자호
자왈 기서호 기소불욕 물시어인
<위령공편> 23장

평생 삶의 기준으로 삼을 만한 간결한 말을 하나 알려 달라는
제자 자공의 말에 공자는 서(恕)라 답했습니다. 자공이 바로 알아

듣지 못했는지 공자의 추가 설명이 이어집니다.

자기도 바라지 않는 바라면 남에게도 해서는 안 된다. 내가 싫다면 타인도 싫을 것인즉 상대가 싫어하는 그것을 해서는 안 된다는 말입니다. 쉽게 말해 욕 듣는 게 싫으면 욕하지 말라는 뜻이지요. 서는 여심(如心)입니다. 같은 마음입니다. 너와 나의 마음이 같아지는 게 바로 서입니다. 그러니 서는 배려, 공감, 용서, 사랑과도 같은 말입니다.

내가 싫어하는 것은 타인도 싫어한다

내가 욕먹는 게 싫은 것처럼 남도 욕먹는 게 싫습니다. 그러니 남을 욕하지 말아야 합니다. 스스로는 욕먹을 짓을 하지 말아야 하고, 남들에게는 혹여 욕할 일이 생긴다 해도 최대한 자제해야 합니다.

역으로 생각하면 바로 이해됩니다. 내가 욕먹을 짓을 하지 않는다면 누가 나를 욕할 것이며, 혹여 내가 욕먹을 짓을 했음에도 좋은 말로 이해시켜 준다면 그가 다르게 보일 것입니다. 내가 욕을 하면 욕먹는 상대는 말할 것도 없거니와 욕하는 나도 기분이 좋지 않습니다. 내가 그를 욕해서 그가 고쳐진다면 다행이지만 욕먹고 잘못을 고치는 사람은 거의 없습니다. 그럴 사람이라면 아예 욕먹을 짓을 하지도 않았을 것입니다.

혹여 내가 잘못했더라도 상대로부터 보기 좋게 욕을 먹었다면 오히려 원망과 오기가 발동합니다. 욕먹을 사람이 욕을 먹어야지 욕먹을 준비가 안 된 사람이 욕을 먹으면 오히려 역효과가 더 커집니다. 내가 욕 듣는 게 싫으면 남에게 욕하지 말아야 합니다. 내가 잔소리를 듣기 싫어하면 남에게도 잔소리를 말아야 합니다. 거만한 사람이 싫으면 나도 거만한 사람이 돼서는 안 됩니다.

그런데 그게 매우 어렵습니다. 욕 듣는 걸 싫어하지만 남에게는 욕을 하게 됩니다. 나는 잔소리 듣기를 싫어하지만 남에게는 그게 어렵습니다. 쉽지 않기 때문에 평생 조심하며 살라는 공자의 가르침입니다.

그래도 다행스러운 건 상대를 움직이는 게 아니라 내가 움직이면 해결된다는 점입니다. 남을 조절하는 건 어려워도 내가 나를 조절하는 건 덜 어렵기 때문입니다. 기소불욕 물시어인(己所不欲 勿施於人), '자기가 바라지 않는 것을 남에게 베풀지 말라', 내가 주체가 됩니다. 변화의 주체가 나입니다. 내가 중심이 되기 때문에 타인은 거부감을 느끼지 못합니다.

기소불욕 물시어인을 기소욕 시어인, '자기가 바라는 것을 남에게 베풀어라'라고 쓸 수도 있으나 약간 차이가 있습니다. 내가 중심이 되지만 타인에게 영향을 줍니다. 나도 내가 무엇을 좋아하는지 정확히 모를 때가 많은데 타인이 무엇을 원하는지 안다는 건 쉬운 일이 아닙니다. '나도 좋으니 너도 하라'는 건 변화의 주체가 내가 아닌 상대가 됩니다.

너무 적극적이면 간섭이 될 수 있습니다. 사람들은 대부분 타인의 간섭을 좋아하지 않습니다. 아무리 좋은 것도 반복해 집요하게 강요하면 도리어 거부감이 커집니다.

그러니 내가 할 수 있는 부분만 잘하면 됩니다. 내가 거짓말하지 않고, 악플 달지 않고, 가짜 뉴스를 만들어 내지 않으면 됩니다. 사랑이란 이름으로 내가 원하는 걸 타인에게 요구하는 경우가 많습니다. 가정 교육도 종교도 그런 경우가 적지 않습니다. 배려하지 않는 사랑과 교육은 상대에게 상처를 주기 쉽습니다.

상대방의 위치에서 생각하라

기소불욕 물시어인을 우리가 즐겨 쓰는 사자성어 역지사지로 바꿀 수 있습니다. 상대방의 위치에서 생각해 보라는 뜻입니다. 하지만 일상에서는 그와 반대인 경우가 너무 많습니다. '내로남불 (내가 하면 로맨스 남이 하면 불륜), 아시타비(我是他非, 나는 맞고 너는 틀린) 세상입니다. 조선 중·후기의 당파 싸움이 그랬습니다. 상대 당은 맞는 것도 틀리다 하고 같은 당끼리는 틀린 것도 너그럽게 용납해 줬습니다.

《논어》는 《논어》대로 현실은 현실대로였습니다. 정의는 사라지고 힘과 권력 있는 자들의 부정한 사회였습니다. 지금 역시 크게 다르지 않습니다. 사회도 개인도 마찬가지입니다. 오십이 됐다고 해서 없었던 서나 역지사지의 마음이 바로 생기진 않습니다. 하지만 조금 더 성숙한 인생 후반과 행복한 삶을 위해 필요한 마음임에는 분명합니다. 《성경》에 기록된 예수의 가르침입니다.

남이 너희에게 해 주기를 바라는 그대로 너희도 남에게 해 줘라. 이것이 율법과 예언서의 정신이다.

《성경》〈마태복음〉 7장 12절

남을 심판하지 마라. 그래야 너희도 심판받지 않는다. 너희가 심판하는 그대로 너희도 심판받고, 너희가 되질하는 바대로 그대로 너희도 받을 것이다. 너는 어찌하여 형제의 눈에 있는 티를 보면서, 네 눈에 있는 들보는 깨닫지 못하느냐?

《성경》〈마태복음〉 7장 1~4절

동서양의 현인들이 오래전에 제시했던 사람의 마음을 얻는 기술, 바로 서입니다. 자신의 내적 성숙함을 인정받을 수 있는 단 한 글자가 있다면 바로 서입니다. 역지사지입니다. 사랑입니다.

어떤 조건에서도
변화를 끌어내는 사람

❋

그릇

공자께서 말씀하셨다.
"군자는 그릇이 아니다."

子曰 君子不器
자왈 군자불기
<위정편> 12장

군자는 그릇이 아니라고 합니다. 사람들은 자기 나름의 멋진 그릇을 만들기 위해 평생 노력하며 사는데, 공자는 군자는 그릇이 아니라고 말합니다. 군자불기, 군자는 그 쓰임새가 한정된 그릇과 같은 사람이 아니라는 말입니다.

군자를 리더로 바꾸면 그 의미가 더 분명해집니다. 리더는 쓰임새가 한정된 그릇과 같은 사람이 아닙니다. 3년 전이나 1년 전이나 지금이나 전혀 변화가 없다면 그는 리더가 아닙니다. 물론 3

년 전이나 1년 전이나 지금이나 업무적으로 보면 대부분 같을 것입니다.

하지만 여기서 의미하는 것은 3년 전보다는 무엇인가 조금이라도 발전시켰어야지, 1년 전보다는 무엇인가 조금이라도 변화시켰어야지, 그런 발전과 변화를 만들려고 노력하는 사람이 군자고 리더라는 뜻입니다.

리더는 변화를 추구하며 주도하는 사람입니다. 같은 일을 하더라도 개선을 시도하고, 힘들어도 좋은 결과를 만들어 내려 노력하는 사람이 바로 리더입니다. 어떤 일을 해도 변화를 만들어 내는 사람이 있습니다. 어떤 조건에서도 변화를 끌어내는 사람이 있습니다. 그런 사람이 리더, 군자입니다. 울산의 명품 택시 기사 같은 분입니다.

울산에 사는 한 택시 기사가 TV 예능 프로그램에 출연했습니다. 그의 택시는 여느 택시와는 달랐습니다. 뒷좌석 팔걸이 박스를 열면 다양한 종류의 껌이 가득 들어 있고, 누구나 자유롭게 사용할 수 있는 택시 방명록도 한 권 마련돼 있었습니다. 손님들은 껌을 씹으며 자연스럽게 대화를 나눴고, 목적지에 도착하면 짧은 인연을 아쉬워하며 방명록에 한마디씩 남겼습니다. 그 작은 기록에는 즐거움과 고마움이 가득했습니다.

그는 인생 전반 30년을 군인으로 살았고 인생 후반 10여 년 동안 택시를 운전했습니다. 화면 속 그의 모습은 참 행복해 보였습니다. 모든 택시 기사가 행복한 것은 아닐 텐데, 그가 유독 빛나 보이는 이유가 궁금했습니다.

운전은 어쩌면 단조롭고 따분할 수 있는 일입니다. 하지만 그는 단순할 수 있는 운전을 소중한 인연을 이어가는 시간으로 바꿨습니다. 그의 웃음 가득한 얼굴은 작은 생각의 변화가 평범한 기사를 행복한 명품기사로 만들었음을 말해 주고 있었습니다.

삶을 담은 네 개의 그릇

그릇 기(器) 자를 자세히 보면 그릇처럼 생긴 네 개의 네모(口)가 들어 있습니다. 이 네 개의 네모 속에는 우리가 살아가면서 만들어야 할 네 가지 중요한 그릇이 담겨 있는 듯합니다. 한자를 만든 옛 현인들이 후세 사람들에게 전하고자 했던 깊은 의도가 이 안에 숨어 있는 것 같습니다.

첫 번째 그릇은 바로 나를 위한 그릇입니다.

자기 밥그릇은 자기가 만들어야 한다는 말처럼 먼저 자신을 책임질 수 있어야 합니다. 큰 인물이 돼 세상과 나라를 구하는 것도 중요하지만 그 전에 자신을 제대로 담을 수 있는 그릇을 만들어야 합니다. 이 그릇은 대개 20대 중후반쯤에 완성됩니다. 첫 번째 그릇이 잘 만들어지면, 그다음 단계로 나아가는 것이 자연스럽지만 첫 번째 그릇이 삐뚯하면 두 번째 그릇에도 큰 영향을 미칠 수 있습니다.

두 번째 그릇은 자기 자신을 넘어 가족을 책임질 수 있는 그릇입니다.

직업과 일을 통해 자신과 가족을 부양할 수 있는 더 큰 그릇으로 변해야 하는 시기입니다. 이 그릇은 보통 50세 전후에 완성됩니다. 취업과 결혼, 승진과 이직 등 변화가 많고 바쁜 이 시기는 인생의 가장 뜨겁고 열정적인 시간입니다.

세 번째 그릇은 지역과 사회에 기여하는 그릇입니다.

이제는 자신과 가족을 넘어 더 큰 사회적 가치를 창출하는 시기입니다. 택시 기사에서 명품택시 기사로 변화하는 것처럼 작은 제과점에서 지역과 사회에 이바지하는 명품 제과점으로 성장하는 시기도 이 그릇에 해당합니다. 정치인이라면 선거철에만 반짝하는 것이 아니라 지역 사회를 진정으로 사랑하고 봉사하는 정치인이 되는 시기입니다. 세 번째 그릇은 대개 75세 전후에 완성되며 경제적 부담에서 벗어나 가벼운 마음으로 지역과 사회에 이로운 일을 할 때 더 의미 있는 인생을 만들어 갈 수 있습니다.

네 번째 그릇은 국가와 인류에 기여하는 그릇입니다.

가장 큰 그릇으로 국가의 지도자가 되거나 세계적으로 큰 영향을 미치는 작가나 가수가 돼 인류에 울림을 주는 일입니다. 누구나 이 그릇을 만들 수 있는 것은 아니지만, 그 문은 누구에게나 열려 있으니 그만큼 의미가 큽니다. 크고 빛나는 그릇을 만드는 데 나이는 문제가 되지 않습니다. 50대에서 90대까지, 약 40년을 공들여 만든다면 인생 전반에는 불가능했던 명작을 만들 수 있습니다. 자유롭고 여유로운 인생 후반의 30년, 40년은 인생 최고의 걸작을 만드는 시기가 될 것입니다.

매슬로우 욕구 5단계와 군자불기

1970년 타계한 미국의 인본주의 심리학자 에이브러햄 매슬로우는 인간의 동기를 다섯 단계로 나눴습니다. 생리적 욕구, 안정의 욕구, 사랑 및 소속의 욕구, 존중의 욕구, 자기실현의 욕구입니다. 이 욕구 5단계와 군자불기는 공통점이 있습니다.

인생의 첫 번째 그릇이 완성되며 사람들은 생리적 욕구와 안전, 안정의 욕구를 성취합니다. 두 번째 그릇을 만들며 소속과 사랑의 욕구를 충족합니다. 세 번째 그릇을 만들며 존중과 존경의 욕구를 충족합니다. 인생의 네 번째 그릇을 만들며 자아실현의 욕구가 완성됩니다.

우리는 오십이 될 때까지 많은 변화를 겪습니다. 선생님에 의해, 학교라는 교육 시스템에 의해, 진학이라는 제도에 의해, 대학이라는 과정에 의해, 회사라는 조직에 의해, 사회라는 구조에 의해 변화를 강요당했고 따르지 않을 수 없었습니다.

하지만 그 변화는 오래 지속되지 못했습니다. 초등학생 때의 좋지 않았던 습관이 직장인이 돼서도 나타납니다. 군대에서 고친 줄 알았던 좋지 못한 습관이 마흔이 넘어서도 반복됩니다.

인생 오십에서 하는 변화와 선택이 나의 변화와 선택입니다. 눈치나 조건을 살필 필요가 없습니다. 인생의 마지막 변화나 선택이 될지도 모르기 때문입니다. 세 번째 그리고 네 번째 명품 그릇을 만드는 데 지천명의 선택과 변화보다 더 매력적인 건 없습니다.

명확하게 보고
분명하게 들어라

기본

공자께서 말씀하셨다.

"군자는 아홉 가지 생각을 해야 한다. 볼 때는 밝음을 생각하고 들을 때는 총명함을 생각하고 안색에는 온화함을 생각하고 용모에서는 공손함을 생각하고 말을 할 때는 진실함을 생각하고 일할 때는 공경함을 생각하고 의문이 생기면 질문을 생각하고 화가 날 때는 그 후에 닥칠 어려움을 생각하고 이득을 볼 때는 의를 생각해야 한다."

子曰 君子有九思 視思明 聽思聰 色思溫 貌思恭 言思忠
事思敬 疑思問 忿思難 見得思義
자왈 군자유구사 시사명 청사총 색사온 모사공 언사충
사사경 의사문 분사난 견득사의

<계씨편> 10장

조선 최고의 엘리트로 꼽히는 율곡은 아홉 번의 과거시험에서

단 한 번도 수석을 놓치지 않았다고 합니다. 조선의 젊은 학생들을 위한 교과서 《격몽요결》에서 그는 학문을 시작하는 초학자들이 가져야 할 기본으로 공자의 유구사(有九思)를 들었습니다. 아홉 가지 생각을 몸에 달고 살아야 한다는 것인데요. 천천히 읽어보면 당시 젊은 학생들에게만 필요했던 기본이 아니라 인생 2막을 시작하는 오십의 우리에게 더 필요한 지침 같습니다.

볼 때는 밝음을 생각하라

한 번을 보더라도 분명하게 봐야 엉뚱한 소리를 하지 않습니다. 명확하게 본 건 바른 판단의 기준이 됩니다. 이왕이면 긍정적으로 봐야 합니다. 부정적 시각의 피해자는 내가 될 가능성이 더 크기 때문입니다. 사람을 보는 눈도, 세상을 대하는 시각도 마찬가지입니다. 부정적인 시각으로 보면 세상은 부정적으로 보입니다. 검은색 안경으로 볼 수 있는 세상은 검은 세상이 전부입니다.

우리는 백문이 불여일견이듯 듣는 것보다는 보는 걸 더 신뢰합니다. 그중에서도 내가 본 걸 더 신뢰합니다. 그래서 한번 본 것에 대한 기억을 씻어 내기란 거의 불가능합니다. 내가 본 것이기에 맞을 수도 있지만 내 생각대로 본 것이라 틀릴 수도 있습니다. 어떤 생각과 어떤 눈으로 보는지가 중요합니다. 지천명에 더 필요한 보는 기술이 바로 시사명입니다.

들을 때는 총명함을 생각하라

말을 알지 못하면 그 사람을 알 수 없다고 했습니다. 듣는 게 보는 것 이상으로 중요할 때가 있습니다. 아프리카 원주민의 말을 알지 못하면 그들이 아무리 간절하게 말한다 해도 그들을 이해하는 건 불가능합니다. 사실 옆 사람과 이야기해도 가끔 상대가 하는 말을 알아듣지 못하는 경우가 많습니다. 총명하게 듣는 것에 서툴기 때문입니다. 자기 생각대로 듣기 때문에 상대의 말이 왜곡되는 경우가 많습니다.

말하는 사람의 입장이 될 수는 없지만 반이라도 상대의 입장을 헤아려 줄 수 있다면, 아니 반의반, 네 마디에 한 마디라도 상대의 입장에서 들어 준다면 관계는 놀랍도록 좋아질 것입니다. 상사, 부하, 고객, 부모, 자식, 선생, 학생 그 누구와 이야기할 때라도 마찬가지입니다. 불통은 잘 듣지 않고 잘 듣지 못하는 데서 시작됩니다. 말하는 사람의 편에서 그의 입장이 돼 듣는 것, 그게 바로 총명하게 듣는 것의 시작입니다. 지천명에 더 필요한 듣기의 기술입니다.

얼굴색은 온화함을 생각하라

서른과 마흔에서는 볼 수 없었던 온화하고 편안한 인상을 주는 오십의 사람들이 많습니다. 서른과 마흔에서는 볼 수 없었던 날카롭고 무거운 인상을 주는 오십의 사람들도 적지 않습니다. 30대,

40대는 혼자서 일해도 성과를 낼 수 있지만 50대에는 관계를 통해 성과를 내야 하는 사람들이 많습니다.

그러니 리더라면 안색을 부드럽고 온화하게 해야 합니다. 그래야 사람들이 더 자주 찾아옵니다. 더 많은 사람과 함께 일하고 싶다면 더 많은 사람과 함께 행복한 시간을 보내고 싶다면 얼굴을 펴야 합니다. 얼굴을 펴야 인생이 펴집니다. 상사의 얼굴이 온화해야 조직이 살아납니다. 가장의 얼굴이 온화해야 가족의 기가 삽니다. 지천명에 더 필요한 얼굴 관리의 기술입니다.

겉모습은 공손함을 생각하라

겉으로 나타나는 것에는 공손함이 있어야 한다는 가르침입니다. 리더의 행동거지와 모습에는 공손함이 서려 있어야 합니다. 오십이 되면 자세가 틀어지기도 쉽습니다. 누구를 만나도 반발하고 누구를 만나도 자기 자랑만 하는 지천명의 사람들이 적지 않습니다.

아무리 공손한 모습을 보이고 싶어도 어깨와 머리가 자꾸 뒤로 꼿꼿해지는 사람들이 있습니다. 잘난 사람도 볼품없지만 못난 사람은 더욱 그렇습니다. 자기보다 난 사람에게 그러는 것도 문제지만 못난 사람에게 그러는 건 더 보기 흉합니다. 지천명에 더 필요한 자기 관리의 기술이 바로 모사공입니다.

말할 때는 진실함을 생각하라

오십이라는 나이가 완장이 돼서는 곤란합니다. 상사라는 이유로 이것저것 대안도 없는 질문을 던져서는 안 됩니다. 어른이라는 이유로 답하기 곤란하고 불필요한 질문을 해서도 안 됩니다. 내가 상사니까, 경험해 봤으니까, 선배니까 '이렇게 해야지'라는 훈계조의 조언이 필요한 사람은 거의 없습니다. 확실히 도움이 될 구체적인 대안이 없다면 쉰 살의 조언은 지루한 훈계가 될 공산이 크기 때문입니다.

누군가에게 입을 열 때는 신중하고 진실해야 합니다. 같은 것을 두고 오늘은 A라 하고 내일은 B라고 한다면 언사충이 아닙니다. 지위가 올라갈수록, 나이를 더 먹을수록, 책임이 더 큰 자리일수록 말에는 더 큰 믿음이 있어야 합니다. 책임질 수 있는 말만 해야 합니다.

일할 때는 공경함을 생각하라

부모를 모시는 일에는 공경의 마음이 제일입니다. 공경하는 마음이 빠진 부모 봉양은 반려견을 키우는 일이나 마찬가지라고 공자는 말했습니다. 있으면 있는 대로 없으면 없는 대로 부모를 모시는 일은 흉이 아니나 공경하는 마음 없이 처신하는 일은 잘 모시나 못 모시나 불효이긴 마찬가지입니다.

자신의 직업이나 일에 대해서도 공경하는 마음이 있어야 합니다. 직업과 일의 소중함을 알아야 합니다. 직업으로 하는 일치고 세상에 하찮은 일은 거의 없습니다. 비록 스스로는 하찮은 일이라 여기는 그 일도 누군가는 세상에서 가장 소중한 일로 여기고 있습니다. 가치 없는 직업은 없습니다. 회사에 가치 없는 일은 없습니다. 그 어떤 경영자가 가치도 없는 일을 시키면서 급여를 주겠습니까? 단지 그 일을 맡은 나 스스로가 가치 없는 일을 하고 있다고 생각할 뿐입니다.

일에 대한 가치 기준을 바꿔야 합니다. 평범한 일에도 존경의 가치를 더하면 가치 있는 일이 됩니다. 지천명에 해야 할 일 중의 하나가 자신의 업무와 일에 가치를 부여하는 일입니다.

의문이 들 때는 질문을 생각하라

궁금한 게 있으면 누구에게든 질문할 수 있어야 합니다. 물어야 답이 나옵니다. 우리의 뇌도 무엇인가 물어야 답을 준비하고, 상대방에게 무엇인가 물어야 대답을 해 줍니다. 질문이 없으면 답도 없습니다. 아이들은 질문하며 성장합니다. 질문이 멈추면 창의력도 성장도 멈추고 맙니다.

불치하문(不恥下問), 아랫사람에게 묻는 걸 부끄러워하지 말라고 공자는 반복해 말했습니다. 오십이 되면 질문이 사라집니다. 질문은 멈추고 오히려 묻지도 않는 것에 답을 주고 싶어집니다. 지천명에 질문이 사라지면 더 이상의 발전은 없습니다. 더 이상의 흥분과 즐거움은 사라집니다. 지천명에 해야 할 일 중의 하나는 좋은 질문을 하는 일입니다.

화날 때는 더 큰 어려움을 생각하라

화날 땐 한 템포 쉬어야 합니다. 분통 터지는 일이 났을 때 잠깐 멈추는 사람이 진짜 강한 사람입니다. 좋은 기분에 한 번 더 참는 건 누구나 가능한 일이지만 화났을 때 한 번 더 참는 건 누구나 할 수 있는 일이 아니기 때문입니다.

문제는 그 임계점에서 발생합니다. 참기 어려운 경계점에 이르렀을 때 잠깐 멈출 수 있는 사람과 멈출 수 없는 사람의 차이는 백지 한 장도 안 되지만 그 결과는 천당과 지옥의 차이입니다. 그러니 소리 한 번 지르고 지옥의 괴로움을 당할 것인가 한 번 참고 천당의 분위기를 만들 것인가 선택해야 합니다.

얻는 것이 있으면 의로움을 생각하라

얻는 게 있을 때는 올바르고 정당해야 당당해집니다. 정당한 대가를 지불하고 얻는 것일지라도 의로운 일인지를 생각해 보라는 뜻이니 대가 없이 얻는 건 두말할 필요가 없습니다. 노력으로 얻은 재물이야 크게 탓할 건 없지만 노력 없이 얻은 재물이라면 한 번 더 생각해 봐야 합니다. 지옥으로 인도하는 미끼는 아닌지 함정으로 이끄는 먹이는 아닌지 재고해야 합니다. 대가 없이 남에게 귀중한 걸 준 경험이 있는 사람이라 하더라도 대가 없이 남에게 귀중한 걸 받는다는 건 함정일 가능성이 농후하기 때문입니다.

핑계 없는
무덤 없다

핑계

당체꽃이 한쪽으로 기울어져 있네! 어찌 그대를 생각하지 않겠냐
마는 집이 멀리 있구나.
공자께서 말씀하셨다.
"생각하지 않은 것이지, 어찌 집이 멀게 있겠는가?"
唐棣之華 偏其反而 豈不爾思 室是遠而
子曰 未之思也 夫何遠之有
당체지화 편기반이 기불이사 실시원이
자왈 미지사야 부하원지유

<자한편> 30장

당체꽃이 봄바람에 흔들립니다.
어찌 그대를 생각하지 않겠습니까?
그대가 너무 보고 싶습니다.

바로 달려가고 싶지만,

그대는 너무 먼 곳에 계시는군요.

이 노래를 듣고 공자는 이렇게 말했습니다.

"생각이 간절하지 않은 것이지, 어찌 집이 멀다고 핑계 대는가?"

진심으로 그리워한다면 거리는 문제가 되지 않는다는 뜻입니다. 공자는 당대에 전해져 오던 수천 수의 노래 중에서 300여 수를 골라 동양 최초의 시가집, 《시경》을 편찬했습니다. 그 안에는 사랑과 이별, 정치와 예절, 인간의 희로애락이 담겨 있습니다.

앵두꽃이 봄바람에 흔들립니다. 그대가 너무 보고 싶습니다.

그대에게 바로 달려가고 싶지만, 그대는 너무 먼 곳에 계시는군요.

2,500년 전 《시경》이 편집될 시기에 불렀던 노래

사랑한다고 말할걸 그랬지, 님이 아니면 못 산다 할 것을

사랑한다고 말할걸 그랬지, 망설이다가 가 버린 사람

마음 주고, 눈물 주고, 꿈도 주고, 멀어져 갔네,

님은 먼 곳에, 영원히 먼 곳에 망설이다가, 님은 먼 곳에

마음 주고 눈물 주고 꿈도 주고, 멀어져 갔네. 님은 먼 곳에

영원히 영원히 먼 곳에, 님이 아니면 못 산다 할 것을,

사랑한다고 말할걸 그랬지, 망설이다가 가 버린 사람, 망설이다
가 님은 먼 곳에

신중현 작사·작곡, 〈님은 먼 곳에〉

떠나간 사람에 대한 안타까운 마음은 예나 지금이나 다르지 않
습니다. 2,500년 전의 노래나 요즘의 유행가나 이별의 아쉬움은
늘 안타깝기만 합니다.

핑계는 무가치하다

우리는 입학과 졸업을 반복하면서 기대와 후회를 반복합니다.
다시 신입생으로 돌아갈 수만 있다면 더 잘해 낼 수 있을 거라 생
각하지만 핑계에 불과하다는 것도 알고 있습니다.

직장에서도 마찬가지입니다. 대리는 사원 시절을 아쉬워합니
다. 좌충우돌하며 업무를 진행해도 어느 정도 이해와 배려를 받을
수 있는 사원 시기였음에도, 불안과 노심초사하며 소심했던 사원
시절의 시간을 후회합니다. 과장은 대리 때를 아쉬워합니다. 좋은
성과를 얻지 못했다고 해도 최종 책임은 과장이 지기 때문에 더
과감하게 도전했었어야 했는데 그렇지 못한 것에 후회합니다.

부장은 과장 시절을 아쉬워합니다. 부서를 책임지는 과장으로
서 더 과감하게 새로운 제품이나 제도 개선에 몰입해 팀워크를 발
휘해 보지도 못한 채 부장의 눈치를 살피면서 안일하게 보냈던 시

212 · 오십에 읽는 논어

절을 후회합니다. 퇴직해도 마찬가지입니다. 더 일할 수 있었는 데 일찍 그만둔 걸 후회하는 게 아니라 열심히 일하지 못한 걸 더 아쉬워합니다. 명예퇴직이나 정년퇴직이나 마찬가지입니다. 직장에서 보냈던 그 긴 시간의 흔적을 되돌아보면 더욱 그렇습니다. 누구나 대부분 인생의 황금기를 조직에서 보내기 때문입니다.

더 좋은 결과를 만들어 낼 수 있었음에도 더 멋진 성과를 만들어 낼 수 있는 충분한 시간이 있었음에도 그렇지 못했던 것에 대한 후회와 연민을 가집니다. 인생의 가장 빛나는 시기를 보내면서도 나의 삶이 아닌 과장 눈치, 부장 눈치, 임원 눈치에 기준을 세우고 살았던 아쉬움이 남습니다.

인생도 마찬가지입니다. 그동안 살아온 궤적을 살펴보면 분명해집니다. 자신의 삶이 참으로 독립적이고 창의적이라 해도 평균의 삶으로부터 멀리 벗어나지 못한다는 걸 알게 됩니다.

봄바람에 살랑대는 연한 봄꽃을 보며 떠나간 연인이 생각나고 보고 싶지만 이미 너무 멀리 떠나갔음에 단념하며 마음을 정리하는 어떤 사람을 기리는 노래입니다. 너무 보고 싶지만 이미 떠난 사람을 어떻게 할 수 없음을 안타깝게 노래하고 있습니다.

그런데 공자는 그 노래를 듣고 생각의 문제이지 거리의 문제가 아니라고 단칼에 평가했습니다. 정말 마음 깊이 연인을 사랑한다면 그가 아무리 먼 곳에 있어도 산을 넘고 강을 건너가게 된다는 말입니다. 다 핑계라는 뜻입니다.

간절하면 못 할 게 없다

육십이 되면 오십을 되돌아보며 분명 아쉬워하게 될 것입니다. 10년만 젊었어도 다시 시작할 수 있을 텐데, 10년 전에 그렇게 하지 못했음을 후회하게 될 것입니다. 수천 년을 이어 온 이 후회와 아쉬움의 고리를 끊는 방법을 우리는 공자에게 배울 수 있습니다.

공자의 가르침은 간절함이었습니다. 마음이 간절하면 못 할 게 없다는 말입니다. 우리도 이미 알고 있는 해법입니다. 어쩌면 너무나 평범한 방법이지요. 더 좋은 묘법이 있을 법도 한데 그게 간절함이니 속는 셈 치고 믿어 볼 수밖에 없습니다.

그러니 지금 멈춰야 합니다. 핑계를 멈추고 생각해야 합니다. 지금 바쁘다는 핑계로 오십을 넘기면 육십에는 무엇을 하든 후회할 것입니다. 그렇게 육십을 넘기면 또다시 후회하는 칠십을 맞이하게 됩니다. 2,500년 전 그 노래처럼 말입니다.

배우기를
좋아했던 공자

배움

공자께서 말씀하셨다.
"열 집이 모여 사는 작은 마을에도
반드시 나만큼의 성실하고 믿음직한 사람은 있겠지만
나만큼 배우기를 좋아하는 사람은 없을 것이다."
子曰 十室之邑 必有忠信如丘者焉 不如丘之好學也
자왈 십실지읍 필유충신여구자언 불여구지호학야
<공야장편> 27장

우리 주변에도 자기 일에 집중하며 주변 사람들과 거짓 없이 믿음직스럽고 성실하게 살아가는 사람들이 있습니다. 세상이 아무리 험하고 어지럽다 해도 열심히 살아가는 평범한 사람들이 더 많습니다.

공자가 살았던 춘추 시대도 그랬습니다. 열 집 정도 모여 사는 작은 마을에도 공자만큼이나 성실하고 믿음직한 사람은 반드시 있었다는 《논어》의 기술을 보면 그렇습니다. 평범했던 공구가 위대한 성인 공자가 될 수 있었던 가장 큰 이유는 호학정신이었습니다. 성실과 믿음의 바탕 위에 그 누구보다도 배우기를 좋아하는 정신이 있었기 때문이었습니다.

《논어》 전체를 통해 그 어떤 자랑도 하지 않았던 겸양지덕의 공자도 호학만큼은 당당하게 자랑하고 있습니다. 다른 건 몰라도 배우기를 좋아하는 것 하나만큼은 자신 있게 말할 수 있다는 공자의 말은, 누구든 배움에 집중하면 그처럼 될 수 있다는 것을 은유하고 있습니다. 공자의 말을 증명이라도 하듯 조선 후기 최고의 학자였던 다산도 회갑을 맞이해 쓴 〈자찬묘지명(自撰墓誌銘)〉에서 호학을 들고 있습니다.

호학, 배우기를 좋아하다

다산은 자신이 어떤 사람인가를 여덟 글자 '유이영오 장이호학(幼而穎悟 長而好學)'이라고 기록했습니다. 어려서는 영특했고 커서는 배우기를 좋아했다는 뜻입니다. 다산은 그 유명한 《경세유표》, 《목민심서》, 《흠흠신서》를 포함해 500권 이상의 방대한 저서를 남겼습니다. 새로운 정신 혁명을 바탕으로 법제 개혁 및 기술 개발로 국가다운 국가를 만들어 보자는 전대미문의 '다산학'을 만들어 냈습니다.

정인보 선생은 "다산은 한자가 생긴 이래 가장 많은 저술을 남긴 대학자"라고 칭송하기도 했습니다. 다산이 다산학을 완성한 것도 조선 최고의 학자로 우뚝 서게 된 것도 바로 이 호학 정신 덕분이었습니다.

세상이 빠르게 변하는 건 공자가 살았던 춘추 시대나 다산이 살았던 200년 전이나 지금이나 마찬가지입니다. 우리가 보기에는 그 어느 때보다도 빠르게 변하는 시대에 우리가 살고 있다고 생각하지만 우리가 과거를 보듯 먼 미래 사람들이 21세기 초반을 본다면 꼭 그런 것도 아닐 것입니다.

오십에 조직을 벗어나면 혼자 할 수 있는 일이 거의 없다는 걸 깨닫게 됩니다. 내 돈으로 내는 세금조차 내 손으로 계산하거나 신고하기가 어렵습니다. 회사나 조직에서는 경리관리 부서에서 일괄 정리를 해 주기 때문에 세금 납부 혹은 세금 환급에 대해 개인적으로 신경 쓸 일이 없었습니다.

일이 어려워서가 아니라 해 보지 않은 일이기에 혼자 하기가 어렵습니다. 새 노트북 하나 사기도 여간 용기가 필요한 일이 아닙니다. 전문 매장을 방문하면 판매원의 반강제 권유를 들으며 그가 팔고자 하는 노트북을 결국 사고 맙니다. 그렇다고 온라인으로 구매하자니 불안한 마음을 거둘 수가 없어 주저하게 됩니다. 결국 자식이나 주변의 젊은 후배에게 부탁하고는 합니다.

조직에 있을 때는 주는 대로 받고 가르쳐 주는 대로 배우기만 하면 중간은 갈 수 있었기에 노트북 사양이 어떻게 바뀌건 상관하지 않았습니다. 쓰다 고장 나면 바로 수리 기사가 달려와 새것처럼 고쳐 줬으니까요. 노트북도 노트북이지만 어떤 운영 체제를 깔아야 하는지조차 모르는 상태에서 구매하려니 갑갑해지는 것입니다.

지금 지천명의 세대가 무난하게 회사를 잘 다니고 있는 동안 우리 사회는 빠르게 바뀌었습니다. 약간의 전문성이라도 요구되는 일들은 일반인들이 직접 하기에는 엄두조차 어려운 구조로 바뀌었습니다. 아무리 성실하고 신뢰가 있는 사람이라고 해도 두 손두 발 묶어 놓고 전문가의 처분만 기다리는 상황이 오고 있습니다. 어쩌면 전문가들의 농간에 속수무책으로 당해야 하는 처지로 떨어질지도 모르는 길목에 서 있습니다. 아무리 나이를 먹어도 배우지 않고는 제대로 돌아가기 어려운 세상이 됐습니다. 베이비 부머 세대를 이은 1964년생부터 1969년생까지의 세대를 가리켜 586세대라 합니다. 1990년대에 30대를 보냈던 1980년대 학번인 1960년대생의 386이 세월을 타니 586이 됐습니다.

강학, 강점을 강화하다

오십에도 학은 필요합니다. 작게는 잡학이 필요합니다. 동네 도서관 가기, 세무서 방문하기, 세무 신고하기, 인터넷으로 주민 등록 등본 떼기, 밥하기, 세탁기로 빨래하기, 빨래 말리기, 전자 오븐 사용하기, 음식물 쓰레기 카드로 버리기, 동네 카센터와 친해지기, 자주 가는 치과 정하기, 프린터 잉크 갈기, 일 같지도 않은 일 잘하기, 매일 쓰레기 버리기, 변기 고치기, 정수기·공기청정기 필터 교체하기, LED 안정기 갈기, 에어컨 예약 틀기, 스마트폰 기능 익히기, 집에서 영화 보기, 디지털카메라 사진 인화하기, 블루투스 연결하기, 자동차 내비게이션 프로그램 업데이트하기, 온라인 쇼핑하기, 마트에서 장 보기, 상속세·등록세·양도 소득세 절세 방법 익히기, 스마트폰으로 주식하기 등 익혀야 할 잡식이 너무 많습니다. 젊은 세대에게는 일도 아닌 일이 일 같은 일로 다가옵니다.

작게는 생활 잡학이 필요하지만 크게는 강점 강화를 위한 강학이 필요합니다. 공자처럼 호학의 경지는 아니더라도 인생 후반을 빛낼 나만의 브랜드를 만들 전략적인 공부가 필요합니다. 오랫동안 한다면 그 어떤 일도 잘하게 됩니다. 나이와 크게 상관없습니다. 느릴 수는 있어도 한 가지를 오랫동안 한다면 누구나 잘할 수 있습니다. 강학은 오랫동안 할 수 있는 일에 집중하는 것입니다.

그러니 일이 공부고 공부가 일이 됩니다. 여행을 오랫동안 하면 여행이 일이 되고 일이 여행이 됩니다. 그림을 오랫동안 그리면 그림이 일이 되고 일이 그림이 됩니다. 주식을 오랫동안 하면 주식이 일이 되고 일이 주식이 됩니다. 고구마를 오랫동안 키우면 고구마가 일이 되고 일이 고구마가 됩니다. 그렇게 여행 전문가, 그림 전문가, 주식 전문가, 고구마 전문가가 됩니다.

밀려온 삶에서
밀어 가는 삶으로

주도

공자께서 말씀하셨다.
"답답해하지 않으면 일깨우지 않았고 표현하려 애쓰지 않으면 밝혀 주지 않았다. 하나를 가르쳐 줬을 때 스스로 세 가지를 알아내지 않으면 반복해 가르치지 않았다."
子曰 不憤不啓 不悱不發 擧一隅不以三隅反 則不復也
자왈 불분불계 불비불발 거일우불이삼우반 즉불부야
<술이편> 8장

재능이나 사상 등을 열어 주고 피게 해 일깨우는 걸 계발이라고 합니다. 이 단어는 공자의 독특한 교육 방법으로부터 시작됐습니다. 공자는 학생 스스로가 궁금한 걸 밝혀내지 못해 괴로워하는 모습을 보이지 않으면 아직 때가 아니라 생각해 일깨워 주지 않았습니다. 전전긍긍하지도 않는 학생에게 미리 가르쳐 봐야 조장만

될 뿐 크게 득 될 게 없기 때문입니다. 또한 학생 스스로가 잘 표현하고 싶어 더듬거리는 상태가 되지 않으면 밝히지 않았습니다.

《논어》는 제자의 질문으로 시작해 공자의 대답으로 마무리됩니다. 질문하지 않으면 답을 들을 수 없습니다. 제자들은 질문하며 이미 반을 배우고 대답을 들으며 나머지 반을 익혀 학습이 완벽하게 됩니다. 그러니 하나를 가르쳐 주고 나머지 세 개는 스스로 찾는 자세가 보이지 않으면 공자는 제자를 다시 가르치지 않았던 것입니다.

밀려온 삶에서

주도적인 교육이 아닌 주입식 교육을 받고 자란 세대는 오십은 돼야 주체적인 삶이 가능해지는 것 같습니다. 삼십, 사십에도 능히 주체적인 삶을 살았다고 생각할 수 있지만 주체적인 삶은 지천명 정도의 나이는 돼야 바라볼 수 있습니다.

되돌아보면 지난 20여 년이 정말 눈 깜짝할 사이에 지났습니다. 미래 20년에 비하면 지난 과거 20년은 순간입니다. 졸업과 취업, 결혼과 출산, 몇 번의 이사와 한두 번의 이직 혹은 전직, 양가 부모님들이 한두 분씩 돌아가시고, 명예퇴직이나 조기퇴직은 점점 현실이 되고, 자신감이 조금씩 빠져나가는 시기가 되면 무엇이 주체적인 삶인지를 생각하게 됩니다.

열심히 살아왔던 지금까지의 삶이 왜 이렇게도 헝클어졌는지 답답할 때가 많습니다. 단 한순간도 대충대충 살지 않았는데 오십에 되돌아본 과거에 그 어떤 일관성도 찾아볼 수가 없습니다. 타인에게는 개인의 목표와 자신을 정조준하는 일관성에 대해 많은 조언을 했지만 정작 자신에게는 일관성을 찾아보기 어렵습니다. 일관성이 없다는 건 주인의 삶이 아닌 손님의 삶이었을 가능성이 크다는 얘기입니다.

저는 고등학교를 졸업하고 대학 진학을 선택할 때도 학교와 전공을 선택할 때도 주도적이지 못했습니다. 선택은 내가 했으나 시작과 끝은 부모님과 형제들, 선생님과 성적이었습니다. 내가 전공을 선택하고 내가 입학시험을 봤지만 전공의 의미도 몰랐고 합격할 정도의 성적도 아니었습니다. 전기를 놓치고 후기 대학에 입학했으나 대학과 전공이 내 것이 되기까지 너무나 긴 시간이 필요했습니다. 아니, 대학을 졸업할 때까지도 전공과 서먹서먹하기만 했습니다. 4년을 공부했지만 겉돌기는 마찬가지였습니다.

그러니 회사 업무가 재밌을 리가 없었습니다. 매일매일 해야 하는 일인데도 늘 무거운 부담을 느끼면서 업무를 처리한다는 건 결코 자연스러운 일이 아니었습니다. 3년, 5년을 반복하면서도 손에 익지 않는다는 게 늘 스트레스였습니다.

나중에 생각해 보니 정말 바보 같은 처신이었습니다. 일주일 혹은 한 달이 걸리더라도 마음먹고 달려들어 몰입했다면 업무에 어느 정도는 자신감을 가질 수도 있었을 것입니다. 당시에는 그게 어려웠습니다. 힘들더라도 한 번 고생해서 기술이건 방법이건 터득해 놓으면 마음고생 없이 직장 생활을 할 수 있었지만 그렇게 하지 못했던 가장 큰 이유는 전공도 업무도 마음에 들지 않아서였습니다.

그렇다고 어렵게 들어간 회사를 내 발로 용기 있게 나오지도 못했습니다. 나 혼자만의 문제가 아닌 부모님의 문제였고, 형제들의 문제였으며, 아내와 아이들의 문제, 그리고 나를 보고 있을 것 같은 사람들의 문제였기에 이길 용기가 없었습니다.

밀어 가는 삶으로

내가 아닌 아들의 삶으로, 내가 아닌 부모의 삶으로, 내가 아닌 남편 혹은 아내의 삶으로, 내가 아닌 사원, 대리, 과장, 부장의 삶으로 살아온 삶이기에 내가 주인이 되는 주체적인 삶을 살 수 없었다고 핑계 대고 있지만, 이 고리를 자르고 싶은 욕구는 늘 있었습니다.

그러다 오십이 넘어 인생의 하프 타임을 맞이하고 말았습니다. 밀려온 삶이 아닌 밀어 가는 삶이 주도적인 삶입니다. 떠밀려 도착하는 곳보다는 가고 싶은 곳에 도착하는 게 주도적인 삶입니다. 가는 길에 얻어 타고 가는 드라이브보다 내가 가고 싶은 곳을 직접 운전해 가는 드라이브가 더 즐겁습니다.

오십은 주도적인 인생으로 전환하기 좋은 때입니다. 오십은 타인의 삶에서 내 삶으로의 노선 변경이 가능한 때입니다. 열심히 살았지만 답답함이 있었다면 내가 원하는 삶이 아닙니다. 끌려가든 끌어가든 인생의 종착역에 서면 각기 다른 평가가 기다리겠지만 밀려가고 끌려가는 삶보다는 내가 끌고 가는 삶이 더 매력적인 삶에 틀림이 없습니다. 그 매력적인 인생의 시작을 알리는 메시지가 바로, 스스로 답답해하고 스스로 애쓰지 않으면 그 어떤 계발도 어렵다는 공자의 가르침입니다.

방법이 없어서가 아니라 뜻을 세우지 않아서였습니다. 주입식 교육과 조직에 순응하는 체득된 습성으로 내 뜻을 세울 필요가 없어서였습니다. 학교도 군대도 회사도 그저 시키는 것만 잘 해내면 되는 시간의 축적 때문이었습니다. 주체적인 삶의 방법이 없어서가 아니라 목표를 두지 않아서였습니다.

간절한 목표가 있어야 답답함이 생깁니다. 간절한 꿈이 있어야 달성할 방법을 찾습니다. 분명한 비전이 있어야 스스로 애쓰게 됩니다. 그래야 비로소 자기 계발이 가능해집니다.

오십은 자기 계발하기에 적당한 나이입니다. 진정한 의미의 자기 계발을 시작하기에 최고의 시기입니다. 이제는 누구의 눈치를 볼 일도, 볼 필요도 없습니다. 이제는 자기 자신만을 생각해도 욕먹지 않을 나이입니다.

지금까지 나 아닌 당신을 위해 살았다면 이제부터는 당신 아닌 나를 위한 삶이어야 합니다. 20대에 느낄 수 없는 여유가 있어 유리합니다. 30대에 느낄 수 없는 해방감이 있어 유리합니다. 40대에 느낄 수 없는 자유가 있어 유리합니다.

이제는 당신이 좋아하는 게 아닌 내가 좋아하는 걸 선택해야 합니다. 이제는 당신이 원하는 게 아닌 내가 원하는 걸 선택해야 합니다. 내가 좋아하고 내가 원하는 걸 선택할 때 비로소 간절함이 생기고 간절함이 있어야 진정한 자기 계발이 가능해집니다. 자기 계발이 되면 자기 주체적인 삶이 가능해집니다.

잘못을 받아들일 줄 아는 사람

자각

공자께서 말씀하셨다.
"끝났구나! 나는 아직도 자기의 잘못을 발견해서
안으로 자책하는 사람을 보지 못했다."

子曰 已矣乎 吾未見能見其過而內自訟者也
자왈 이의호 오미견능견기과이내자송자야

<공야장편> 26장

공자는 《논어》를 통해 잘못이 무엇인지를 반복해 지적하고 가르쳤습니다. 지금이나 춘추 시대나 사람이 사는 건 크게 다르지 않습니다. 자신의 잘못을 스스로 인정하고 고치려 노력하는 사람이 없음을 이렇게 한탄했습니다.

"세상이 말세로구나. 더 이상의 희망과 미래가 없구나."

2,500년 전에도 희망을 찾기가 어려웠습니다. 누구도 자기의 잘못을 인정하지 않는 황무지 같은 세상에 미래가 없다며 공자는 격정했습니다. 그런데 50년 전에도 어른들은 비슷한 말씀을 하셨습니다.

"세상 돌아가는 게 신기할 뿐이다. 이렇게 술수가 판을 치는데도 세상이 멀쩡히 돌아가다니."

그건 우리가 살아가고 있는 지금도 마찬가지입니다.

볼록 렌즈와 오목 렌즈

취업이 끝이 아니라 새로운 시작이라는 걸 알게 됐을 때, 대리 승진이 끝이 아니라 새로운 시작이라는 걸 알게 됐을 때, 과장 부장 승진이 끝이 아니라 새로운 시작이라는 걸 알게 됐을 때, 명예 퇴직이 끝이 아니라 새로운 시작이라는 걸 알게 됐을 때, 그토록 원했던 개인 사업이 끝이 아니라 새로운 시작이라는 걸 알게 됐을 때, 하던 사업의 폐업이 끝이 아니라 새로운 시작이라는 걸 알게 됐을 때, 오십이 끝이 아니라 새로운 시작이라는 걸 알게 됐을 때 조금 빨리 가는 것과 조금 늦게 가는 게 아무런 차이가 없다는 걸 알게 됩니다.

빨리 가나 늦게 가나 문제는 늘 있고 지금이나 2,500년 전 춘추 시대나 크게 달라진 게 없습니다. 그러니 지난 과거나 다가올 미래나 다를 게 없습니다. 지금 내가 변하지 않는다면 지난 과거도 다가올 미래도 그저 그럴 것이기 때문입니다. 진학, 졸업, 취업, 승진, 퇴직, 사업, 폐업, 오십이 중요한 게 아니라 지금 여기서 어떻게 하느냐가 더 중요합니다. 세상이 망할 것처럼 걱정해도 세상은 쉽게 망하지 않습니다. 세상이 급격하게 좋아질 것처럼 희망해도 세상은 금방 좋아지지 않습니다. 춘추 시대가 그랬고, 고려가 그랬고, 조선이 그랬고, 지금 대한민국이 그렇습니다.

안경은 잘 보기 위해 사용하는 유용한 도구입니다. 안경 렌즈에는 두 종류가 있습니다. 볼록 렌즈와 오목 렌즈입니다. 많은 이가 타인의 단점이나 잘못은 볼록 렌즈를 통해 보고 자신의 단점이나 잘못은 오목 렌즈를 통해 봅니다.

그러니 타인의 단점이나 잘못은 늘 더 커 보이고 자신의 단점이나 잘못은 늘 작아 보입니다. 또한 타인의 장점이나 잘한 건 오목 렌즈를 통해 보고 자신의 장점이나 잘한 건 볼록 렌즈를 통해 봅니다. 그러니 타인의 장점이나 잘한 건 늘 더 작아 보이고 자신의 단점이나 잘못은 늘 더 작아 보입니다.

타인의 잘못은 오목 렌즈를 통해 보고 자신의 잘못은 볼록 렌즈를 통해 보려고 노력하는 소수의 사람이 있습니다. 그래서 이들에게는 타인의 잘못은 늘 더 작아 보이고, 자신의 잘못은 늘 더 커 보입니다. 이들이 바로 리더다운 리더입니다.

오십을 발판으로

열 살에는 과자에 움직이고, 스무 살에는 연인에 움직이며, 서른 살에는 야심에 움직이고, 마흔에는 탐욕에 움직입니다. 인간은 과연 몇 살이 돼야 지혜를 좇아 행동하게 될까요? 오십에라도 도달해야 할 성숙한 사람이란 어떤 사람일까요?

빨리 가는 것만이 능사가 아니라는 사실을 아는 사람일 것입니다. 지금껏 무던히도 자신을 몰아붙였던 빠름 빠름의 결과가 느림 느림의 결과와 크게 다르지 않다는 걸 아는 사람입니다. 나를 인정하듯 타인도 인정해 줄 수 있는 인생의 여유가 있는 사람입니다. 내가 욕심 있는 사람이듯 타인도 욕심 있는 사람이라는 걸 아는 사람입니다. 자신의 잘못을 찾아낼 줄 알아야 합니다. 자신의 잘못을 인정할 줄 알아야 합니다. 타인의 잘못은 귀신같이 잡아내지만 자신의 잘못에는 무감각하다면 육십이 돼도 칠십이 돼도 불가능합니다. 크게 아파 본 사람이 아픈 사람을 더 이해하기 쉽습니다. 퇴직자가 퇴직자를 쉽게 이해하듯 슬픔을 겪어 본 사람이 슬픈 사람들을 더 이해하게 됩니다.

조금 더 겸손해지라는 명령입니다. 조금 더 이웃을 바라보라는 은유입니다. 조금 더 다른 세상을 보라는 신호입니다. 그래야 자신의 잘못을 되돌아보고 담담히 미래를 그려 볼 줄 알게 됩니다. 사람이 문제였다면 사람의 문제를 일이 문제였다면 일의 문제를 되돌려 다시 한 번 미래로 들어갈 수 있는 자신감을 가질 수 있기 때문입니다.

공자는 이렇게 자주 말했습니다.

"노여움을 옮기지 않고 같은 잘못을 반복하지 않은 안회를 제외하면 스스로 잘못을 깨닫고 진심으로 반성하는 이를 나는 보지 못했다. 사람은 누구나 잘못을 저지를 수 있지만 잘못하고도 이를 고치지 않는다면 그게 진짜 잘못이다. 잘못했으면 즉시 고치기를 주저하지 말아야 한다. 잘못은 대개 자기가 옳다고 생각하는 데서 유발되는 것인데, 자신의 잘못을 깨닫는 것이 곧 인을 아는 것이라 할 수 있다. 또한 행동으로 옮기기 어려운 말을 부끄러워하는 사람이 바로 군자다."

오십은 선택에 따라 장벽이 되기도 발판이 되기도 합니다. 지금까지 잘해 왔다면 오십은 장벽이 되기 쉽습니다. 사회의 통념을 잘 따르며, 적절히 거래하고, 적절히 눈감아 주며 이익과 편리에 섰을 가능성이 높습니다. 지금까지의 방식은 머지않아 내 인생을 아래로 끌어당기는 장벽이 될 수도 있습니다. 지금까지 잘못해 왔다면 오십은 기회의 사다리, 성장의 발판이 될 수 있습니다. 한 번 더 올라갈 기회를 만들 수 있습니다. 지금까지의 인생이 마음에 들지 않는다면 인생의 도전을 오십에 다시 시작할 수 있습니다. "자기의 잘못을 발견하고 안으로 자책할 줄 아는 사람을 아직까지 나는 보지 못했다"라고 공자는 말했지만 지금까지의 잘못을 도려내고 다시 한 번 도전할 수 있는 마지막 시기가 바로 오십입니다.

포기가
차별을 만든다

전진

공자께서 안연에 대해 말씀하셨다.
**"애석하구나! 나는 그가 앞으로 나아가는 것은 봤지만
멈추는 것은 보지 못했다."**
子謂顔淵曰 惜乎 吾見其進也 未見其止也
자위안연왈 석호 오견기진야 미견기지야
<자한편> 20장

안연은 공자의 제자 중 최고의 제자였습니다. 비록 공자보다 일찍 세상을 떠났지만 덕행과 인자로 최고의 인정을 받았습니다. 공자는 안연을 가리켜 "내가 그와 종일토록 말을 해 봐도 나의 말을 어기는 일이 없어 꼭 어리석은 사람처럼 보였지만 물러나 그의 사생활을 살펴보니 역시 그대로 행하고 있는 것을 보면 안연은 절대로 어리석지 않다"라고 했습니다.

다른 제자들은 달에 한두 번 어진 행동을 하나 안연은 석 달이 넘도록 어질지 않은 행동이 없었던 대단한 제자로, 덕행에는 안연을 따를 자가 없었습니다. 자공 역시 "자신은 하나를 들으면 둘 정도는 알지만 안연은 하나를 들으면 열을 아는 대단한 친구"라고 평가했습니다.

그런 제자 안연이 죽었을 때 공자는 "정말 애석하구나! 나는 그가 앞으로 나아가는 것은 봤지만 멈추는 것은 단 한 번도 보지 못했다. 아! 하늘이 나를 버리는구나! 하늘이 나를 버려! 나의 이 애통함이 지나친 것처럼 보이느냐? 내가 이 사람을 위해서 애통해하지 않으면 누구를 위해 애통해하겠느냐?"라고 하며 진심으로 슬퍼했습니다.

보이지 않는 길에서

아버지가 돌아가신 지 10년이 훨씬 넘었습니다. 매년 8월이면 부친의 제사가 돌아옵니다. 논과 밭에서 일생을 보내셨고 고향에서 평생의 시간을 다하셨습니다. 1924년 일제 강점기에 태어나 청년기에 해방을 맞았고 6·25 전쟁에 참전하셨습니다. 1960년대, 70년대, 80년대, 90년대를 거치면서 단 한 해도 쉽게 넘어가는 시기는 없었습니다. 가족을 지켜야 하는 장남의 무게가 평생을 구속했지만 자식 7남매를 잘 키워 주셨고 평생을 피땀으로 모은 농지를 고스란히 남겨 주셨습니다. 많이 배우지도 못했고 물려받은 땅 한

평 없이 빈곤으로 시작했지만 아버지가 남기신 유산은 저희 일곱 남매의 자산을 다 더한다 해도 만들 수 없는 것이었습니다.

하루하루 최선을 다하는 건 결코 쉬운 일이 아닙니다. 아무리 준비가 탄탄하고 주변의 적극적인 지원이 있다 해도 변치 않는 마음으로 한결같은 길을 간다는 건 여간 어려운 일이 아닙니다. 성공한다는 확신이 있다 해도 지켜 나가기란 결코 만만한 일이 아닙니다. 확연히 보이는 길을 가는 것도 쉽지 않은데 아무것도 정해진 게 없는 미지의 길을 간다는 건 험한 고난의 연속이기 때문입니다. 그런데 그 어려운 일을 과거의 적지 않은 사람이 해냈습니다. 암흑 같은 어둠 속에서 희미한 빛조차 없는 최악의 상황이었음에도 불구하고 말입니다.

아주 치밀하게 계획을 세우면 삶이 멋지게 바뀔지도 모른다고 생각한 적이 많았습니다. 특별한 도구가 있어 한 치의 흔들림도 없는 견고한 계획을 세울 수 있다면 미래는 분명 나의 것이 될 수 있겠다고 생각했습니다.

그런 생각으로 50년을 살았지만 원하던 결과를 얻지 못했습니다. 오십을 넘기자 아버지의 모습이 눈에 들어옵니다. 제대로 배운 것도 없고 구체적인 미래가 정해져 있는 인생을 살아온 것도 아니지만 불편하게 다가오는 운명을 즐기는 것처럼 한 단계 한 단계 꾸준하게 넘었던 그 모습이 말입니다. 50년은 살아 봐야 50년을 먼저 살아온 인생을 조금 엿볼 수 있는 것 같습니다.

성숙한 삶의 도구, 꾸준함

운명이 있다고 믿으면 운명은 존재하고 없다고 믿으면 운명 같은 건 없습니다. 아무리 철저히 계획해도 뜻대로 되지 않는 일이 많기에 어쩌면 정해지지 않은 미래가 더 흥미로울지도 모릅니다.

모든 것이 원하는 대로 이뤄지는 세상이라면 그것은 축복이 아니라 오히려 저주가 될 수도 있습니다. 원하는 것을 쉽게 얻고 먹고 싶은 것을 마음껏 먹을 수 있다면 설렘은 금세 지루함으로 바뀌고 희망이 주는 기대감은 나태한 절망이 돼 버릴 것입니다. 부자 아버지 밑에서 부자로 사는 것은 그리 어렵지도 특별히 가치 있는 일도 아닙니다. 하지만 가난한 아버지 밑에서 부자가 되는 일은 쉽지 않기에 더 큰 의미를 가집니다. 부자로 태어나 부자로 폼 나게 사는 것은 누구나 할 수 있지만 가난하게 태어나 부자가 되는 것은 아무나 할 수 없는 일이기 때문입니다.

인생 전반을 잘 살아온 사람이 인생 후반을 잘 살아가는 건 그리 어려운 일이 아니지만, 인생 전반을 어렵게 살아온 사람이 인생 후반을 멋지게 만들어 가는 건 그리 쉬운 일이 아닙니다. 인생 전반을 잘 살아온 사람이 인생 후반을 잘 살아가는 건 그리 폼 나는 일이 아니지만, 인생 전반을 어렵게 살아온 사람이 인생 후반을 멋지게 만들어 가는 건 정말 폼 나는 일입니다.

그러니 오십에 가져야 할 성숙된 도구가 하나 있다면, 그것은 꾸준함입니다. 꾸준함을 이길 수 있는 건 없다는 사실을 모르는 사람은 없습니다. 오십의 나이에 꾸준함의 힘에 의혹을 품을 사람도 없을 것입니다. 백일하에 노출된 꾸준함의 노하우를 내 것으로 만들 수 있는 전술이 필요할 뿐입니다. 세상은 두뇌 싸움이기도 하지만 꾸준함의 싸움이기도 합니다. 인생은 머리 좋은 사람만 유리한 게 아니라 꾸준한 사람도 유리합니다. 아이큐가 높지 않아도 손재주가 떨어져도 오랫동안 반복하면 최고가 될 수 있습니다.

어떤 일이든 오랫동안 하면 잘할 수 있습니다. 꾸준함이 대부분을 수렴하기 때문입니다. 타인의 멋진 성과가 내 경험이 되기에는 꾸준하게 반복하는 것 이상이 없습니다. 하나를 꾸준하게 하려면 나머지는 모두 포기해야 합니다. 결국 매일매일의 포기가 성공을 만드는 것입니다. 한 가지를 제외한 모든 걸 시시때때로 포기하는, 포기의 용기가 차별을 만드는 전술입니다.

경험은 수천 년 전부터 있었지만, 발자취를 따라가는 것은 무의미하다. 타인이 경험한 것은 당신에게 통하지 않는다. 당신은 자신을 위해 다시 경험해야 한다.

18세기 독일 시인 프리드리히 뤼케르트

알고 좋아하고
즐기기까지

과제

공자께서 말씀하셨다.
"아는 자는 좋아하는 자만 못하고
좋아하는 자는 즐기는 자만 못하다."
子曰 知之者不如好之者 好之者不如樂之者
자왈 지지자불여호지자 호지자불여락지자
<옹야편> 18장

하늘의 무지개를 바라보면

내 마음은 설레나니

나 어려서 그러했고

어른이 된 지금도 그러하거늘

나 늙어서도 그러하리라.

아니면 차라리 죽음을 택하리라.

어린이는 어른의 아버지
바라노니 내 생애의 하루하루를
자연에 대한 경외심으로 살아가게 하소서.

윌리엄 워즈워스, 〈무지개〉

인생에서 목표로 삼아야 할 것이 두 가지가 있다. 우선 당신이
원하는 것을 얻는 것이다. 그리고 그것을 즐기는 것이다. 가장 현
명한 사람들만이 두 번째 그것을 성취한다.

《인생사전》

어떤 사람은 원하는 게 너무 많습니다. 어떤 사람은 무엇을 원
하는지 모릅니다. 어떤 사람은 그런 여유 있는 소리는 하지 말라
고 합니다. 하루 앞도 내다볼 수 없는데 좋아하는 걸 찾는 게 배부
른 소리라는 말이지요. 모두 맞습니다.

그래서 "산다는 게 다 그런 거지. 누구나 빈손으로 와, 소설 같은
한 편의 얘기들을 세상에 뿌리며 살지. 자신에게 실망하지 마. 모
든 걸 잘할 수는 없어. 오늘보다 더 나은 내일이면 돼. 인생은 지
금이야, 아모르파티" 하는 가사에 위안을 받는지도 모릅니다.

가슴 뛰는 삶을 산다는 것

즐기며 사는 건 원하는 걸 얻는 것보다 더 어렵습니다. 보통 사

람이나 성공한 사람이나 마찬가지입니다. 가깝게 사는 사람이나 멀리 사는 사람이나 다르지 않습니다. 누가 봐도 원하는 걸 얻은 것처럼 보이는 사람도 쉽게 만족하지 못합니다. 그만큼 욕심과 욕망은 제어하기가 어렵다는 뜻이기도 합니다.

저녁마다 산책길에서 만나는 빌딩 5층쯤에 걸린 '파인만 학원', 그 반짝이는 간판을 보면서 파인만이 누군지 궁금했는데 어느 날 그에 관한 기사를 읽었습니다. 윌리엄 워즈워스의 시 〈무지개〉처럼 살았던 30년 전의 천재 과학자, 양자 역학 이론으로 노벨 물리학상을 받은 열정의 과학자였습니다. 리처드 파인만 교수는 성공적인 과학자로 살아온 원동력이 천재성이나 높은 목표 의식보다 '가슴 뛰는 삶'에 있었다고 합니다. 그는 제자에게 이런 말을 자주 했다고 합니다.

"나는 자네한테 가르친 게 없네. 혹시 자네가 얻은 것이 있다면 그건 스스로 깨친 것이지. 중요한 것은 스스로 발견해야 한다는 것이네. 중요한 것이 하나 더 있다면 그것은 자네가 지금 하는 일이 가슴을 뛰게 하는가이네. 잊지 말게. 일은 재밌어야 하네."

'가슴 뛰는 삶', 듣기만 해도 가슴이 들뜨는 말입니다. 그 누군들 원치 않을 사람은 없겠지만 아무나 할 수 있는 게 아니기 때문입니다. 혹시 취미가 직업이라면 모르겠지만 처음부터 가슴 뛰는 삶을 살아가는 사람은 거의 없습니다. 그래서 공자도 3단계로 나눴습니다.

먼저 자신이 하는 일이 어떤 일인지를 잘 알아야 한다고 합니다. 어쩌면 이 1단계에서 가슴 뛰는 삶의 비결을 찾을 수도 있기 때문입니다. 특별한 이유도 없이 처음부터 좋아해서 전문가가 되는 경우도 있지만 하다 보니 전문성이 생기면서 일을 좋아하게 되는 경우도 적지 않습니다. 태생적으로 좋아하는 일로 직업을 삼을 수 있다면 이보다 더 좋은 일이 없겠지만, 확률이 높지 않습니다. 모두 그렇게 되길 바라지만 그렇게 되는 사람은 손가락으로 꼽기 어려울 정도입니다.

좋아하는 일을 찾아내는 방법

그보다 현실적인 방법은 싫어도 계속 배우고 익히며 전문성을 키워 가는 것입니다. 그렇게라도 잘하면 좋아하게 될 가능성이 높아집니다. 주머니 속의 송곳은 삐져나올 수밖에 없다는 낭중지추라는 말처럼, 잘하면 인정받고 제대로 인정을 받으면 일에 긍지가 생길 수밖에 없습니다. 일에 긍지와 자신이 생기면 더 열심히 하고 결국 일을 좋아하게 됩니다.

어디서나 어떤 일이나 현실은 대개 고달픕니다. 그러니 조금 싫다고 해도 계속 배우고 익히는 게 시작입니다. 처음부터 많이 싫어하는 일이라면 다른 일을 찾는 것도 방법이지만 다른 일을 찾았는데도 계속 싫어진다면 일의 문제가 아니라 일을 대하는 사람의 문제가 더 클 수 있습니다.

그러니 꼭 순서가 있는 건 아니지만 배우고 익혀 일을 정확하게 아는 게 시작입니다. 그럼 좋아질 확률이 높아지고 좋아하는 일은 결국 즐길 수 있는 일이 될 수 있습니다.

지금까지 했던 일에서 즐거움을 찾을 수 있었다면 행복한 삶을 살았다는 증거입니다. 비록 즐기는 정도는 아닐지라도 좋아하는 일로 만들었다면 잘 살아왔다는 증거입니다. 혹여 지금까지 했던 일에서 즐거움을 찾을 수 없었다면 남들처럼 보통의 삶을 살았다는 말입니다. 지금까지 했던 일을 좋아하는 일로 만들지 못했다면 많은 사람처럼 보통의 삶을 살았다는 말입니다.

어떤 이유로 삼십, 사십에는 하지 못했던 혹은 할 수 없었던 일을 이제 해 볼 수 있습니다. 삼십, 사십의 조건과 오십의 조건이 다르기 때문입니다. 그래서 오십은 또 하나의 기회입니다. 인생에서 목표로 삼아야 할 두 가지, 원하는 것을 얻고 그것을 즐길 수 있는 삶을 살아가기 위해 오십은 분명히 기회입니다. 지금부터 가슴 뛰는 삶을 만들어 가는 것은 시간의 문제도 건강의 문제도 아닌 바로 지천명의 과제입니다.

혼자만의 삶에서
함께하는 삶으로

❀

공공

공자께서 말씀하셨다.
"군자는 두루 대하며 편을 가르지 않지만
소인은 편을 가르며 두루 대하지 못한다."
子曰 君子周而不比 小人比而不周
자왈 군자주이불비 소인비이불주
<위정편> 14장

주이불비(周而不比), 주는 보편적, 공적, 두루두루, 개방돼 있는 것을 말하며 개인적인 잇속을 넘어 타인과 화합하는 것을 말합니다. 이에 다산은 "군자는 덕 있는 사람과 벗하니 언제나 마음과 정신이 친밀해 세력으로 묶어 지내지 않는다"라고 했습니다. 일을 공정하게 처리하며 사람도 그렇게 사귀는 사람을 군자라 합니다.

비이불주(比而不周), 비는 견주다, 비교하다, 겨루다, 편 가르다라는 뜻으로 끼리끼리 무리 짓는 편당을 말하며 주가 공적이라면 비는 사적을 의미합니다. 개인적으로 이익이 되는 사람들하고만 무리 지어 편을 짜고 행동하며 항상 개인적인 잇속만으로 교류하니 이익이 생기면 모이고 이익이 다하면 흩어지기 마련입니다. 이렇게 공보다 사를 앞세우는 사람들을 소인이라 합니다.

사람은 사람과 함께할 때 사람답게 살 수 있지만 사람들과 함께한다는 게 쉽지는 않습니다. 어떤 사람들과 함께할 것인가를 두고 마음 깊이 생각하지 않는 이는 없지만 공자의 기준은 주와 비였습니다. '나를 먼저 생각하느냐 우리를 먼저 생각하느냐', 그게 기준이었습니다. 마음과 뜻이 맞는 사람들끼리 모이기 마련입니다. 그런 사람에게 더 마음이 가기 마련입니다. 문제는 사심을 갖고 편을 가르는 데 있습니다. 이렇게 공보다 사를 앞세우는 사람들을 공자는 소인이라 칭했습니다.

비의 삶에서 주의 삶으로

리더에게는 보통 사람들과 조금 다른 면이 있어야 합니다. 다르지 않다면 그냥 보통 사람으로 남아 있는 게 좋습니다. 리더는 사람들을 거리낌 없이 대해야 합니다. 이득이 되는 사람에게는 특별하게 대하고 사익을 위해 편 가르기를 하는 사람은 리더로서 자격이 없습니다. 개인적인 잇속을 위한 행동은 누구나 할 수 있기 때문입니다. 굳이 그런 사람이 리더를 하겠다고 나서면 그와 함께하는 모든 이가 피해를 받습니다. 사람들이 피해를 받으면 그 비난의 화살이 어디를 향하게 될지 불 보듯 뻔합니다. 그러니 끝내 모두에게 손해가 되는 일입니다.

개인적인 욕심 때문에 조직을 망치는 리더의 잘못된 리더십에 비하면 보통 사람들의 개인적인 욕심은 애교에 지나지 않을 수도 있습니다. 리더의 편 가르기와 욕심 때문에 발생하는 피해는 그 규모가 상상할 수 없이 커지기 때문입니다.

지천명에 새겨야 할 것 중의 또 하나가 바로 주와 비입니다. 지금까지의 삶을 되돌아보면 주보다는 비에 가까운 삶이었습니다. 누구나 치열한 경쟁을 하지 않고는 제대로 살아갈 수 없는 현실이기에 비의 삶이 더 자연스러운 모습이었습니다. 내게 이익이 되지 않으면 시작조차 할 수 없는 게 현실이며 내게 이익이 되는 사람들의 도움이 없으면 쉽게 성과를 내기 어려운 상황 가운데 살아야 했기 때문입니다. 조직 생활도 가정생활도 마찬가지였습니다.

오십이 된다고 해서 지금까지의 삶의 방식이 쉽게 바뀌는 건 아니지만 의도적으로라도 비의 삶에서 주의 삶으로의 방향 전환이 필요합니다. 인생이 정확히 오십으로 나뉘지는 않지만 나를 위한 삶에서 타인도 위하는 삶의 방식으로 지극히 사적인 삶의 방식에서 함께하는 공적인 삶의 방식으로 확장시켜 보는 자세가 필요합니다.

사람들은 이미 알고 있습니다. 함께 잘 사는 게 중요한 가치라는 것을 말입니다. 개인의 삶도 중요하지만, 사회의 안정과 국가의 안정이 개인의 삶에 매우 중요하다는 것을 말입니다.

하지만 모든 가치 판단의 기준은 개인의 이점에 정조준돼 있습니다. 오십이 넘어 지역과 국가를 위해 일하겠다고 나서는 사람들은 더 말할 나위도 없지만 지역과 국가가 아닌 개인적인 목표나 목적을 위해 오십 이후를 꿈꾸는 지극히 개인적인 사람들도 비에서 주로의 전환이 필요합니다.

진정한 어른, 진정한 리더

탕평책을 시행하고자 했던 영조가 국가의 미래 리더인 학생들에게 이른 성균관 탕평비에 새겨진 문장입니다.

"두루 대하며 편을 가르지 않는 것은 군자의 공적인 마음이며, 편을 가르고 두루 대하지 못하는 것은 소인의 사적인 마음이다."

젊은이에게는 젊은이에게 어울리는 모습이 있고 어른에게는 어른에게 어울리는 모습이 있습니다. 어른에게 더 어울리는 모습은 함께하는 모습입니다. 내가 소중하기에 타인도 소중하다는 걸 인정하지 않으면 누구와도 함께하기 어렵습니다. 함께하는 삶의 모습을 어른이 보여 주지 못하면 그곳에는 희망이 없습니다. 어른조차도 함께하지 못하는 척박한 곳에서 어떤 젊은이가 타인을 이해하고 타인과 공감하면서 인간다운 삶을 구가할 수 있을까요?

　오십에 필요한 성숙함의 기준은 사보다 공에 있습니다. 물론 개인을 넘어 공공까지 생각하고 행동하는 게 쉬운 일은 아닙니다. 그러나 누구나 할 수 있는 일도 아닙니다. 그렇기에 더욱 가치 있는 일입니다. 젊은이가 못하면 어른이 해야 합니다. 어른이 못하면 우리 사회의 리더들이 해야 합니다. 그럴 자신이 없으면 리더에서 내려와야 합니다. 그럴 자신이 없으면 어른에서도 물러나야 합니다. 오십에 꼭 해야 할 일 중의 하나가 바로 주의 정신입니다.

천천히 멀리 가기 위해 필요한 것

오십의 용기

안 된다고
미리 선을 긋지 마라

긍정

염구가 말했다.

"스승님의 도를 좋아하지 않는 것은 아니지만 힘이 부족합니다."

공자께서 말씀하셨다.

"힘이 부족하다고 하는 사람은 중도에 그만두는데

지금 너는 선을 긋고 있구나."

冉求曰 非不說子之道 力不足也 子曰 力不足者中道而廢

今女畫

염구왈 비불열자지도 역부족야 자왈 역부족자중도이폐

금여획

<옹야편> 10장

사마천의 《사기》〈중니제자열전(仲尼弟子列傳)〉에 의하면 공
자의 가르침을 받고 육예(六藝)에 통달한 사람이 77명이었으며,

특히 덕행으로는 안연, 민자건, 염백우, 중궁, 정치로는 염유, 계로, 언변으로는 재아, 자공, 문학으로는 자유, 자하가 있었다고 합니다. 이를 사과십철(四科十哲)이라고 부릅니다. 공자는 사과, 즉 네 가지 학문 분야로 나눠 교육했으며 각 분야에서 뛰어난 대표적인 제자 10명을 가리켜 십철이라 했습니다. 덕행은 도덕과 인격 수양, 언어는 말과 외교 능력, 정사는 정치와 행정, 문학은 고전과 학문을 의미합니다.

정치 관료로 이름을 얻었던 염구는 공자보다 29년 젊었으며 계씨의 재(宰)로 일했습니다. 공자는 염구를 가리켜 1,000호에 이르는 읍과 100대의 전차를 가진 대부 집안의 군사와 재정 정도는 무난하게 관리할 수 있는 능력 있는 제자라 할 정도로 탁월했습니다. 하지만 소심한 성격이 문제였습니다.

염구가 "의로운 일을 들으면 바로 행동으로 옮겨야 합니까?"라고 물었을 때 공자는 "행동으로 옮겨야 한다"라고 답했는데, 자로가 "의로운 일을 들으면 바로 행해야 합니까?"라고 물었을 때는 "부모 형제가 건재하신데, 들었다고 어찌 바로 행동으로 옮길 수 있겠는가?"라고 답했습니다. 이에 제자 자화가 이상하게 여기며 "같은 질문에 어찌 답이 다릅니까?"라고 하자 공자는 "염구의 성격은 소심하기에 격려한 것이고 자로의 성격은 성급하기에 억제한 것이다"라고 했습니다.

"저는 스승님의 가르침을 기뻐하지만 그대로 실행하기에는 힘이 좀 부족한 것 같습니다."

이 문장을 통해서도 염구의 소심한 성격이 그대로 나타납니다. 공자는 이렇게 말했습니다.

"제발 안 된다는 부정의 한계선을 미리 긋지 말거라."

어찌하여 행동으로 옮기지 못하는가

아내가 제게 하는 유일한 잔소리는 운동입니다. 제발 운동다운 운동을 하라는 말인데요. 나이가 들수록 유산소 운동보다는 근육 운동이 중요하니 하루라도 빨리 근육을 만들어야 한다는 성화입니다. 근육 운동이 필요하다는 걸 모르지도 않은데 이상하게 쉽지 않습니다. 나름 꾸준히 하는 것에는 일가견이 있다고 생각하나 새로운 시작에는 늘 망설임이 있습니다.

운동이 특히 그렇습니다. 어려서부터 운동을 싫어해서 그런 습성이 생긴 것 같지만 운동만 생각하면 몸과 마음이 따로 놀고 있으니 저도 답답합니다. 사정이 이러니 지금까지 꾸준히 한 운동이 없습니다. 아주 오래전 아내의 권유에 수영을 호기롭게 시작했으나 접영의 고비를 넘지 못하고 포기하고 말았습니다.

그 후에 마라톤을 약 5년 정도 했는데 나이 먹어 뛰면 관절에 좋지 않다는 말을 듣고 금방 그만뒀습니다. 그 후에 그래도 유일하게 하는 운동이 걷기입니다. 매일 5킬로미터 정도를 빠르게 걷습니다. 걷기라도 꾸준히 하며 운동에 대한 나름의 위안을 받기 위함인지 모르겠습니다. 핑계는 핑계일 뿐이지만 핑계라도 대며 자리를 모면해야 체면이라도 챙길 수 있기에 무가치한 핑계인 줄 알지만 만들어 냅니다. 나이를 먹으며 나도 모르게 핑계가 주인이 된 삶을 살아가고 있습니다.

살고 싶은 삶이 없으면 사는 대로 살아가게 됩니다. 원하는 게 없으면 주는 대로 받게 됩니다. 주어진 삶을 살다 보면 혼자가 됐을 때 막막해지기 쉽습니다. 주어진 삶이 편하기는 합니다. 이것저것 신경 쓰지 않아도 정해진 틀을 벗어나는 경우가 거의 없기 때문입니다. 지난 수십 년의 직장 생활이 말해 줍니다. 정해진 대로 하는 게 구속일 수는 있지만 익숙해지기 시작하면 묘한 안정감을 느끼게 됩니다. 작은 위안과 안정에 빠진 시간이 길어지다 보면 변화가 싫어집니다. '지금이 좋은데' 적당하게 핑계를 대면서 따뜻한 온도를 즐깁니다.

그러다 갑자기 정형의 틀에서 벗어나면 매우 당황스럽습니다. 주어진 삶에서 벗어나 어느 날 갑자기 '마음대로' 살라고 하면 어색하기만 합니다. 그토록 마음대로 살고 싶었는데 막상 마음대로 살라고 하면 대부분은 다시 안정의 울타리 속으로 들어가고 싶어 합니다. 밖에서 위험을 무릅쓰고 새로운 일을 하느니 차라리 비슷한 상황에서 해 온 일을 더 하고 싶어 합니다.

긍정과 부정은 백지 차이

내가 그렇게 생각하면 그렇습니다. 체력 때문에 자신이 떨어질 수도 있고 경제력으로 의지가 꺾일 수도 있지만 힘이 부족하지는 않습니다. 새로운 일을 해 보기도 전에 어렵다거나 관련 경험이 없어 시작하기도 어렵다는 생각은 누구나 마찬가지입니다.

그런데 모두 그렇지는 않습니다. 경험이 좀 부족해도 잘해 나가는 사람이 있습니다. 경험이 부족했기에 더 잘해 나가는 사람도 있습니다. 핑계를 대지 않기 때문입니다. 부정의 획을 긋지 않았기 때문입니다. 세상의 모든 일에는 양면이 있습니다. 좋아 보여도 모두 좋은 건 아니며 나빠 보여도 모두 나쁜 건 아닙니다.

희망은 늘 있습니다. 긍정과 부정은 백지 한 장 차이도 안 됩니다. 희망의 결과는 상상을 초월합니다. 그러니 설사 불가능하다고 해도 가능하다고 생각하면서 도전해 보는 것과 포기하는 건 전혀 다릅니다. 혹여 불가능하다고 생각했던 일이라 해도 성사될 가능성은 있습니다.

그러니 이왕 하겠다고 선택한 일이라면 '100퍼센트 된다'고 생각해야 합니다. 말로는 된다고 하면서도 마음속으로는 어렵다고 생각한다면 그 일은 되지 않습니다. 그리고 일이 끝날 때까지 해서는 안 될 말이 '역부족'이라는 말입니다. 쉬운 일은 없습니다. 힘들지만 배우고 극복해 가며 이뤄 내는 삶이 가치 있고 재밌습니다. 일을 해내는 사람이 정해져 있는 것도 아닙니다. 쉽지 않은 일을 해내는 주인공이 내가 되지 말란 법은 없습니다.

지금 당장
할 수 있는 일을 하라

집중

계로가 귀신 섬기는 일을 물었을 때 공자께서 말씀하셨다.
"아직 사람도 제대로 섬기지 못하면서
어찌 귀신을 섬길 수 있단 말인가?"
계로가 다시 물었다.
"감히 죽음에 관해 묻겠습니다."
공자께서 말씀하셨다.
"삶도 잘 알지 못하는데 어찌 죽음을 알겠는가?"
季路問事鬼神 子曰 未能事人 焉能事鬼 曰 敢問死
曰 未知生 焉知死
계로문사귀신 자왈 미능사인 언능사귀 왈 감문사
왈 미지생 언지사
<선진편> 11장

살면서 가끔 이와 비슷한 질문을 합니다. 마음이 약해질 때나

마음이 흔들릴 때면 더욱 그렇습니다. "선생님, 귀신이 정말 있습니까? 있다면 그 귀신을 어떻게 모셔야 제가 복을 받을 수 있을까요? 세상이 뒤숭숭하니 믿을 수도 믿지 않을 수도 없는 것 같습니다. 궁금합니다. 알려 주세요. 선생님, 사람이 죽으면 어디로 가는 것입니까? 죽음은 시작인가요? 아니면 아주 영영 끝인가요?" 하고 말입니다.

계로의 질문에 공자의 대답은 간결합니다. 귀신의 유무보다 더 긴급한 게 살아 있는 지금 우리의 삶이니 당장 긴급하지도 분명하지도 않은 문제를 갖고 시간을 낭비하지 말고 현재의 삶에 더 집중하고 노력하는 게 낫다는 말입니다. 살아 있는 오늘의 삶도 잘 모르겠는데 죽은 이후의 일들이 뭐 그리 급하냐는 것입니다. 그렇다고 공자가 귀신이나 죽음의 문제를 부정하지는 않았습니다. 그 것들은 그 나름대로 중요한 문제라는 것을 알고 있으나, 그보다 더 긴급한 삶의 문제가 있다는 것입니다.

가끔은 지금까지 어떻게 살아왔는가를 되돌아보게 됩니다. 내가 내 일을 선택할 용기가 있었던가, 지금까지의 일들이 정말 내가 선택하고 내 의지대로 해 온 것인지를 생각해 보게 됩니다. 보이지 않는 신념으로 내가 살아가는 건 아닌지 보이지 않는 시스템에 의해 내가 조종당하고 있지는 않은지 점검해 보게 됩니다.

당연하게 받아들였던 일을 다시 한 번 생각해 본다는 것에는 두 가지 의미가 있습니다. 당연한 일이 아닌데도 지금까지 당연하게 여겼다면 지금이 바로 변화할 시기라는 것이며 당연한 일을 당연하게 하고 있었다면 행복한 인생을 확인하는 셈이 됩니다.

확실하지 않은 일에 관심을 갖다 보면

미궁으로 빠질 때가 종종 있습니다. 분명하지 않은 일에 관심을 갖다 보면 한쪽으로 치우칠 때가 있습니다. 사람들은 대개 보고 싶은 것만 보고 듣고 싶은 것만 듣습니다. 눈을 뜨고도 제대로 못 보고 귀를 열고도 제대로 듣지 못합니다.

내가 스스로 확인하지 않은 사항은 더욱 그렇습니다. 고위 공직 자가 한 말이니 맞겠지, 고위 책임자가 한 말이니 틀리지 않겠지 신문 기자가 본인 이름을 걸고 기사를 썼으니 맞겠지, 내 마음에 드는 유튜버가 말했으니 틀림없겠지, 목사님 말씀이니, 스님 말씀 이니, 전문가 말이니….

그런데 그게 정말 맞을까요? 사실과 다른 게 너무 많습니다. 시 간이 지나면서 거짓으로 밝혀진 가치 없는 일을 당시에는 왜 그리 도 흥분하고 열을 냈는지 알 수가 없습니다. 더 황당한 건 그런 시 간을 왜 보냈어야만 했는지입니다. 내게는 아무런 도움도 가치도 남기지 못했던 일에 왜 그렇게 열중했는지 아쉬움이 클 때가 많습 니다.

하루의 일상 또한 다양한 정보에 구속됩니다. 미리 등록해 둔 관심 분야의 정보가 이메일 서비스를 통해 아침마다 도착합니다. SNS를 통한 메시지 역시 정보의 탈을 쓰고 쉼 없이 찾아옵니다.

스마트폰을 열면 제목조차 읽기 귀찮은 스팸 메시지들이 기다리고 있습니다. 방장 눈치가 보여 탈퇴를 미룬 카톡방에는 밤새 쌓인 대화들의 숫자가 계속 올라갑니다. 매일 반복되는 회원들 간의 부담스러운 관심과 형식적인 격려, 지나친 자랑과 은근한 홍보, 시도 때도 없이 읽어야만 하는 짜증이 일상이 됩니다. SNS에 동참하지 않으면 시대에 뒤떨어지는 듯한 느낌에 회원 가입을 하고 열심히 댓글을 달았지만 어느 틈에 족쇄가 돼 일상을 갉아먹고 있습니다.

나이 오십에 똘똘한 젊은 후배나 오랜만에 나타난 친구 혹은 친척으로부터 다단계 비즈니스를 소개받기도 합니다.

"선배님, 젊은 제가 철저하게 분석해 본 결과 된다는 판단이 섰습니다. 제일 먼저 생각난 사람이 바로 존경하는 선배님입니다."

젊은 후배가 다양한 자료를 들어가며 깔끔하게 권유하는데 선배 입장에서 거부하기가 참으로 거북합니다.

"인생 2막에 이 비즈니스만큼 확실한 걸 내 지금까지 찾지 못했네, 여생을 행복하게 보내는 꿈을 자네와 나누고 싶네."

10년 만에 좋은 다단계 비즈니스가 있다며 찾아온 옛 동료나 친구를 어떻게 돌려보내야 할지 정말 난감합니다.

현재에 집중하는 용기

오십에는 노력으로 풀 수 있는 과제에 집중하는 용기가 필요합니다. 내가 해결할 수 없는 문제는 덮어 두고 내가 해결할 수 있는 문제에 더 열중하는 게 효과적입니다. 많은 것을 다 갖기는 누구나 어렵습니다. 사람의 힘으로 풀 수 없는 문제는 남겨 두는 것도 전략입니다.

현재에 집중하려면 방해 요소를 제거해야 합니다. 누군가를 만나 감정이 많이 상한다면 가능한 한 그 만남의 기회를 줄여야 합니다. 그가 아니더라도 우리가 만나야 할 사람은 너무도 많습니다. SNS에 너무 많은 시간이 낭비된다면 SNS를 줄여야 합니다. 계정을 삭제하거나 사용하는 시간을 정해야 합니다. 소통이 득이 아니라 짐이 된다면 그 짐을 줄여야 합니다.

현재에 집중하려면 지금 집중하는 과제가 있어야 합니다. 집중은 용기입니다. 한 가지에 집중하면 나머지 아흔아홉 가지는 자동으로 정리됩니다. 지금 집중하는 게 없으면 SNS에 집중하기 쉽습니다. 귀찮게 찾아오는 사람들에게 집중하기 쉽습니다. 일 같지도 않은 일에 집중하고 관여하지 말아야 할 일에 관여하기 쉽습니다. 그러니 목표가 용기이며 집중입니다.

간절함과 두려움으로
공부하라

갈급

공자께서 말씀하셨다.

"학문은 마치 미치지 못할 것 같은 갈급한 마음으로 배움에 임해
야 하며 배운 것을 잃어버릴까 두려워하듯 배움에 임해야 한다."

子曰 學如不及 猶恐失之

자왈 학여불급 유공실지

<태백편> 17장

전 공자의 학습법은 치열했습니다. 공자는 공부에 임하는 자세
를 두 가지로 요약했습니다. 하나는 아무리 열심히 해도 미치지
못할 것 같은 갈절한 마음입니다. 다른 하나는 한 번 배운 지식은
절대로 잃어버려선 안 된다는 두려운 마음입니다. 공자의 제자 자
공은 실천하는 방법으로 절차탁마(切磋琢磨)를 들었습니다.

옥반지를 만들 때 톱으로 돌을 자르고, 자른 돌을 줄로 갈고, 반

지 모형을 만들고자 정으로 쪼고, 모래 종이로 윤이 나게 문지르며 갈고 닦으라는 절차탁마의 방식으로 공부를 해야 한다고 했습니다. 간절한 마음과 두려운 마음으로 공부에 임해야 한다고 공자는 말합니다. 단 1점 때문에 불합격했다면 1점은 그저 1점이 아닙니다. 100점과도 같은 1점입니다. 그만큼 갈급한 심정으로 학습에 임해야 한다는 것입니다.

단 한 번만이라도 뜨겁게 살 수 있다면

저는 무책임하게도 "간절히 원하면 이뤄진다"라고 사람들에게 말하고는 했습니다. 직장에서는 후배나 부하 사원들에게 했으며 집안에서는 아이들에게 시도 때도 없이 남발했습니다. 누군가 찾아와 조언을 구할 때면 간절함이 레퍼토리가 됐습니다.

그런데 정작 저는 간절하게 해 본 적이 별로 없습니다. 간절하게 해 보지도 못한 채 그저 입으로만 잘난 체를 밥 먹듯이 했습니다. 어떤 책을 봐도 간절하게 하면 된다고 했기 때문에 저는 그렇게 될 것으로 믿고 자신 있게 목소리를 높였던 것 같습니다. 무책임한 말을 듣고서 간절함을 갖고 일하는 후배나 부하 사원은 없었습니다. 그들이 바보가 아닌 이상 모를 리가 없습니다. 앞에서는 선배의 말을 잘 듣는 시늉을 했겠지만 돌아서선 바로 '너나 잘하지'라고 했을 것입니다. 그렇게 그들도 후배들에게 간절함 타령을 했을지도 모릅니다.

사람들은 늘 정답만 말합니다. 선배도 상사도 방송도 책에서도 언제나 바른 소리만 늘어놓습니다. 그래서 세상에는 바른 소리가 넘쳐 납니다. 사건만 터졌다 하면 교수나 전문가가 등장해 바른 소리를 떠듭니다. 다리가 무너지고, 아파트가 넘어져도, 대형 화재에 수재가 나도, TV 화면에는 뛰어난 전문가가 넘쳐납니다. 바른 소리를 해 대는데도 사고는 매년 넘쳐납니다.

오십에 이르니 간절함이 안으로 파고듭니다. 간절한 인생을 살고 싶다는 욕심이 생겨납니다. 남들이야 어떻게 인생을 살아가든 시간이 더 가기 전에 간절함을 갖고 뜨거운 삶의 시간을 보내고 싶은 마음이 들기 시작했습니다. 행동이 아닌 말로 살아온 지난 시간이 적지 않은 부담되지만 그래도 지금이 아니면 더 이상의 기회가 없을 것 같은 두려움이 들기도 합니다.

오십에 정말 부러운 것 중 하나가 인생을 뜨겁게 보낸 사람들의 모습입니다. 10년, 20년 아주 오랜 시간 동안 한 가지 일에 몰두한 결과, 의미 있는 성과를 만들어 가는 사람들의 이야기에 늘 부러움을 느낍니다. 오십에 시작했건 육십에 시작했건 자신만의 영역을 구축해 가는 아름다운 삶의 모습은 그 시작점이 중요한 게 아니라 오랫동안 변함없이 열정을 다했다는 데 있습니다.

삼십, 사십에 그 일을 시작할 수 있으면 행복하겠지만 불행히도 우리 주변에 그런 행운을 잡는 사람들이 많지 않습니다. 어쩌면 삼십, 사십이 생각지도 못했던 삶의 역경이기에 오십, 육십에 이르러 열정적인 삶이 더 가치 있게 다가오는 것인지도 모릅니다.

오십에 취해야 할 단 하나, 간절함

요즘 주변에서 종종 듣는 이야기가 하나 있습니다.

"나도 열정을 불살라 가며 미친 듯이 일을 좀 해 봤으면 좋겠어. 하지만 그런 일이 없다는 게 문제야."

그들이 대는 이유는 거의 비슷합니다. 매달 받는 월급 때문에 열정을 불사르는 일을 할 수 없다고 합니다. 당장 필요한 수입을 위해, 진행하는 아르바이트 때문에 열정을 불사르는 일을 할 수 없다고 합니다. 딸린 식구 때문에 열정을 불사르는 일을 할 수 없다고 합니다. 혼자 살면 혼자 살아서, 삼십이면 아직 서른밖에 되지 않아서, 사십이면 지금 해결해야 할 일이 한두 개가 아니라서, 오십이면 당장 풀어야 할 현실적인 숙제를 하기 급급해서, 육십이면 이제 너무 늦어서, 칠십이면 미래를 희망할 수 없어서 열정을 불사르는 일을 시작하지 못합니다. 오십, 남들에게 그토록 강조했던 간절함을 이제는 본인 스스로가 가져야 할 때입니다. 방법은 두 가지입니다.

하나는 현재의 일에 간절함을 더하는 것입니다.

현재의 일에 간절함을 더할 수만 있다면 더 이상 바랄 바가 없는 최상의 조건입니다. 간절함은 열정을 만드는 연료이기 때문입니다. 의무감으로 하는 일은 간절함과 거리가 멉니다.

그러니 현재의 일에 의미를 부여하는 작업을 모색해야 합니다.

일에 의미를 더하는 건 시들어 가는 꽃에 물을 주는 것과도 같습니다. 꽃이 시들어 가는 건 꽃이 아름답지 않아서가 아니라 물이 부족하기 때문입니다. 직업이나 일이 의미가 없어서 간절하지 않은 게 아니라 의미 부여를 충분히 하지 않아서일 가능성이 높습니다. 비록 의무감으로 하는 일이라 해도 의미 없는 일은 없습니다. 본인만 그렇게 생각하고 있을 공산이 큽니다.

다른 하나는 간절히 하고 싶은 일을 찾는 것입니다.

마음처럼 쉽지는 않지만 간절히 하고 싶은 일을 찾는 방법도 가능합니다. 직업이나 경력을 바꾼다는 게 큰 결심을 요하기는 하지만 오십에 도전해 볼 만한 일이기도 합니다. 절차탁마의 정신을 끌어낼 수 있는 간절한 일이라면 용기 내 도전해야 합니다. 한 번 더 열정을 불사르며 미친 듯이 일하고 싶다면 현재의 일에 간절함을 더하든가 간절히 하고 싶은 일을 찾아 도전해야 합니다. 용기가 필요한 일입니다.

천성을 이기는
반복의 힘

반복

공자께서 말씀하셨다.
"본성은 서로 비슷하나 익히는 것에 의해 서로 멀어진다."

子曰 性相近也 習相遠也
자왈 성상근야 습상원야

<양화편> 2장

"천성이나 본성은 서로 비슷하지만, 무엇을 익히고 반복하느냐에 따라 서로 다른 인생을 살게 된다"라는 공자의 가르침을 필두로 많은 현인이 반복과 습관에 대해 지적했습니다. 아리스토텔레스는 "인간은 일시적이 아닌 반복적으로 행하는 것에 의해 결정되는 존재로, 탁월함은 습관으로 만들어진다"라고 말했고 파스칼은 "습관은 습관이기 때문에 따르는 것이지 합리적이라든가 올바르다는 데에서 따르는 게 아니다"라고 말했습니다. 사람이 습관

을 만들고 습관이 사람을 만들며, 습관은 철사를 꼬아 만든 쇠줄과 같아서 매일 가느다란 철사를 엮다 보면 이내 끊을 수 없는 쇠줄이 된다고 말한 사람도 있습니다. "세 살 버릇 여든 간다"라는 우리 속담 이외에도 "마흔이 지나면 사람들은 습관과 결혼해 버린다"라고도 했습니다.

자신의 천성과 본성이 가장 비슷한 사람은 형제 혹은 자매일 것입니다. 비슷한 천성과 본성으로 태어났지만 50, 60년을 살다 보면 완전히 다른 인생을 살고 있습니다. 그 이유는 무엇일까요? 형은 성공했고 동생은 성공하지 못했다고 해 봅시다. 형이 똑똑해서, 잘생겨서, 좋은 학교를 나와서 성공했을까요? 아닙니다. 형과 동생이 매일 아침 일어나 어떤 일을 반복적으로 했느냐의 차이가 쌓이고 쌓여 오늘날의 차이를 만든 것입니다. 세상에 반복, 습관, 꾸준함을 이길 수 있는 건 없습니다.

움직이지 않으면 기적은 일어나지 않는다

지금 오십의 내 모습은 언제부터 만들어졌을까요? 지금의 모습이 마음에 든다면 더할 나위 없이 좋겠지만 마음에 들지 않는다고 해도 어쩔 수 없습니다. 마음에 든다면 기적에 가까운 일입니다. 어쩌면 대다수는 마음에 들지 않을 수 있습니다. 일상에 기적 같은 일은 거의 일어나지 않으니까요. 대국을 복기하듯 10년쯤 전을 되돌아보면 원인을 찾을 수도 있겠지만 꼭 그렇게 해 보지 않아도 우리는 원인을 대략 알고 있습니다. 사십에 오십을 그려 봤지만 수많은 선택과 흔들림의 갈등이 있었을 것입니다. 그 속에서 나름의 최선을 다해 살아온 결과가 오십임을 알고 있습니다. 10년 후 육십의 나는 어떤 모습을 하고 있을까요? 사십에서 오십이 되는 방식 그대로, 오십에서 육십으로 살아간다면 그 결과는 어떨까요?

우리는 이미 경험했습니다. 일상의 삶에 기적 같은 일은 일어나지 않는다는 걸 말입니다. 성상근야 습상원야가 답일 수 있습니다. 지금의 모습이 마음에 들지 않는다면 그 원인은 습에 있습니다. 지금의 모습이 마음에 들었다면 그 원인 또한 습에 있습니다. 반복해 익히고, 반복을 통해 배우고, 반복적으로 연습하고, 복습하면 그 어떤 것도 능하게 됩니다.

어떤 것이든 버릇과 습관으로 만드는 게 습입니다. 지나간 10년이야 어찌할 도리가 없지만 다가올 10년에는 희망이 있습니다. 지나간 10년 동안에는 이게 좋을까 저게 좋을까 고민하고 갈등했다면 다가올 10년은 반복에 희망을 걸어 보는 게 좋은 전략입니다.

반복이 기적을 만든다

사십에는 불가능해도 오십에는 가능성이 있습니다. 사십에는 일관성이 없었지만 오십에는 다릅니다. 가능성에 무게를 두기보다 하고 싶은 것에 더 중심을 두기 때문입니다. 돈이 되는 일에 무게를 두기보다 오래 할 수 있는 일에 중심을 두기 때문입니다.

오십에는 희망이 있습니다. 지난 10년처럼 고민하지 않아도 됩니다. 다가올 10년은 한 가지에만 집중하면 됩니다. 지나온 10년이 가능성의 시기였다면 다가올 10년은 확신의 시기입니다.

변하지 않는 삶의 원칙 중 하나가 바로 반복입니다. 사십에는 다양한 분야의 책을 읽었다면 오십에는 한 분야의 책을 반복해 집중적으로 읽는 전략이 더 유효합니다. 다양한 분야를 조금씩 아는 것보다 좋아하는 분야를 집중적으로 반복하는 게 오십의 유효한 독서법이라 할 수 있습니다.

저는 강의를 마무리할 즘 이런 말을 하고는 합니다.

"여러분은 제 최고의 강의를 듣고 계십니다. 동시에 제 최악의 강의를 듣고 계시기도 합니다. 앞으로도 저는 이 주제의 강의를 반복할 것이기 때문입니다. 오늘 하나를 고치고 내일 또 하나를 고친다면 모레는 오늘보다 조금 더 발전된 강의일 것입니다."

저는 50대에 딱 두 가지를 반복했습니다. 하나는 회사 경영이었고 다른 하나는《논어》였습니다. 낮에는 회사 일을 했고 퇴근 이후에는《논어》공부에 집중했습니다. 천자문을 외우고《논어》를 외우면서 틈틈이 글을 썼습니다. 3년 만에 첫 책을 출간했습니다. 출간 후에는《논어》강의를 시작했습니다. 강의하는 시간보다 자료를 만드는 데 열 배의 시간이 들었습니다.《논어》관련 책을 십여권 더 출간하고 인문학 강연가가 됐습니다. 지천명 10년의 시간이 저를 바꿔 놓았습니다.

부동산 유튜버로 유명한 이의상 대표에게 사회자가 "경제적 자유를 꿈꾸는 3050세대에게 한 말씀 부탁드립니다"라고 질문했습니다. 이의상 대표는 "지금 막막하시다면 부동산 관련 재테크 책 50권만 읽어 보세요. 다른 생각 다 제쳐 두시고 딱 앉아서 6개월 이내에 50권만 읽어 보시면 그 안에서 자신에게 맞는 답을 찾을 수 있을 거예요. 희망을 볼 수 있고 또 확신을 찾게 되고요. 그럼 분명 내가 해낼 수 있다는 열정과 동기가 생길 거예요"라고 답했습니다.

딱 한 단계만
더 멀리 보고 생각하라

원려

공자께서 말씀하셨다.
"멀리 생각하지 않으면 늘 가까이에 근심이 있다."
子曰 人無遠慮 必有近憂
자왈 인무원려 필유근우
<위령공편> 11장

"인생이란 멀리서 보면 희극이지만, 가까이서 보면 비극이다."

19세기 영국의 대표 소설가 찰스 디킨스가 한 말입니다. 지금 나의 삶은 희극일까요, 비극일까요? 원려, 멀리 생각하지 않으면 가까이에 근심이 있다고 했습니다. 멀리 생각하는 원려는 다른 말로 목표입니다. 미래에 대한 간절한 꿈입니다. 명확하고 원대하며 중장기적인 목표라고 할 수 있습니다. 조직에서는 구성원들이 함께 바라볼 수 있는 비전입니다. 현실에 안주하다 보면 미래를 잃어버릴지 모릅니다. 소확행에 빠지다 보면 가능성의 무한한 잠재가치를 뺏길지도 모릅니다.

현실은 늘 어렵습니다. 그 어떤 시대에도 근심 걱정은 있었습니다. 왕이나 백성이나, 부자나 빈자나, 고관대작이나 평민이나, 자식이 많은 집안이나 자식이 없는 집안이나 근심 걱정이 없던 때는 없었습니다.

찰스 디킨스의 말처럼 하루하루의 삶은 비극에 더 가까웠습니다. 그러니 2,500년 전부터 목표와 꿈과 비전을 지니고 살아야 그나마 하루하루의 어려움을 겪어 낼 수 있다고 했던 것입니다. 목표가 분명하다고 일상의 근심과 걱정이 바로 사라지진 않지만, 미래가 있고 희망이 보이면 더 힘을 낼 수 있습니다.

멀리 생각하지 않으면 큰일을 이루기 어렵다

독립운동가 안중근 의사는 한국 의병 참모 중장 신분으로 1909년 10월 하얼빈역에서 이토 히로부미를 척살했습니다. 체포 후 사형 언도를 받은 1910년 2월 14일부터 1910년 3월 26일 순국하신 날까지 안 의사는 여순 감옥에서 교도소장을 비롯해 간수, 경찰, 검찰, 통역, 세무관 등 여러 사람에게 붓글씨를 써 줬습니다.

그중 하나가 보물 제569호로 지정된 〈인무원려 난성대업(人無遠慮 難成大業)〉입니다. 사람이 멀리 생각하지 않으면 큰일을 이루기가 어렵다는 뜻으로, 《논어》〈위령공편〉의 인무원려 필유근우와 유사한 명문입니다. 조선 침범의 원흉을 척살하며 32세의 청년 안중근이 가졌던 원려, 원대한 계획, 대업은 그가 순국한 지 100년도 더 지났지만 여전히 생생하게 전해지고 있습니다.

《논어》 어구 하나가 어떤 가슴으로 들어가느냐에 따라 그 결과는 다르게 발현되는 것 같습니다. 평범한 사람에게 들어가면 개인의 소소한 꿈과 목표로 피어나지만 열사들의 가슴으로 들어가면 조국에 대한 충정과 열정으로 발현되니까요.

사람들은 기회가 될 때마다 새로운 계획을 세웁니다. 해가 바뀌거나 새로운 사람을 만나거나 좋은 책을 읽거나 인상적인 강의를 듣고 난 다음에는 누가 뭐라 하지 않아도 새로운 목표를 세우고는 합니다.

하지만 작심삼일을 쉽게 벗어나지 못합니다. 변화와 도전으로 목표를 이루고 싶지만 시작도 못 하고 포기하는 경우가 많습니다. 분명한 이유 없이 내린 빠른 결정은 결심이나 목표가 아무리 크고 정교해도 현실과 동떨어져 있다면 쉽게 포기하게 됩니다.

목표가 명확해도 실행 과정에는 언제나 장해물이 있게 마련입니다. 시간 관리를 잘하려면 약속 다음의 약속을 미리 잡으라는 격언이 있습니다. 어떤 일이건 마치면 사람의 마음은 풀어지게 돼 있습니다. 그래서 급하지 않으면 미루게 되는데 이때 이미 다른 약속이 잡혀 있으면 그 일을 하지 않을 수 없기에 시간을 효율적으로 보낼 수 있습니다.

결국 실행 과정에서 만나는 장해물을 피해 가는 방법이 바로 원려입니다. 한 단계만 더 멀리 보면, 늘 가까이서 발생하는 근심 걱정 장해물을 뛰어넘을 수 있습니다. 정년퇴직이 보장된 조직에서 일한다면 60대 초반까지는 별문제가 없겠지만, 직장인 대부분은 50대 중반이면 소득이 확연하게 줄어듭니다. 명예퇴직, 중도 퇴직, 자발적·비자발적 퇴직, 재취업, 이직, 전직, 자기 사업, 동업, 생계형 창업 등의 과정을 거치면서 소득은 점점 줄어들고 결국 국민연금을 기대하며 힘든 금융 고난의 세월을 보내게 됩니다. 오십에 원려를 생각해야 할 이유이기도 합니다.

오십에 가져야 할 두 글자, 원려

해결될 문제라면 걱정할 필요가 없고 해결되지 않을 문제라면 걱정해도 소용없습니다. 고민은 실행이나 실천할 때보다 시작하기 전 할까 말까 망설일 때 더 많이 생깁니다. 해결될 문제라면 걱정할 필요가 없다지만 가만히 앉아 있는데 저절로 해결되는 건 없습니다. 대부분의 문제는 그만한 대가를 인내해야 해결됩니다.

건강도 미래도 경제도 경력도 인생도 마찬가지입니다. 30세부터 55세까지 25년을 열심히 살았다면 지난 25년만큼의 시간이 더 기다리고 있습니다. 그럼 80세가 됩니다. 55세에 인생을 다 산 것처럼 말하는 사람들이 적지 않습니다. 그동안 할 만큼 했으니 연금이나 기다리면서 전국 100대 명산이나 찾아다니며 인자요산의 삶을 살아야 한다고 말합니다.

다시 한 번 원려를 소환하는 용기가 필요할 때입니다. 지난 25년 동안 가족들을 위해 살아왔다면 다가오는 25년은 나를 중심으로 살아가는 목표를 잡아 보세요. 미래가 궁금할 것입니다. 지난 25년 동안 나만을 위해 살아왔다면 다가오는 25년은 내가 아닌 가족들을 위해 살아가는 목표를 잡아 보세요. 내일이 궁금해질 것입니다. 지난 25년 동안 싫어하는 일을 억지로 하며 살아왔다면 다가오는 25년은 좋아하는 일을 찾아 재밌게 시간을 보내는 목표를 잡아 보세요. 미래가 어떻게 보일까요? 지난 25년 동안 돈 되는 일을 하며 궁색하게 살아왔다면 다가오는 25년은 사람을 찾아 함께하는 일을 하며 시간을 보내는 목표를 잡아 보세요. 인생이 어떻게 보일까요?

원려가 있든 없든 시간은 흘러가겠지만 25년이 지난 80세의 봄은 확연히 달라져 있을 것입니다. 원려는 인생을 희극과 비극으로 인도하는 깃발입니다.

불편한 어제가
편안한 오늘을 만든다

❀

비전

공자께서 말씀하셨다.
"군자는 위로 통달하고 소인은 아래로 통달한다."

子曰 君子上達 小人下達

자왈 군자상달 소인하달

〈헌문편〉 23장

군자는 위를 향하고 소인은 아래를 향합니다. 리더는 위를 보며 살고 보통 사람은 아래를 보며 살아갑니다. 배움을 좋아하고 바르게 행하려 힘쓰는 리더는 날이 갈수록 발전합니다. 재물과 사익에만 마음을 두는 보통 사람은 날이 갈수록 각박하고 천박해집니다.

리더는 근본을 바탕으로 뜻을 펴 나가지만 보통 사람은 지엽적인 것에 집중해 사사로움에 마음을 뺏깁니다. 역지사지의 마음으로 사람들을 대하려 하고 옳고 그름의 기준으로 사람들을 이끌어

가려고 힘쓰는 사람은 결국 리더다운 리더가 됩니다. 이익이 있으면 만나고 이익이 없어지면 헤어지는 삶을 살아가는 사람은 리더가 되기에는 아직 멀었습니다. 리더는 어떤 게 다수에 이익이 되고 조화로운 것인지에 관심을 갖지만 보통 사람은 자신의 현실적인 문제에 관심을 쏟아 학습과 발전보다 현실 유지에 급급합니다.

얼마 전에 고층 아파트 꼭대기 층으로 이사를 했습니다. 밤이 되면 별을 찾는 횟수가 이전보다 확실히 늘었습니다. 별과 별 사이 보이지 않는 공간에 어떤 공간이 숨어 기막힌 이야기가 이어지고 있을지도 모른다는 상상의 나래를 펴고는 합니다. 영화처럼 말입니다.

아인슈타인의 이론대로 지구에서의 1년이 먼 우주 공간에서는 단 1시간도 되지 않는다면 우리의 하루하루는 더없이 소중해집니다. 먼 곳의 우주인에게는 지구의 하루가 눈 깜짝할 새에 가고 갓 태어난 아기가 70대 노인이 되기까지 단 3일밖에 걸리지 않는다고 생각하면 더욱 그렇습니다.

짧지만 한없이 길게 느껴지는 우리의 삶, 길지만 한없이 짧게 느껴지는 우리의 삶입니다. 수없이 많은 사람이 살다 간 지구별을 조금이라도 더 살기 좋은 곳으로 만들 수 있다면 그 어떤 작은 일이라도 하고 싶은 마음이 있습니다. 과거 수많은 선량한 사람이 그랬을 것처럼 말입니다.

상달의 길, 하달의 길

오늘 어려움을 겪는다면 이유는 두 가지입니다. 지금까지 잘 못 살아왔거나 지금부터 잘 살아 보려고 노력하는 중일 겁니다. 목표 없이 되는 대로 쉽게 살아왔다면 현재의 고통은 하달의 길을 걸어온 것에 대한 당연한 결과입니다.

지금 도전하면서 어려움을 겪고 있다면 상달의 길을 가고 있는 것입니다. 지난 과거 때문에 겪는 어려움이라면 유쾌하지 못한 일이지만, 다가오는 미래 때문에 겪는 어려움이라면 유쾌한 일입니다. 조금 더 부지런한 사람이 되고자 노력했다면, 조금 더 검소한 사람이 되려고 행동했다면, 조금 더 현명해지려고 열중했다면, 조금 더 이해하려고 공감했다면 상달의 길을 가려는 모습입니다. 조금 더 편해 보려고 뒤로 물러섰다면, 조금 더 잘나 보이려고 친구들을 밀쳐 냈다면, 조금 더 마음대로 살려고 책을 던져 버렸다면, 조금 더 마음껏 살려고 마음대로 했다면 하달의 길을 걸어온 것입니다.

불편하게 살아온 과거가 쌓여 편안한 오늘이 되고 편하게 살아온 과거가 쌓여 불편한 오늘이 됩니다. 불편했던 상달의 길이 오늘의 군자를 만들고 편안했던 하달의 길이 오늘의 보통 사람을 만듭니다.

그러니 하루하루 불편한 인생을 살아왔다면 리더의 길을 걸어온 것이고 하루하루 편안한 인생을 살아왔다면 보통 사람의 길을 걸어온 것입니다.

리더의 길, 보통 사람의 길

지금까지 줄곧 리더의 길을 걸어왔다면 지금부터는 보통 사람의 인생길을 걸어 보는 것도 좋을 듯합니다. 리더의 무거운 짐을 내려놓고 한 사람으로서 즐거움을 만끽하며 새로운 차원의 상달의 길을 걸어간다면 그 또한 아름다운 리더의 모습이 아닐 수 없습니다.

지금까지 보통 사람의 길을 걸어왔다면 지금부터는 리더의 인생길을 걸어 보는 것도 좋을 듯합니다. 이들에게 오십은 새로운 인생의 이정표가 될 것입니다. 내 마음대로 살아온 결과가 지금의 모습입니다.

지금의 모습이 마음에 들지 않는다면 하달의 길을 걸어왔다는 걸 인정하는 것입니다. 이제 노선을 조정해 상달의 열차에 타 보는 것입니다. 지금이 아니면 이번 생에 상달의 열차를 타 볼 기회가 사라질지도 모릅니다.

군자가 아니면 어떻습니까? 존경받는 리더가 아니라면 어떻습니까? 우리 삶의 목적이나 목표가 모두 군자, 리더에 있는 건 아닙니다. 어제보다 조금 나은 오늘, 오늘보다 조금 더 나은 내일을 만들 수만 있다면 곧 상달의 길입니다. 경제적인 부를 가진 사람이나 아닌 사람이나 상달의 길을 가는 것에 아무런 문제가 없습니다. 돈을 충분히 갖고 있는 건 좋은 조건이지만 조건이 좋다고 항상 유리하지는 않습니다. 경제적인 여유가 더 좋은 삶으로의 여정에 장해가 되는 경우가 그렇습니다. 지금의 가난함도 상달의 길을 가는 것에 아무 문제가 없습니다. 빈곤이 오히려 득이 되는 경우도 적지 않기 때문입니다. 가난을 동기 부여의 수단으로 사용할 수 있다면 더욱 그렇습니다.

축적의 삶보다 나눔의 삶이 상달의 여정입니다. 가진 게 없어도 나눌 수 있는 삶이 리더의 삶입니다. 이미 가진 것에 더해 더 많이 가지려 노력하는 습성이 흔한 모습이지만 오십은 이미 갖고 있는 걸 나누기 가장 적당한 시기입니다. 타인과 돈을 나눠 갖는 건 현실적으로 어렵지만 경험을 나누고 시간을 함께하는 건 그리 어려운 일이 아닙니다.

노력 없이 얻어지는 건 없습니다. 남들이 보기에 쉽게 얻어진 것으로 비칠 수는 있어도 세상에 쉽게 이뤄지는 건 아무것도 없습니다. 결국 그 어떤 사소한 것도 타인과 나누는 건 가치 있는 일입니다.

해가 났을 때
젖은 볏짚을 말려야 한다

결심

공자께서 말씀하셨다.
"나면서부터 아는 사람이 상급이고 배워서 아는 사람이 그다음이
고 곤경에 처해서 배우는 사람은 또 그다음이며 곤경에 처해도 배
우지 않으면 그 사람은 하급이 된다."
子曰 生而知之者上也 學而知之者次也
困而學之又其次也 困而不學 民斯爲下矣
자왈 생이지지자상야 학이지지자차야
곤이학지우기차야 곤이불학 민사위하의
<계씨편> 9장

공자는 배움을 중심으로 사람들을 네 단계로 나눠 정의했습니
다. 성인처럼 태어나면서부터 아는 사람을 가장 상급이라 했습니
다. 배워서 아는 사람을 그다음 등급이라 했으며, 어려움과 곤경

을 배움으로 극복해 내는 사람을 그다음 등급으로 들었습니다. 가장 마지막 등급은 아무리 곤경에 처해도 배우려 하지 않는 사람이라 했습니다. 그러면서 공자 본인은 상급이 아니라 스스로 배워서 터득한 학이지지자(學而知之者)라 칭했습니다.

어려울수록 더 배워야

꼭 공자의 구분을 따르지 않더라도 아버지의 든든한 재력을 바탕으로 20대 중반에 이미 석박사가 되거나 판검사가 되는 사람은 분명 1등급입니다.

자신의 명석한 두뇌를 바탕으로 대부분의 학업 과정을 우수하게 마친 후 최고의 조직에 안착한 사람은 2등급입니다.

보통 실력으로 보통 학교를 졸업하고 보통 조직에 들어가 모든 단계를 빠트림 없이 겪으면서도 그 수많은 곤경을 피할 길이 없어, 피를 토하는 각오로 다시 공부하는 사람이 3등급입니다.

온갖 험한 일을 다 하면서도 제대로 된 평가나 보상도 받지 못하며 죽을힘을 다해 일은 하지만 배움을 멀리하는 사람은 그곳에서 벗어날 방법이 없어 가장 하급, 4등급이 되고 만다고 할 수 있습니다.

1등급의 사람들은 시기의 대상이 되기 쉽습니다. 석사, 박사, 판사, 검사 타이틀이 시기의 대상이 아니라, 부자에게 유리한 기울

어진 운동장에서의 경쟁을 거쳐 온 사람들이 많기 때문입니다. 모범을 보여야 할 사회의 리더들이 자기들만을 위한 불공정의 통로를 만들었기 때문입니다.

2등급의 사람들은 부러움의 대상, 3등급의 사람들은 존경의 대상입니다. 그러니 우리가 염려하는 건 1, 2, 3등급의 사람들이 아닙니다. 공자가 염려했던 이들도 1, 2, 3등급의 사람들이 아니었습니다. 그들은 누구의 도움이나 조언 없이도 스스로 잘해 나갑니다. 그들은 이미 사회의 주류가 돼 가고 있습니다. 주류가 돼 다양한 편익을 독점하며 기회를 선점하고 있습니다.

문제는 4등급 사람들입니다. 이들은 우리 사회의 가장 큰 영역에서 활동하고 있습니다. 공자가 가장 염려했던 바로 그 영역의 사람들은 한 발만 삐끗해도 천 길 벼랑으로 떨어질 것만 같이 위태롭습니다. 책이 가장 필요한 사람들인데 책을 가장 멀리합니다. 공부가 가장 필요한데 공부를 가장 멀리합니다. 가장 곤경에 처해 있으면서도, 도리어 1, 2, 3등급의 사람들을 걱정해 주는 사람들이 적지 않습니다.

되돌아보면 저도 회사에 다닐 때 제대로 읽어 낸 책 한 권이 없었습니다. 늘 바쁜 건 아니었지만 머리와 몸은 늘 정신이 없었습니다. 책은 손에 쥘 여유가 없었습니다. 직장인은 원래 그런 줄 알았습니다. 승진에서 떨어져도 누구나 한두 번은 그럴 수 있다고 생각했습니다. 해외 연수의 기회가 있었음에도 어학 성적이 저조해 놓치고 말았지만 그러려니 했습니다. 그러면서도 남들보다 안정적인 회사에 다닌다는 위안이 있었습니다. 위기가 올 때마다 역량을 키울 기회도 함께 왔지만 매번 기회인 줄 몰랐습니다. 수많은 기회가 있었음에도 모두 날려 버리고 말았습니다. 바쁘니까, 좋은 직장에 잘 다니고 있으니까, 졸업장으로 이미 역량을 인정을 받았으니까, 쉬기도 하고 아이들과 놀기도 해야 하니까, 특별히 공부할 것도 없으니까, 남들도 다 그렇게 직장 생활을 하니까, 편하게 살아도 경력이 차면 승진할 테고 매달 월급은 들어올 테니까. 책을 멀리할 이유는 차고 넘쳤습니다.

되돌아보면 등급 상승의 첫 번째 기회를 바람에 날려 버렸습니다. 승진에서 떨어진 게 기회였고, 낮은 어학 점수가 기회였고, 남들 다 그렇게 직장 생활을 하니까 기회였고, 편하게 출근만 해도 승진할 수 있어서 기회였고, 편하게 지내도 매달 월급이 들어와서 기회였는데 말입니다. 최상의 조건에서 공부만 조금 더 해 놨다면, 1년에 책을 열 권만이라도 제대로 읽었다면 상황은 많이 달라졌을 것입니다.

모든 것에는 때가 있다

모든 것에는 때가 있다. 날 때가 있으면 죽을 때가 있고, 심을 때가 있으면 뽑을 때가 있다. 울 때가 있으면 웃을 때가 있고, 곡할 때가 있으면 춤출 때가 있다. 연장을 쓸 때가 있으면 써서 안 될 때가 있고, 서로 껴안을 때가 있으면 그만둘 때가 있다. 찢을 때가 있으면 기울 때가 있고, 입을 열 때가 있으면 입을 다물 때가 있다. 사랑할 때가 있으면 미워할 때가 있고, 싸움이 일어날 때가 있으면 평화를 누릴 때가 있다.

《성경》〈전도서〉 3장 1~8절

해가 났을 때 젖은 볏짚을 말려야 합니다. 이번 생의 전반전은 재수가 없어 4등급에 몰리게 됐다고 해도 아직 인생 후반전은 아닙니다. 전략적인 하프 타임을 보낼 수 있다면 후반에는 등급을 올릴 수 있습니다. 그러니 지금이 바로 그때입니다. 저는 퇴직 후에 그 시기를 맞았습니다. 40대 중반, 퇴직 후 맞이한 환경은 회사의 따뜻한 개울이 아니었습니다. 그래도 다행스러웠던 건 막 끓기 시작한 냄비에서 뛰쳐나온 개구리의 모습이었다는 것입니다.

그로부터 5년 이상 하프 타임을 보내면서 곤이학지(困而學之)의 시간을 보냈습니다. 가족을 건사해야 하는 가장으로서 경제 활동을 하며 미래를 위해 준비했습니다. 아이디어가 아니라 행동으로 실천해야 하는 과정을 통해야만 결과를 만들 수 있다는 것도 알게 됐습니다.

누구나 인생을 살면서 한두 번은 넘어집니다. 넘어지는 게 문제가 아니라 늘 그다음이 문제입니다. 왜 넘어졌는지, 왜 곤란함을 겪었는지 생각해야 합니다. 공자의 지적처럼 그런 어려움을 겪고서도 배우려 하지 않으면 그것만큼 아쉬운 일도 없기 때문입니다.

생각만 하고 배우지 않으면 위태롭다

✺

방법

공자께서 말씀하셨다.
"생각 없이 배우면 얻는 게 없고
생각만 하고 배우지 않으면 위태로워진다."
子曰 學而不思則罔 思而不學則殆
자왈 학이불사즉망 사이불학즉태
<위정편> 15장

우리에게 필요한 지식은 두 가지, 일반지식과 전문 지식입니다. 학교에서 배우는 지식은 일반지식에 가깝습니다. 상식과 크게 다를 바 없는 넓고 얕은 지식입니다. 직장이나 일터에서 사용할 수 있는 지식은 전문 지식입니다. 넓이보다 깊이가 있는 지식으로, 돈이 되는 지식입니다.

교육 역시 두 가지, 새롭거나 필요한 지식을 알려 주는 것과 이미 가진 역량이나 잠재력을 끄집어내는 것이 있습니다. 학생을 대상으로 하는 학교 교육과 직장인 혹은 성인들을 대상으로 하는 성인 교육은 다릅니다. 폭넓고 다양한 지식을 지속해서 공급하는 학교 교육과 새로운 지식의 공급보다는 경험으로 축적된 개인의 잠재 역량을 계발시키는 성인 교육은 방법이 다릅니다. 그래서 10대의 학습법과 50대의 학습법은 다른 게 당연합니다.

배움에 늦음은 없다

'직장에서 퇴직한 지 얼마 안 된 50대가 자영 사업을 시작하는 건 곧 상장 폐기될 기업의 주식을 사는 것과 같다'는 타이틀로 방송을 했던 투자 전문 유튜버가 있습니다. 그는 퇴직 후 급한 마음에 프랜차이즈나 자영업을 시작하기보다 그간의 전문성을 살려 전문 직종의 자격증, 예컨대 주택 관리사, 전기 설비사, 전문 요양사, 감정 평가사, 요리사 등의 자격증을 취득하는 게 훨씬 더 효과적이라는 의견을 제시했습니다. 50대는 50대에 맞는 방식이 있다는 것입니다.

10대에 하는 공부는 의무지만 50대에 하는 공부는 도전입니다. 그간 자신의 직업을 통해 굳어진 고정 관념을 허무는 용기가 필요합니다. 어릴 때는 사람이 직업을 선택하지만 10년, 20년이 지나며 직업이 사람을 만들고 일이 인생을 결정합니다. 양털처럼 부드러웠던 사람이 고슴도치 털처럼 뻣뻣해지는 것도 그와 수십 년을 함께한 직업과 일 때문입니다.

기계 공학을 전공한 수치에 밝은 사람도 영업 업무를 수십 년 하고 나면 수학·과학의 치밀함은 사라지고 사람 냄새가 물씬 풍기게 됩니다. 50대의 공부에는 용기가 필요합니다. 지금까지와는 전혀 다른 인생을 살아가게 될 확률이 높기 때문입니다. 공부하다 보면 망설임과 어색함과 부자연스러운 감정들이 느껴지겠지만 이번 생에 꼭 한 번은 해 보고 싶은 그것을 잡을 용기가 필요합니다. 용기 있는 자가 행복한 인생을 만들 수 있습니다.

학이불사(學而不思), 생각 없이 공부해서는 안 됩니다. 불편함 속에서도 풀어내야 할 숙제처럼 50대의 공부는 전문성을 높이는 성인 학습이 주가 돼야 합니다. 단 한 권의 책을 읽더라도 일관성이 있어야 합니다. 어떤 목적을 위한 공부이며 독서인지를 분명하게 정해야 합니다. 어떤 분야의 전문성이 '왜 필요한지'를 반드시 알아야 합니다. 인생 후반전은 그것에 의해 결정될 수 있기 때문입니다.

미래 방향과 목표를 정함에 있어 현재 모습을 고려할 필요는 없습니다. 비록 지금 아무것도 내세울 게 없는 평균 이하의 상황이라 해도 상관없습니다. 성공하면 지금의 초라함이 더없이 좋은 감동 스토리가 될 것이기 때문입니다. 분명한 목적을 달성하기 위해 어떤 전문 지식이 필요한가, 그것만 정확하게 뽑아낸다면 50대의 공부는 이미 반 이상 선결됩니다.

저는 오십에 인생 후반전 목표를 강의로 잡았습니다. 그간 강의와는 별 상관이 없는 일을 해 왔었기에 전문 강사에 대한 구체적인 지식이 없다시피 했습니다. 강사가 되려면 무엇을 준비하고 어떤 역량을 키워야 하는지에 관한 그 어떤 정보도 없었지만 강의하는 인생 후반을 꿈꿨습니다.

조금 무모하지만 결심하고 나니 현실적인 문제들이 고개를 들었습니다. 강사가 되면 무엇이 좋은가? 정말 강사가 되고 싶은가? 먹고 살 정도의 수입은 가능할까? 내가 강의를 한다고 하면 그동안 나를 알았던 사람들이 뭐라고 할까?

기대와 불안이 뒤섞이며 한동안 혼란스러웠지만 인생 후반에 내가 오랫동안 할 수 있는 일로 강의를 해 보자고 결정했습니다. 목표가 생기면 누구나 조준할 수 있습니다. 마음이 안정되면 누구나 정조준할 수 있습니다.

시작하는 용기를 낼 수 있다면

목표를 정하면 준비 단계로 바로 들어가야 합니다. 목표를 정해 놓고 실천하지 않는 건 목표를 정한 게 아닙니다. 옹골차게 시작하지 못하고 하루 이틀 계속 지연하면 실현할 가능성이 기하급수적으로 떨어집니다.

말로는 목표를 정했다 해도 사실이 아닙니다. 엉거주춤 시간을 허비하며 목표를 달성한 사람은 세상 어디에도 없습니다. 배움 없이 고민만 하면서 특별한 결과를 바라고 있다면 그것은 오만에 불과합니다.

인생 후반의 목표를 강의에 두겠다고 결정하니 해야 할 일이 한둘이 아니었습니다. 강의 주제는 시원치 않았고 남들 앞에 서기에는 학력이 아쉬웠습니다. 전자 공학 학사라는 학력이 부족하다고 느낀 적은 없었지만 강사로서 드러내 놓기에는 왠지 자신감이 떨어졌습니다. 그래서 장기적인 포석으로 석박사라는 목표를 잡고 바로 전공과 학교를 알아봤습니다. 학위를 받기까지 얼마나 걸릴지는 모르지만 일단 시작하면 끝은 분명 정해질 것이라 믿고 결심했습니다.

시작하는 용기를 낼 수 있다면, 무모하게 보일 수도 있지만 내 인생을 살겠다는 용기를 낼 수 있다면, 지금까지 걸어온 길과는 다소 다를지라도 해 보고 싶은 걸 해 보겠다는 용기를 가질 수 있다면, 오십은 분명 또 하나의 기회입니다.

오십은 새로운 걸 시작하기에 좋은 나이입니다. 학이불사즉망 사이불학즉태(學而不思則罔 思而不學則殆), 생각 없이 배우면 그 끝이 허망하게 되고 배우지 않고 고민만 하고 있으면 인생이 위태롭게 된다는 공자의 명언처럼 오십은 공부다운 공부, 내 인생의 공부를 시작하기 가장 좋은 때입니다. 윈스턴 처칠은 이렇게 말했습니다.

"현재 우리는 어려운 시기를 보내고 있다. 사태가 회복되기까지 아마 상황은 더 악화될 것이다. 그러나 우리가 인내하고 기다리면 반드시 나아지리라는 것을 나는 전혀 의심하지 않는다."

돌아보고 계획하기에
가장 적절한 나이

기회

공자께서 말씀하셨다.
"후배들이 두렵나니 어떻게 장래의 그들이 오늘날의 우리만 못할
줄로 아는가. 하지만 그들의 나이가 사오십이 돼도 잘한다는 명성
이 들리지 않는다면 크게 두려워할 바는 없다."
子曰 後生可畏 焉知來者之不如今也 四十五十而無聞焉
斯亦不足畏也已
자왈 후생가외 언지래자지불여금야 사십오십이무문언
사역부족외야이
<자한편> 22장

　후배의 나이가 지금 내 나이 정도 되면 지금의 나보다 훨씬 더
나을 수도 있기에 후배를 두려워할 줄 알아야 합니다. 그래야 나
도 자만하지 않고 바로 설 수 있습니다. 하지만 후배의 나이가 사

십, 오십이 돼도 명성이 들리지 않는다면 후배를 더는 두려워하지 않아도 됩니다. 적어도 나이 오십까지는 뭔가 잘한다는 말을 들을 수 있게 노력하라는 뜻입니다.

자식 역시 마찬가지입니다. 자식의 나이가 지금 내 나이 정도 되면 지금의 나보다 훨씬 더 나을 수도 있기에 자식을 소중하게 다뤄야 합니다. 하지만 자식의 나이가 오십까지는 포기하지 말고 계속 독려하고 가르쳐서 가문을 훌륭히 이을 수 있게 노력하라는 뜻이기도 합니다.

나는 과연 멋진 어른으로 자랐는가

나는 나의 어머니 아버지보다 잘 살고 있을까? 지금의 나는 그분들의 50대보다 과연 잘해 나가고 있을까? 가문의 재건을 위해, 집안을 제대로 보존하고 건사하기 위해, 내가 하는 언사나 행동은 아버지 어머니보다 낫다고 할 수 있을까?

제 아버지는 일제 강점기에 태어나 평생 농사만 지은 농부였습니다. 품앗이 농사로 늘 바쁘셨지만 농한기 때는 40, 50리 떨어진 곳에서 건축용 나무를 구매해 다시 40, 50리 떨어진 안성이나 평택으로 가져다 이문을 조금 남기고 파는 장사를 했습니다. 소 마차를 끌고 수십 리를 돌아 나무를 팔고 돌아오는 길에는 늘 달콤한 빵을 한 봉지씩 사 오셨습니다. 그 빵 맛에 저녁이면 아버지를 기다리는 저는 늘 들떠 있었습니다. 봄 여름 가을 겨울 아버지가 쉬는 모습을 단 하루도 본 적이 없습니다. 농번기에는 밤에나 겨우 검게 그을린 아버지 얼굴을 볼 수 있었습니다. 겨울에는 나무 장사에 바쁘셨고 비 오는 날에는 새끼 꼬기에 바쁘셨습니다.

어머니는 고춧가루 장사를 하시며 저희 형제를 키우셨습니다. 초등학교 시절 학교에서 돌아오면 대청마루에는 늘 가득히 펼쳐 놓은 푸석푸석한 고추 더미가 기다리고 있었습니다. 온 식구들이 매달려 마른 고추의 꼭지를 따고 있는 마루에는 고추의 매운 공기가 떠나질 않았습니다. 꼭지를 딴 고추는 배를 반으로 갈라 햇볕에 바짝 말린 후 고추 방앗간에서 빨갛고 고운 고춧가루로 만들어집니다.

어머니는 다섯, 여덟, 아홉 살 아이들 셋을 데리고 터덜거리는 시골 버스를 타고 두 시간도 더 되는 먼 길로 장사를 나가셨습니다. 그 고춧가루를 머리에 이고 평택과 안중으로 팔러 다니셨습니다. 중국 음식점과 식당에 단골로 방문 판매를 하셨습니다. 고춧가루 자루를 머리에 이고 양손에는 저와 동생들을 데리고 갔던 적도 여러 번 있었습니다. 가끔 사 주시는 짜장면 맛에 빠져 어머니가 무슨 일을 하고 계시는지는 잘 인지하지 못했습니다.

농번기의 어머니는 너무나 바쁘셨습니다. 스무 명이나 되는 식구의 집안 살림은 물론 낮에는 논으로 밭으로 단 한순간 쉬시는 모습을 본 적이 없습니다.

《명심보감》〈입교편〉에 나오는 어구입니다.

讀書 起家之本 循理 保家之本 勤儉 治家之本 和順 齊家之本

독서 기가지본 순리 보가지본 근검 치가지본 화순 제가지본

"독서는 집을 일으키는 근본이요, 이치를 따름은 집을 잘 보존하는 근본이요, 근면과 검약은 집을 다스리는 근본이요, 화목과 순종은 집안을 가지런히 하는 근본이다."

제 부모와 저는 불과 한 세대밖에 차이 나지 않지만 1,000년 이상 내려온 《명심보감》의 저 어구가 제 부모 세대에는 말없이 실천되고 있었습니다. 배움으로 치자면 자식 세대의 반도 미치지 못하셨지만 그분들의 삶은 자식의 삶보다 100배는 더 멋졌습니다. 비단 저의 부모만이 아닌 50년 전에 삶을 살아 낸 모든 부모가 그러했습니다.

지금 오십이 되는 나는 자식들에게 늘 독서하는 모습과 궁리하는 모습을 보여 주고 있는지, 순리에 역행하는 모습을 보여 주고 있지는 않은지, 조금 힘들다고 아이들처럼 불평과 불만만 내보이고 있지는 않은지, 빨리 가려는 욕심 때문에 비리에 말려들지는 않은지, 조금 더 의연한 자세로 삶을 대하고 있는지 되돌아봅니다. 부모로서 떳떳하지 못한 행동을 하진 않는지, 모범을 보이는 생활을 지는하고 있는지, 늘 바름과 사랑으로 이끌어 주고 있는지 자문해 봅니다.

생각을 바꾸기에 가장 적절한 나이, 오십

후생과외(後生可畏)로 시작하는 이《논어》어구는 후배나 자식을 위한 조언이 아니라 바로 지금의 나를 향한 공자의 마지막 경고입니다. 오십에도 뭔가를 만들어 내지 못하면 별 볼 일 없는 인생을 살고 있다는 무서운 메시지입니다.

물론 오늘날에는 그 기준을 육십이나 칠십으로 늦춰 적용할 수도 있겠지만 여전히 지금의 오십 세대에게 주는 공자의 경고임에는 틀림이 없습니다. 그래서 오십의 나이는 지난 삶을 되돌아보기에 아주 적당합니다. 미래를 계획해 보기에도 아주 적당합니다.

혹여 다시는 재기할 수 없다고 생각한다면 생각을 바꿀 때입니다. 혹여 지금까지의 삶이 원칙을 저버린 삶이라고 생각한다면 생각을 바꿀 때입니다. 혹여 지금까지 부지런히 살아오지 못했다고 생각한다면 생각을 바꿀 때입니다. 혹여 지금까지 낭비하는 삶을 살아왔다면 생각을 바꿀 때입니다. 혹여 지금까지 자기주장만 강하게 설파하며 살아왔다면 생각을 바꿀 때입니다. 혹여 지금까지 피해 의식 가득한 삶을 살아왔다면 생각을 바꿀 때입니다.

오십은 다시 한 번 출발하기에 절대로 늦지 않은 시기입니다. 오십은 칠십이 되기에 아직도 20년이나 더 남았기 때문입니다. 서른에 오십을 바라보는 20년 전과 다를 바가 없기 때문입니다.

오십은 용기를 내기에 절대로 늦지 않은 나이입니다. 모범을 보이며 훌륭히 살다 가신 우리의 부모들만큼 우리도 멋진 삶을 자식들에게 남길 수 있는 마지막 기회의 시간이 오십이기 때문입니다.
시작하기에 아주 적절한 나이가 바로 오십 지천명입니다.

열정적이지 않은 사람은
방전된 배터리다

몰입

섭공이 자로에게 공자에 관해 물었는데 자로가 대답하지 않았다.
이에 공자께서 말씀하셨다.
"너는 왜 나에 대해 분발하면 밥 먹기를 잊고 즐거움에 걱정을 잊
으며 늙음이 닥쳐오고 있다는 것조차 알지 못하는 그런 사람이라
고 말하지 않았느냐?"
葉公問孔子於子路 子路不對 子曰 女奚不曰 其爲人也 發
憤忘食 樂以忘憂 不知老之將至云爾
섭공문공자어자로 자로불대 자왈 여해불왈 기위인야 발
분망식 낙이망우 부지로지장지운이
<술이편> 18장

공자는 50대 후반, 노나라를 떠나 천하를 주유할 때 초나라의
변방인 섭 지방을 지나고 있었습니다. 섭 지방의 수장인 섭공이

자로에게 공자에 관해 은근히 물었습니다. 아마도 섭공은 공자의 평판 조회를 하고 있었던 모양입니다. 이에 자로는 어떤 연유에서였는지 바로 대답하지 않았습니다. 이 사실을 나중에 들은 공자가 자로에게 말했습니다.

"우리 스승은 배움에 분발하면 밥 먹는 것도 잊을 정도로 몰입하고, 그 몰입의 즐거움에 일상의 근심 걱정까지 잊으며, 세월 가는 것과 늙음이 다가오고 있는 것조차 알지 못하는 사람이라고 왜 말하지 않았느냐?"

관심 두는 일은 시작했다 하면 끝장을 보는 열정적인 군자라 말해 줬으면 더 좋았을 거라는 아쉬움이 남는 공자의 반응이었습니다. 섭공의 도움으로 향후 초나라에서의 정치를 꿈꿨는지도 모릅니다.

결국 섭공의 큰 도움은 없었습니다만 이 공자의 말을 통해 공자의 열정적인 삶의 단면을 볼 수 있습니다. 공부에 몰두하다 밥때를 놓치기는 부지기수요, 학문으로 원하는 바를 얻으면 그 즐거움으로 다른 걱정은 모두 사라지고, 노년의 쇠약해져 가는 건강의 위협조차 느끼지 못했다는 공자의 자술입니다. 학문의 열정부터 일의 열정까지, 어떤 것에 몰입해 열정적으로 살아간 공자의 모습을 볼 수 있습니다.

삶이 위대한 이유

강론 중이던 신부님이 신자들에게 질문을 하나 했습니다.

"지옥 가고 싶은 분 있으시면 손 들어 보세요."

아무도 손을 들지 않았습니다. 그러나 이번에는 "그럼 천국 가고 싶은 분 손 들어 보세요"라고 하자 손을 들지 않은 사람이 단한 명도 없었습니다. 바로 "그럼 지금 바로 천국 가고 싶은 분 손들어 보세요"라고 하니 아무도 손을 들지 않았습니다.

"그러니 지금 여기가 천국보다 낫습니다. 지금 여기서 잘 살아야 합니다."

도스토옙스키는 《죄와 벌》에서 사형 집행 한 시간 전 사형수의 간절한 마음을 이렇게 묘사했습니다.

"겨우 두 발로 서 있을 정도로 비좁은 장소에서 절벽과 바다와 어둠과 고독과 폭풍에 갇힌 채 살아야 한대도, 사방 한 자밖에 되지 않는 장소에 평생토록 천 년이든 만 년이든 영원히 서 있어야만 한대도, 지금 죽는 것보다는 사는 편이 그래도 낫다는 거야. 살고 싶다. 살고 싶단 말야. 어떤 식으로 살더라도 살고 싶다. 이보다 더한 진실이 어디 있겠는가."

미국 NBC의 인기 프로인 〈아메리카 갓 탤런트〉 무대에 오른 어느 마른 체구의 가녀린 여인은 노래를 부르기 전 인터뷰에서 자신을 이렇게 소개했습니다.

"이 노래는 서른 살 내 생명의 마지막 해에 관한 이야기입니다. 저는 폐와 간 그리고 척수로 전이된 암과 싸우고 있습니다. 생존 확률이 2퍼센트입니다. 그런데 2퍼센트는 0퍼센트가 아닙니다. 제게 2퍼센트는 대단한 것입니다. 저는 사람들이 그것이 얼마나 놀라운지를 알았으면 좋겠습니다."

그녀가 무대에서 부른 노래의 제목은 〈It's okay〉였습니다. 괜찮아, 괜찮아, 괜찮아. 노래가 끝난 뒤 심사위원들은 감동의 눈시울을 붉혔습니다. 이날 제인 마르크제프스키는 '골든 버저'를 얻어 준결승에 진출하며 생방송 출연권까지 획득했습니다.

시간은 누구에게나 소중하다

공자의 시간이나 우리의 시간이나 소중하지 않은 시간은 없습니다. 2,500년 전 공자의 시간은 소중하고 지금 우리의 시간은 덜 중요하지 않습니다. 그 누구의 시간도 모두 소중합니다. 사형 집행 한 시간 전 사형수의 시간이나 2퍼센트의 생존 확률을 가진 마르크제프스키의 시간이나 공자의 시간이나 지금 50대의 시간이

나 소중하기는 마찬가지입니다. 천국보다 나은 이곳에서의 시간은 모두에게 소중합니다.

그런데 누구에게는 시간이 그렇게도 간절하고 누구에게는 시간이 그렇게도 무덤덤하게 느껴지는 이유는 무엇일까요? 누구에게는 일분일초가 그토록 소중하고 누구에게는 한 달, 1년이 아무렇지도 않은 이유는 어디에 있을까요? 오십 지천명에 어떤 일을 선택해야 밥때도 잊을 정도의 열정을 갖게 될까요? 어떤 일에 몰두해야 근심 걱정도 잊은 채 일의 즐거움으로 가득 채울 수 있을까요? 어떤 일을 해야 시간 가는 줄도 모르고 늙어가는 것조차 느낄 수 없는 경지에 다다를 수 있을까요?

나폴레온 힐은 그의 명저 《성공의 법칙》에서 그 이유를 '열정'에서 찾았습니다.

열정은 어떤 일을 하고 싶게 만드는 마음가짐을 말한다. 열정은 행동을 일으키는 원동력으로 사람과 열정과의 관계는 증기 기관차와 증기의 관계와 같다. 열정이 없는 사람은 방전된 배터리와 같다.

사람들 대부분은 열정적으로 살고 싶어 합니다. 단지 환경과 조건이 따라 주지 않기 때문에 머뭇거리고 있을 뿐이라고 생각합니다. 언젠가 기회가 오면 멋지고 뜨겁게 살아 보리라 생각합니다. 왜 아니겠습니까? 단 한 번뿐인 삶인데, 단 한 번뿐인 인생인데,

단 한 번뿐인 지구별 여행인데 누군들 한번 멋지고 뜨겁게 살고 싶지 않겠습니까? 평생 남들을 위해 박수치며 살고 싶겠습니까? 하지만 아무리 기다려도 직접 만들지 않으면 그 좋은 환경과 기회는 오지 않습니다.

무작정 기다리는 건 답이 아닙니다. 오십에 풀어야 할 가장 큰 숙제가 바로 그것입니다. 아직 시간을 마음대로 계획하고 사용할 수 있는 오십의 시기에 용기를 가져야 합니다. 공자처럼 될 수는 없어도, 사형수의 마음처럼 갈급할 수는 없어도, 마르크제프스키처럼 간절하지는 못해도 우선 시작해야 합니다. 용기를 가져야 합니다. 방전된 배터리를 충전해야 합니다. 언제부턴가 잊고 있던 열정의 배터리를 채워야 합니다.

더 나은 삶을 위한
공자의 마지막 수업

오십의 인생

쉼 없이 흘러가는
강물처럼

흐름

공자가 강 위에서 말씀하셨다.
"가는 것이 이와 같구나. 밤낮으로 쉬질 않는구나."

子在川上曰 逝者如斯夫 不舍晝夜

자재천상왈 서자여사부 불사주야

<자한편> 16장

공자는 노나라 수도 곡부를 가로지르는 강가에 서서 단 한순간
도 쉬지 않고 흘러가는 강물을 바라봤습니다.

"가는 것이 이와 같구나….."

시간도 강물처럼 밤낮을 가리지 않고 쉼 없이 흘러갑니다. 몸은
늙어만 가는데 정작 이뤄 놓은 것은 별로 없어 마음 한구석이 허

전했습니다. 제자들의 얼굴이 하나둘 떠올랐습니다. 아직 배워야 할 것도, 익혀야 할 것도 많은 이들이지만 시간은 누구도 기다려 주지 않습니다. 강가 위에서 보니 세월처럼, 인생처럼, 강물은 쉼 없이 흘러갑니다.

서른이 넘으면 세상이 달라질 줄 알았다

사회에 적응하고 안정된 삶을 살아갈 거라 믿었습니다. 하지만 마흔이 가까워질수록 고민은 오히려 깊어집니다. 경력은 쌓이지 만 이 길이 과연 맞는 길인지 고민이 듭니다.

새로운 도전을 꿈꾸지만 막상 첫걸음을 내딛기 두렵습니다. 늘 변화해야 한다 생각은 하지만 현실은 바쁘고 일상은 쉼 없이 흘러 갑니다. 관계도 예전과 많이 달라졌습니다. 후배들은 새로운 방식 으로 일하고 상사는 끊임없이 성과를 요구합니다. 때로는 동료들 마저 경쟁자로 느껴집니다. 나만 이렇게 느끼는 걸까요? 아니면 모두 고민을 안고 있으면서도 묵묵히 버티고 있는 걸까요?

가족은 무엇보다 소중하지만 함께할 시간은 점점 줄어듭니다. 출근 전에는 바쁘고 퇴근 후에는 지쳐 있습니다. 아이들은 빠르게 자라지만 그 소중한 순간들을 충분히 지켜보지 못한 것 같아 마음 이 무겁습니다. 시간을 내야 한다고 다짐하지만 현실은 순탄치 않 습니다.

아직 건강을 걱정할 나이는 아니지만 피로는 쉽게 쌓이고 회복은 더딥니다. 운동의 중요성을 알지만 바쁘다는 핑계로 미루기 일쑤입니다.

하루하루가 그렇게 지나갑니다. 돈 문제도 늘 고민입니다. 생활비, 교육비, 대출 이자까지 생각하면 한숨부터 나옵니다. 지금도 빠듯한데 노후까지 준비해야 한다니 걱정부터 앞섭니다. 과연 제대로 살아가고 있는 걸까요?

그럼에도 우리는 살아가야 합니다. 고민 속에서도 답을 찾으려 노력해야 합니다. 변화는 두렵지만 한 걸음 내디디면 분명 달라질 거라 믿어야 합니다. 완벽하지 않아도 괜찮습니다. 중요한 건 멈추지 않고 우리의 삶을 우리가 만들어 가는 것입니다.

마흔이 되면 삶이 조금은 익숙해질 줄 알았다

세상의 이치를 더 잘 알게 될 줄 알았습니다. 하지만 오십이 다가올수록 고민은 여전히 깊어지고 풀리지 않는 문제들은 늘어 갑니다. 회사에서 성장할 기회는 점점 줄어들고, 후배들은 거침없이 치고 올라오며 조직은 끊임없이 변화를 요구합니다.

오랜 시간 최선을 다했지만 서 있는 자리는 늘 위태롭습니다. 처음에는 회사가 저를 선택했지만 이제는 제가 회사를 붙잡아야 하는 시기가 됐습니다. 은퇴 준비는 여전히 막막하지만 시간은 기다려주지 않습니다. 후배들과의 대화는 점점 어려워지고 동기들은 하나둘씩 회사를 떠나갑니다.

한때 가까웠던 동료들과도 자연스럽게 거리가 생깁니다. 노력하지 않아도 당연했던 관계들이 이제는 노력하지 않으면 유지조차 힘들어졌습니다.

가족은 여전히 소중하지만 그 의미가 조금씩 변하는 듯합니다. 아이들은 훌쩍 자라 점점 거리가 생기고 배우자와의 대화도 점차 줄어듭니다. 함께 살아가지만 서로의 고민은 너무 다릅니다. 가장으로서, 부모로서, 배우자로서 잘하고 있는 건지 문득 의문이 듭니다.

건강도 예전 같지 않습니다. 조금만 무리해도 몸이 금세 반응하고 시야는 흐려지며 작은 피로에도 오래 쉬어야 회복됩니다. 건강이 가장 중요하다는 걸 알면서도 운동을 시작하기가 쉽지 않습니다. 돈에 대한 고민도 여전합니다. 아이들의 교육비, 부모님의 건강, 그리고 나의 노후까지. 수입이 가장 많을 시기이지만 동시에 지출도 가장 큽니다. 과연 얼마를 벌어야 불안하지 않을까? 주식, 부동산, 코인은 오르락내리락하지만 어떻게 경제적 자유를 만들 수 있을지는 여전히 답답하기만 합니다. 쉰 이후에도 계속 일할 수 있을까요?

하지만 고민 속에서도 우리는 길을 찾아갑니다. 이제는 속도를 줄이고 방향을 점검해야 할 때인지도 모릅니다. 쉰은 인생의 끝이 아니라 새로운 시작입니다. 완벽하지 않아도 괜찮습니다. 중요한 것은 우리의 삶은 우리가 만들어 간다는 사실이니까요.

쉰이 넘으면 삶이 한결 편안해질 줄 알았다

오십이 넘으면 여유를 즐길 수 있을 거라 기대했습니다. 하지만 현실은 또 다른 고민을 안깁니다. 세상도 몸도 사람들도 변해 갑니다. 쉼 없는 변화 속에서 어디로 어떻게 가야 할까요?

회사에서 더는 나를 중심에 두지 않습니다. 경험이 많다고 인정받는 시대는 지나갔고 일의 방식도, 사람도, 시스템도 빠르게 변하고 있습니다. 앞서가기는커녕 따라가기조차 벅차게 느껴집니다. 과연 언제까지 일할 수 있을까? 퇴직 후에도 경제적으로 버틸 수는 있을까? 마음은 여전히 젊지만 질문은 더 많아지고 시간은 야속하기만 합니다. 사람들과의 관계도 점점 멀어집니다.

함께 일하던 동료들은 각자의 길을 찾아 떠나고 한때 가족보다 가까웠던 사람들도 이제는 연락 한 통 없는 남이 되는 것 같습니다. 가족과의 관계도 달라졌습니다. 아이들은 대학, 취업, 결혼으로 바쁩니다. 부모 역할을 다했다고 생각하면서도 마음 한구석이 허전합니다. 부모님은 차례로 세상을 떠나고 아이들은 새로운 둥지를 찾습니다. 배우자와는 너무 익숙해진 탓인지 대화가 줄어듭니다.

건강도 문제가 됩니다. 작은 병도 쉽게 낫지 않고 몸이 예전 같지 않습니다. 여기저기서 신호를 보내지만 어떻게 관리해야 할지 막막하기만 합니다. 건강이 가장 중요한 걸 알면서도 변화를 시작하는 건 쉽지 않습니다. 여전히 돈이 가장 큰 고민입니다. 퇴직금과 연금만으로 충분할까? 예순 이후에도 계속 일을 해야 할까? 이제는 돈을 벌기보다 지켜야 하는 시기지만, 과연 잘 준비하고 있을까? 남은 인생을 어떻게 꾸려 가야 할까? 경제적 고민은 끝이 없습니다. 그러다 머지않아 예순이 됩니다. 삶의 방식이 바뀔 뿐 시간은 멈추지 않습니다.

그러나 완벽하지 않아도 괜찮습니다. 중요한 것은 멈추지 않는 것입니다. 배우자와 새로운 관계를 만들어 가고 친구들과 가끔 만나며 천천히 운동을 시작하면 됩니다. 진짜 하고 싶은 일을 찾으면 더할 나위 없이 좋겠지만 지금 할 수 있는 것부터 꾸준히 하면 됩니다.

우리는 미래를 볼 수는 없어도 과거를 돌아볼 수는 있습니다. 70세의 내가 50세의 나를 바라보면 마치 50세의 내가 30세의 나를 돌아보듯 지난 20년이 수정처럼 선명하게 보일 것입니다. 우리의 삶이 언제 끝날지는 누구도 알 수 없습니다.

그렇다면 어차피 모를 미래를 두려워하기보다 오늘 이후 다가올 20년을 꿈꿔야 합니다. 조금 더디더라도 다시 한 걸음 나아가야 합니다. 비록 돈이 부족하더라도, 비록 몸이 예전 같지 않더라도 50대는 여전히 희망일 수 있습니다. 인생은 언제나 우리가 만들어 가는 길이기에 그렇습니다.

송백은 결코
시들지 않는다

강점

공자께서 말씀하셨다.
"겨울이 된 후에야
소나무와 잣나무가 늦게 시든다는 것을 알게 된다."
子曰 歲寒然後知松栢之後彫也
자왈 세한연후지송백지후조야

<자한편> 27장

　1844년 추사는 유배지인 제주에서 역사에 길이 남을 대작을 남깁니다. 추사는 외롭고 고된 유배 생활에도 매년 귀한 청나라의 책을 보내 주는 제자의 정성을 잊지 않았습니다. 그에 대한 감사의 마음을 담아 거칠고 투박한 붓질로 문인화를 그리고 마음의 편지를 담아 〈세한도(歲寒圖)〉라 이름 지었습니다. 〈세한도〉의 편지에는 제자에 대한 절절한 마음이 그대로 묻어 있어 읽는 이의

마음을 뭉클하게 합니다. 제자에게 귀양살이 전이나 후나 변치 않는 그 마음이 마치 겨울에도 지지 않는 송백(松柏)과도 같다면서 칭송하고 있습니다. 편지의 내용을 요약해 보면 다음과 같습니다.

"작년에도 책을 보내 주고 올해에는 귀한 책을 또 보냈는데 이런 책들은 흔히 구할 수 있는 것이 아니라 천만리 머나먼 곳에서 사들인 것으로 한때 마음이 내켜 할 수 있는 일이 아니네. 세상의 도도한 인심은 오직 권세와 이익을 따르거늘 이렇듯 마음과 힘을 다해 구한 소중한 책들을 권세와 이익을 위해 사용하지 않고 바다 멀리 초췌한 이 늙은이에게 보내 줬네. 권세와 이익으로 어울린 사람들은 권세와 이익이 다하면 서로 멀어진다고 했네만 자네는 권세와 이익을 위해 나를 대하지 않았네. 공자께서는 날씨가 추워져 다른 나무들이 시든 후에야 비로소 소나무와 잣나무의 푸름을 알게 된다고 하셨네. 소나무 잣나무야 시들지 않고 사시사철 변함이 없지 않은가. 추워지기 전에도 송백이요 추워진 후에도 그대로의 모습이니 성인께서는 추워진 후의 소나무와 잣나무의 푸름을 특별히 말씀하신 것이라네. 그대가 나를 대하는 것이 이전에 높은 지위에 있을 때라고 잘하지도 않았고 귀양을 온 후라고 더 못하지도 않았네. 이전에 나를 대하던 그대는 크게 칭찬할 게 없었지만 지금의 그대는 성인의 칭찬을 받을 만하지 않은가?"

공자는 일찍이 송백을 칭송한 적 있습니다. 겨울이 오면 거의 모든 나무가 앙상한 가지를 드러내지만 소나무와 잣나무는 여전히 푸름을 간직하기 때문입니다. 공자는 50대 중후반부터 14년 동안 일곱 나라를 떠돌며 바른 정치로 천하의 질서를 바로잡고자 했지만 어느 나라에서도 실행하지 못했습니다. 특히 진나라와 채나라의 국경 지역에서 오가지 못하는 진퇴양난에 빠진 적이 있었는데, 이때 불평하면서 힘들어하는 제자들에게 공자는 이렇게 말했습니다.

"겨울이 와 봐야 소나무와 잣나무가 늦게 시든다는 것을 알게된다."

이는 어려운 시기에야 비로소 변치 않는 참된 의지와 지조가 드러난다는 의미였습니다. 공자는 제자들이 송백 같은 사람이 되기를 원했습니다. 한겨울의 혹독한 추위 속에서도 푸름을 잃지 않는 소나무와 잣나무처럼 어떤 환경과 위기 속에서도 흔들리지 않는 강인한 인품을 지니길 바란 것입니다. 생육하기 좋은 여름철에는 무성하다가 겨울이 닥치면 시들어 버리는 존재가 아니라 시련과 역경 앞에서도 굳건히 버텨 내는 제자가 되기를 바란 것입니다.

송백은 단순한 인내가 아니라 변하지 않는 중심과 신념을 지키는 태도를 의미하기도 합니다. 어려움을 경험한 사람과 그렇지 않은 사람은 다릅니다. 시련을 견뎌 내며 단련된 사람과 도중에 포기한 사람은 결코 같을 수 없습니다. 특히 인생의 전반전을 지나

지천명의 나이에 이른 이들에게는 더욱 의미가 큽니다.

지천명과 송백

지천명에 공자의 송백은 두 가지 면에서 의미가 있습니다.

하나는 사람입니다.

다른 사람이 아닌 나 자신입니다. 오십이 됐을 때 어떤 품성을 가진 사람이 돼 있으면 좋을까요? 송백 같은 사람은 세상의 파도에 쉽게 흔들리지 않는 어른다운 인품을 의미합니다. 시류에 따라 변하는 가벼운 성정이 아니라 한겨울에도 청청함을 잃지 않는 소나무와 잣나무처럼 일관된 품성을 지닌 인격을 뜻합니다.

공자가 제자들에게 기대했던 것도 바로 이런 모습이었습니다. 어떤 어려움 속에서도 꿋꿋하게 정진하며 흔들리지 않는 강인한 사람입니다. 나이 오십에 이르러 그런 인품을 갖출 수만 있다면 그보다 더 보람되고 자랑스러운 일은 없을 것입니다.

오십이 되면 누구나 그런 어른이 되는 줄로 알았습니다. 격랑의 30, 40대를 보내고 나면 단단하면서도 부드럽고 강인하면서도 온화한 그런 품성을 지닌 어른이 되는 줄 알았습니다. 그런데 막상 오십이 되면 그게 말처럼 쉽지 않다는 것을 알게 됩니다. 다른 사람의 말과 행동에 쉽게 상처받지 않고 다른 사람의 성공에 크게 흔들리지 않으며 다른 사람의 시기 질투에 중심을 지킨다는 게 결코 쉬운 일이 아님을 알게 됩니다.

다른 하나는 일입니다.

다른 사람의 일이 아닌 나의 일입니다. 오십이 됐을 때 어떤 일을 하는 사람이 되면 좋을까요? 송백 같은 일은 꾸준함과 지속성을 상징하는 일의 철학이기도 합니다. 송백은 변치 않는 신념이자 개인을 빛내는 브랜드이며 조직을 대표하는 브랜드이기도 합니다. 나이 오십에 이르렀을 때 당당히 내세울 수 있는 송백 같은 강점이 있는 일이 있다면 어떤 기분일까요?

많은 이들이 갈 길을 잃고 할 일이 사라질까 두려움에 빠지는 나이에도 강점을 지닌 사람은 희망으로 가슴이 식지 않습니다. 송백처럼 흔들리지 않는 강점을 지닌 이들에게 지천명의 나이는 불안을 걱정하는 시기가 아니라 단단한 자기만의 강점을 바탕으로 더 큰 가능성을 펼쳐 나가는 시간이 될 것이기에 그렇습니다.

그러니 가능하다면 사십에는 그 기준을 잡고 시작해야 합니다. 10년이면 아무리 서툴러도 하나의 강점을 만들기에 결코 짧은 시간이 아니기에 그렇습니다. 그러니 육십에 같은 고민을 하지 않으려면 오십 지천명에 사십에 못 했던 그 일을 하면 됩니다.

사십이건 오십이건 목표를 선택했다면 선택하지 않은 나머지는 과감히 포기해야 합니다. 선택한 강점을 강화하는 데 집중해야 하기 때문입니다. 어렵고 힘들어도 멋진 결과를 만들어 내고 싶다면 자신의 강점을 더욱 단단하게 키워야 합니다. 이제부터 내가 좋아하는 일을 하면서 살겠다고 결심했다면 강점을 강화하는 데 3년

이 걸리더라도 3년 후에는 원하는 삶을 살 수 있습니다. 5년이 걸
린다면 5년 후부터, 10년이 걸리더라도 결국 내가 원하는 일을 하
며 살아갈 수 있습니다. 지금 50대라면, 60대부터 20년 이상을 좋
아하는 일을 하며 행복하게 살 수 있습니다.

새로운 인생 목표가 생기면 시간이 갑자기 빠르게 흐르기 시작
합니다. 시간의 흐름이 빨라졌다는 것은 목표가 있다는 징표입니
다. 반대로 아직 시간이 많다고 느껴진다면 그것은 목표다운 목표
가 없다는 의미일 것입니다. 시간은 목표의 변수이기 때문입니다.

배움을 멈추면
인생이 멈춘다

노력

공자께서 말씀하셨다.
"남이 알아주지 못함을 걱정하지 말고 능하지 못함을 걱정하라."
子曰 不患人之不己知 患其不能也
자왈 불환인지불기지 환기불능야
<헌문편> 32장

　다른 사람이 나를 알아주지 않는 것이 신경 쓰일 수 있습니다. 하지만 더 두려운 것은 불안에 갇혀 스스로 멈춰 서는 것입니다. 그간의 경험이 나를 지켜 줄 든든한 무기라 믿었지만 그것이 낡은 것으로 보이는 순간 마음 한편이 서늘해집니다. 그래서 공자는 "남이 알아주지 못함을 걱정하지 말고 그 능하지 못함을 걱정하라"라고 말했습니다.
　남의 평가보다 더 중요한 것이 있습니다. 나는 여전히 배울 수 있고 변화할 수 있으며 성장할 수 있다는 믿음입니다. 미래가 불투명할수록 멈추지 않는 배움이 필요합니다. 익숙한 틀을 벗어나 새로운 관계 속에서 도전할 용기를 얻어야 합니다.

하나 더 잊지 말아야 할 것은 내가 나를 인정하는 것입니다. 과거의 성공이 아니라 지금 더 나아지려는 나를 믿는 것이 곧 미래를 밝히는 길입니다. 남이 나를 알아주지 않는다고 걱정하기보다 내가 나를 제대로 알지 못함을 돌아볼 때 그 안에서 새로운 길이 열릴 것입니다.

공자의 삶의 방식

공자보다 500여 년 후에 태어난 고구려를 건국한 주몽은 하늘의 신 해모수와 강의 신의 딸인 유화 사이에서 태어난 인물로 전해집니다. 신라의 시조 박혁거세 또한 하늘에서 내려온 황금 알에서 태어났다는 전설이 전해집니다.

이런 탄생 신화는 지도자의 권위를 높이는 데 중요한 역할을 하며 사람들은 이런 전설을 만들어 내는 것을 즐깁니다. 그런데 공자는 "나는 태어나면서부터 아는 사람이 아니라 옛것을 좋아해 힘써 그것을 구한 사람이다"라고 말했습니다. 그럴듯한 신화가 있을 법도 한데 무덤덤합니다.

子曰 我非生而知之者 好古 敏以求之者也

자왈 아비생이지지자 호고 민이구지자야

"나는 알에서 태어나지도 않았고 하늘에서 내려온 사람도 아니다. 날 때부터 잘난 사람이 아니다. 다른 사람들과 다름없이 평범하게 태어났다. 나는 나면서부터 모든 것을 알고 있는 지혜와 덕이 뛰어난 그런 성인이 아니다. 옛것을 좋아해 힘써 그것을 구한 사람일 뿐이다."

만약 《논어》가 세상에 없었다면 공자는 처음부터 하늘이 낸 성인이라는 전설로 남았을지도 모릅니다. 보통 사람과는 차원이 다른 범접할 수 없는 영역의 신과 같은 인물로 그려졌을 것입니다. 전설 만들기를 좋아하며 공자에 빌붙어 명예와 권위를 드러내고 싶은 사람들에 의해 그는 이미 하늘의 신이 됐을 것입니다.

그의 일상을 적어 낸 제자들의 솔직함 때문에 아직도 공자는 우리와 같은 평범한 사람으로 인생을 시작한 현인으로 남아 있는 것입니다. 그래서 맹목적인 그 어떤 신보다도 더 가깝고 더 인간적인, 더 친숙한 모습으로 찾아오는 것일지도 모릅니다.

살아 내기

종종 사람들은 '어떤 삶이 좋은 삶인가'를 끊임없이 묻습니다. 그리고 답을 찾고, 또 찾아가며 확신할 수 있는 정답을 원합니다.

그런데 공자의 대답은 간명했습니다.

好古 敏以求之者也
호고 민이구지자야

"옛것을 좋아해 힘써 그것을 구했을 뿐이다."

옛사람들이 만들어 놓은 가치 있는 것을 힘써 공부하고, 정리하고, 적용하고, 실행하며 제자들에게 가르쳤을 뿐이라고 합니다. 호고(好古), 옛것을 좋아했다는 말은 호학(好學), 배우기를 좋아했다는 말입니다. 민이구지자야(敏以求之者也), 민첩하게 그것을 구한 사람이라는 말은 힘써 그것을 공부하고, 정리하고, 적용하고, 실행했다는 말입니다. 그런 자세로 평생을 살았다는 자술입니다. 그게 전부라는 말이기도 합니다. 특별해서 성인의 반열에 오른 게 아니라 배우기를 좋아해 부지런히 구했더니 특별한 성인이 된 것입니다. 그게 공자의 답이었습니다.

어려운 질문에 대한 답이 의외로 간단할 때가 있습니다. 인생을 풀어 가는 어려운 질문에 공자의 대답은 의외로 간단했습니다. 우리가 아이들에게 자주 했던 바로 그 말입니다. 열심히 공부하고, 공부한 대로 구하고, 행하면 된다는 것입니다. 지금까지 다양한 이유로 배움을 멀리했다면 지금부터라도 배움을 가까이하면 됩니다. 지금까지 다양한 이유로 배움을 믿지 못했다면 이제부터라도 배움을 믿으며 가까이하면 됩니다. 지금까지 다양한 핑계를 대며 배움을 거부했다면 이제부터라도 배움을 받아들이면 됩니다.

그 어떤 일을 해도, 그 어떤 놀이를 해도, 그 어떤 관계를 해도, 그 어떤 질문을 해도 잊지 말아야 할 것은 학습입니다. 교실에서의 배움보다 더 중요한 건 교실 밖에서의 배움입니다. 성인 학습, 평생 학습, 현장 학습, 독서 학습, 대화 학습, 명상 학습 등이 그런 학습입니다.

배움이 멈추면 발전도 멈추게 됩니다. 유지조차 어렵게 됩니다. 개인이 배움을 멈추면 개인이, 리더가 배움을 멈추면 조직이 그렇게 됩니다. 삶에서 배움이 끝나면 인생도 끝나게 됩니다. 개인도, 조직도, 국가도 마찬가지입니다.

우리가
일을 하는 이유

이유

공자께서 말씀하셨다.
"비유컨대 산을 만드는 데 한 삼태기의 흙이 모자라 이루지 못하
고 멈췄다면 내가 멈춘 것이며 땅을 평평하게 만드는 데 한 삼태
기의 흙을 부어 전진했다면 내가 나아간 것이다."

子曰 譬如爲山 未成一簣 止 吾止也
譬如平地 雖覆一簣 進 吾往也
자왈 비여위산 미성일궤 지 오지야
비여평지 수복일궤 진 오왕야

<자한편> 18장

비(譬)는 '비유하다', 위(爲)는 '되다'와 '만들다', 궤(簣)는 물건을
담는 '삼태기', 복(覆)은 '덮는다', '붓다'의 의미입니다. 오지야(吾
止也)는 남이 멈춰 그치게 하는 것이 아니라 내가 멈춰 그치는 것

을 의미합니다. 평지(平地)는 '땅을 평평하게 한다'는 뜻으로 쓰였습니다.

시작도 마침도 다른 사람이 아니라 내가 중요합니다. 땅을 고르는 데 단 한 삼태기의 흙을 더해 진척이 있었다면 내가 앞으로 나아간 것입니다. 축대를 쌓기 위해 벽돌 한 장 올렸다면 내가 그렇게 한 것입니다. 수만 평의 흙산도 수만 장의 벽돌도 한 번의 움직임에서 시작되기 때문입니다. 그 시작을 내가 했다는 데 의미가 깊은 것입니다.

또한 산을 쌓는 데 단 한 삼태기의 흙이 부족해 완성하지 못하고 멈췄다면 그것은 내가 멈춘 것이며 집을 지을 때 마지막 벽돌 한 장을 쌓지 않고 멈췄다면 그것 역시 내가 멈춘 것입니다. 다른 사람의 조언과 만류가 있었다고 해도 결국은 내가 멈춘 꼴이 됩니다. 2,500년 전에도 지금에도 그렇습니다.

저는 나이 오십이 가까워지도록 '왜 일하는가?'라는 질문을 자신에게 던져 본 적이 없습니다. 일하는 것은 삶의 당연한 일부라 여겼기 때문입니다. 그러던 어느 날 한 권의 책이 손에 들어왔습니다. 일본 교세라 그룹 창업주 이나모리 가즈오의 《왜 일하는가》라는 얇지만 묵직한 질문을 던지는 책이었습니다.

이나모리 가즈오는 가난한 집에서 태어났습니다. 어린 시절 결핵을 앓았고 지방 대학을 졸업했으며 세라믹 분야에 대한 지식도 없었습니다. 사람들과 잘 어울리지 못했던 청년이던 그가 결국 교세라 그룹의 창업주가 됐습니다. 마쓰시타 고노스케, 혼다 소이치와 함께, 이나모리 가즈오는 일본 '3대 경영의 신'으로 불리며 지금도 일본에서 가장 존경받는 기업인으로 꼽힙니다. 그는 《왜 일하는가》에서 여섯 가지 질문을 던지고 그에 대한 여섯 가지 답을 찾아갔습니다.

왜 일하는가?

첫째, 도대체 무엇을 위해 일하는가?

"지금 당신이 일하는 것은 자신을 단련하고, 마을을 갈고닦으며, 삶의 가치를 발견하기 위한 가장 중요한 행위입니다."

둘째, 일을 사랑하는가?

"지시하는 대로만 끌려다니지 마세요! 끌려다녀서는 아무 일도 해내지 못합니다. 일을 마무리해도 만족감을 느끼지 못합니다. 리더라는 마음가짐으로 일해야만 일이 즐겁고 그런 사람만이 성공할 자격이 있습니다."

셋째, 어디로 가는가?

가난한 중소기업에서 몇 년 일한 다음, 창업하는 날 직원들 앞에서 그는 이렇게 다짐했습니다.

"우리 회사가 있는 나카교구에서 1등이 됩시다. 나카교구에서 최고가 되면 다음은 교토시에서 1등, 교토에서 최고가 되면 다음은 일본에서 1등, 일본에서 최고가 되면 다음 목표는 세계 1등입니다. 우리는 그렇게 할 수 있습니다."

넷째, 무엇을 꿈꾸는가?

"지금은 비록 안될 수 있습니다. 그러나 그건 지금의 일입니다. 지금 할 수 없는 것도 내일이면 할 수 있습니다. 여러분은 그만한 능력이 있습니다. 할 수 있다고 믿고 노력하면 반드시 할 수 있습니다. 그것이 우리가 살길입니다!"

다섯째, 일에 만족하는가?

"내 이름을 걸고 만드는 교세라의 제품은 완벽하지 않으면 내보내지 않습니다. 완벽주의와 창조라는 정상을 추구하는 사람에게 그런 제품을 만들겠다는 마음가짐은 필수적입니다."

여섯째, 창조적인가?

"당신이 원하는 분야의 전문가가 아니라고, 배운 게 없다고 실망하거나 주저앉지 마세요. 틀에 얽매이지 않는 발상과 의욕만 있다면 새로운 일에 도전할 자격이 충분합니다. 당신이 가고자 하는 그 길을 가세요."

참으로 부끄럽지만 여섯 가지 질문과 대답을 제게도 던져 봅니다.

나는 왜 일하는가?

학교를 졸업하면 취업하고, 결혼하고, 집을 사고, 아이를 키우는 게 일하는 이유인 줄 알았습니다. 일이 나를 단련하고, 마음을 수양하며, 삶의 가치를 찾는 과정이라는 걸 오십이 넘도록 깊이 생각해 본 적이 없었습니다. 그래서 일이 잘되면 거만해지고 힘들면 짜증을 냈습니다. 쉬우면 웃고 어려우면 찡그렸습니다. 그렇게 10년, 20년이 지나며 일은 지겨워졌고 하루하루가 반복될 뿐이었습니다. 그날이 그날인 시간 속에서 오십을 맞이하고 있었습니다.

20년 동안 나름 열심히 일했다고 자부했지만 그저 꾸준히 버텼을 뿐이었습니다. 주어진 일을 사랑하지 못하고 회사와 상사의 지시에 따라 수동적으로 움직였습니다. 만족감이 전혀 없었던 건 아니지만 즐겁거나 행복하지는 않았습니다.

그렇게 20년이 흘렀고 남은 건 껍데기뿐이었습니다. 조직의 리더일 때조차 마음가짐은 리더답지 않았기에 일이 즐겁지 않았으니 성공과는 거리가 먼 시간이었습니다. 현상 유지만 가능했을 뿐 성취도 발전도 없었습니다. 결국 오십을 맞이한 저는 성공과는 거리가 먼 긴 시간을 보내 왔음을 깨달았습니다.

인생 전반에 제가 놓친 게 있다면 분명한 목표였습니다. 반복은 반복인데 수동적인 반복인가 능동적인 반복인가가 문제였습니다. 누군가의 지시가 아닌 자발적인 반복에 필요한 것은 목표였습니다. 필사의 다짐은 아니었지만 능력 부족한 사람이 이길 수 있는 유일한 방법인 습(習)에 다시 한 번 희망을 걸어 보자는 결심이었습니다. 잘할 수는 없지만 반복적으로 할 수는 있을 것 같았습니다. 인생 전반에 그랬으면 더할 나위 없이 좋았겠지만 인생 후반에라도 하나에 집중해 보기로 했습니다.

죽이 되든 밥이 되든 《논어》 하나만은 남들보다 깊이 파고들자고 다짐했습니다. 먼저 내가 직접 만나는 사람 중에 1등이 되자. 거기서 최고가 되면 온라인에서 아는 사람 중에 1등, 그다음은 전국의 《논어》 강사 중 1등, 그리고 《논어》 작가 중 1등, 그렇게 우리나라에서 1등이 되고 마침내 세계에서 1등이 되자. 이나모리 가즈오처럼 되뇌었습니다.

물론 그의 말처럼 안될 수 있습니다. 그러나 그건 처음이기에 그렇습니다. 처음에는 할 수 없던 것도 지금은 할 수 있고 어제는 할 수 없던 것도 오늘은 할 수 있습니다. 할 수 있다고 믿고 노력하면 반드시 할 수 있습니다.

그것이 살길이기 때문입니다. 누군가 해냈다면 다른 누군가도 가능합니다. 다른 누군가가 해냈다면 나도 우리도 가능합니다. 믿는다고 다 되는 건 아니지만 믿기로 했습니다. 믿지 않는 것보다 믿는 게 더 낫기 때문입니다.

15년 전 이나모리 가즈오의 《왜 일하는가》를 만난 것은 행운이

었습니다. 그때 꿈꿨던 목표를 모두 이루진 못했지만 하나씩 나아
가는 과정이라 생각합니다.

그동안 저는 명강사가 됐고 또 작가가 됐습니다. 무엇보다 최근
15년이 그전 직장 생활 20년보다 훨씬 더 즐거웠습니다. 더 기대
되는 것은 힘없는 농부의 아들로 태어난 제가 전자 공학을 공부하
고, 20년을 평범한 직장인으로 살며, 사람들과 잘 어울리지 못했
던 과거를 뒤로하고 전혀 낯선 인문학과 강연의 세계에서 작은 길
을 내기 시작했다는 사실입니다. 할 수 없던 것들을 할 수 있게 됐
다는 사실입니다.

어질지 못하면
아무 소용이 없다

마음

공자께서 말씀하셨다.
"사람이 어질지 못하면 예의가 무슨 소용이며
사람이 어질지 못하면 음악이 무슨 소용이겠는가."
子曰 人而不仁 如禮何 人而不仁 如樂何
자왈 인이불인 여례하 인이불인 여악하
<팔일편> 3장

인(仁)을 제대로 이해하면 《논어》뿐 아니라 공자의 사상 대부분을 이해했다고 해도 과언이 아닙니다. 다산의 해석처럼 인은 두 사람 사이에서 드러나는 덕목입니다. 물론 혼자 있을 때도 인은 필요하지만 두 사람이 함께할 때 진정한 빛을 발합니다. 서로를 가엾게 여기고 사랑하며 이해하고 격려하고 포용하는 마음 이 바로 어진 마음, 인입니다. 한 걸음 더 나아가면 인은 리더와 팔로워

사이에서도 매우 중요한 문제입니다. 특히 리더의 마음가짐이 핵심입니다. 가장, 팀장, 사장, 관리자, 통치자와 같은 리더가 인의 마음을 품고 있는가 없는가는 조직의 행복과 불행, 나아가 생존과 파멸까지 결정짓는 중대한 요소가 되기도 합니다.

인이불인(人而不仁), 사람이 인하지 못하면 세상은 짐승 무리보다도 못한 지옥이 될지도 모릅니다. 외나무다리에서 원수가 만나는 꼴이 됩니다. 서로를 무시하고 미워하며 질시하고 밀어내는 마음이 바로 모진 마음, 불인입니다. 아내가 남편에게, 남편이 아내에게, 부모가 자식에게, 자식이 부모에게, 팀장이 팀원에게, 팀원이 팀장에게, 사장이 직원에게, 직원이 사장에게, 대통령이 국민에게, 국민이 대통령에게, 이런 모진 마음을 갖고 있다면 그게 바로 지옥이지요. 가정도 조직도 국가도 황폐한 지옥이 됩니다.

사람이 인하지 않으면 예가 무슨 소용이며 사람이 인하지 않으면 음악이 무슨 소용일까요. 사람이 어질지 못하면 백약이 무효합니다. 사람이 어질지 못하면 예의를 차릴수록 상대는 더 가증스럽게 느낄 것입니다. 사람이 어질지 못하면 아무리 아름다운 노래를 불러도 듣는 이의 마음은 더 무거워질 것입니다.

많은 리더가 '사람이 먼저'라는 말을 합니다. 불인한 사람에게는 백약이 무효입니다. 불인한 사람이 리더에 오르면 모두가 불행해지기 때문입니다.

사람은 부족한 존재이기에

제 고향 공도에서 새말로 향하는 언덕길 옆에는 작은 교회당이 하나 있었습니다. 일요일이면 어김없이 종소리가 울려 퍼지며 그림 같은 아담한 풍경을 연출하고는 했습니다. 지금으로부터 60여 년 전 제가 대여섯 살쯤 되던 어느 해 성탄절, 마을 아이들과 함께 그 교회로 몰려가 흐릿한 백열전등 아래에서 찬송가를 따라 부르고 사탕을 얻어먹었습니다. 높은 벽에 걸린 예수님의 사진을 봤지만 낯선 서양인의 모습이라 그런지 낯설게 느껴졌습니다.

할머니는 집안에 큰일이 있을 때마다 밤이 되면 뒤란 장독대 모퉁이에서 하얀 대접에 맑은 물을 떠 놓고 조용히 빌고 계셨습니다. 별빛과 어둠이 뒤섞인 밤하늘 아래 들릴 듯 말 듯한 기도 소리는 밤새 이어졌지요. 천지신명과 하늘을 향한 간절한 기원, 가족의 건강과 안전을 비는 마음은 언제나 깊고 절실했습니다. 어머니는 사월 초파일이 되면 가까운 절을 다녀오시고는 했습니다. 그날이면 떡과 과일을 가져와 가족들에게 나눠 주고는 하셨지요. 먹을 것이 넉넉지 않아도 스님이 찾아오는 날이면 시주 주머니에 쌀이나 곡식을 정성껏 담아 건넸습니다. 때로는 무당을 불러 굿을 하기도 했고 점쟁이가 집을 찾아와 점을 쳐 주며 쌀을 받아 가기도 했습니다.

논산 훈련소 시절 일요일이면 법당을 찾아가 빵과 함께 달콤한 휴식 시간을 즐기고는 했습니다. 종교를 묻기에 문득 어머니가 떠올라 별다른 고민 없이 불교라고 대답했는데 그때부터 자연스럽게 그렇게 됐습니다. 법당에서는 따뜻한 위로의 말들이 오갔지만

문을 나서는 순간 훈련소의 고된 일상은 변함이 없었습니다. 훈련 후 자대 배치를 받은 후에는 종교 행사에 참석하는 일 없이 오히려 그 시간에 휴식을 취하는 게 낫다 생각하며 지냈습니다.

아내는 결혼 전부터 성당에 다녔고 아이들도 자연스럽게 주말이면 성당을 따라나섰습니다. 저는 회사 생활에 지쳐 주말마다 낮잠이 더 달콤하게 느껴져 종교와는 별다른 인연 없이 살아왔습니다. 하지만 어린 시절 친구 중에 목사가 된 이도 있고 사랑하는 여동생도 목사가 됐습니다.

제가 신을 믿는 것은 아니었지만 단 한 번 신의 도움을 간절히 바랐던 적이 있습니다. 맹목적인 욕심을 품고서 말입니다. 큰아이가 소아암 진단을 받고 처음으로 병원에 입원했을 때 조건을 걸고 기도했습니다.

"우리 아이를 살려 주세요. 그럼 당신을 믿겠습니다."

그러나 아이는 결국 우리가 있는 이곳을 떠났고, 남겨진 가족에게는 긴 슬픔의 시간이 이어졌습니다.

이렇게 저렇게 수십 년을 살아오다 보니 종교가 권력이 되는 모습을 목격했습니다. 전부가 그렇지는 않지만 어떤 종교는 기업처럼 운영되고 일부 목사는 쌍욕을 해 대며 거리 집회를 이끌기도 합니다. 사회에 물의를 일으키고 도리어 악영향을 끼치는 종교 집단도 있습니다.

어느 순간 종교가 시민을 위로하는 것이 아니라 시민이 종교를 위로하는 모양새가 됐고 종교가 시민을 걱정하는 것이 아니라 시민이 종교를 걱정하는 상황이 됐습니다. 종교가 사회를 걱정하는 것이 아니라 사회가 종교를 걱정하는 현실에 이르렀습니다. 남을 용서할 줄 모르면서 '용서하라' 외치는 종교를, 자신의 신만이 유일하다며 타인의 신을 부정하는 종교를 누가 따르겠습니까? 관용도 사랑도 나눔도 없이 가치를 입으로 외칠 줄만 안다면 그것은 껍데기일 뿐입니다. 진정한 신앙을 실천하는 이들도 많지만 종교를 이용해 이익만을 챙기려는 이들도 적지 않습니다. 앞에서는 '용서하라, 사랑하라' 말하면서도 뒤에서는 '이용하라, 편 가르라'는 이중적 태도가 현실을 씁쓸하게 합니다.

2,000년 전, 1,000년 전이라면 시대적 한계로 이해할 수도 있을 것입니다. 그러나 지금도 여전히 반복되고 있다는 사실이 안타깝습니다. 많은 사람이 '나만 배부르고 편하고 자유로우면 된다'고 생각하지만 그런 세상이 지속되려면 결국 누군가는 배고프고 불편하며 구속받아야 합니다. 사람이 인하지 않으면 예가 무슨 소용이며 사람이 인하지 않으면 음악이 무슨 소용이겠습니까? 사람이 인하지 않으면 믿음이 무슨 소용이며 음악, 미술, 인문학이 무슨 소용이겠습니까?

삶의 균형
도, 덕, 인, 예

태도

공자께서 말씀하셨다.
"도에 뜻을 두고 덕에 근거하며 인을 의지하고 예에 놀아라."
子曰 志於道 據於德 依於仁 游於藝
자왈 지어도 거어덕 의어인 유어예
<술이편> 6장

돈 많이 벌고 멋진 배우자를 만나 행복하게 살면 최고일까요? 힘 있는 권력으로 하고 싶은 대로 하며 살면 최고일까요? 많은 사람을 부리며 내 마음대로 사는 게 최고일까요? 꼭 그렇지만은 않습니다. 돈도 많고 멋진 배우자도 있는데 행복하지 않은 삶을 사는 사람도 많습니다. 힘과 권력은 있지만 결국 철창에서 끝없는 비난을 듣는 사람도 적지 않습니다. 많은 사람을 부리지만 불행에 치를 떠는 사람도 많습니다. 어떤 기준을 갖고 살아야 개인도 사

회도 국가도 인류도 행복해질까요? 어떤 철학을 기준 삼아야 그런 인생이 지켜질까요?

2,500년 전 공자는 흔들림 없는 네 가지 기준을 제시했습니다.

"도에 뜻을 두고 덕에 근거하며 인을 의지하고 예에 놀아라."

길을 정해야 한다

지어도(志於道), 도에 뜻을 두라 합니다. 도는 길입니다. 인간이 가야 할 바른길입니다. 하늘이 인간에게 내렸다고 믿는 선한 마음을 따라 바르게 살아야 할 길입니다. 악의 길이 아닌 선의 길입니다. 자연이 수십억 년을 단 한 치의 빈틈도 없이 자연스럽게 돌아가듯 그런 선한 자연을 닮은 길입니다. 그런 선한 본성을 따라야 하는 길입니다.

도는 근본적인 원리나 이치로서 사람의 본성을 말하기도 합니다. 《중용》의 저자 자사는 하늘이 명한 성(性)을 따르는 것을 도라고 했습니다. 성선설, 성악설을 말할 때 그 성입니다. 인간의 천성, 본성을 말하는 것이지요. 노자는 무위자연을 도라고 했습니다. 부처는 괴로움의 소멸에 이르는 진리의 길을 도라고 했습니다.

도에 뜻을 둔다는 것은 바르고 선하게 살아야겠다고 먼저 정해야 함을 말하고 있습니다. 한 번뿐인 자신의 삶을 흘러가는 대로가 아닌 바르고 선하게 살겠다는 각오가 먼저 필요하다는 말입니다. 고관대작의 자식으로 태어나든 평민의 자식으로 태어나든 마찬가지입니다. 아버지가 부자든 가난하든 마찬가지입니다. 주어진 환경에 따라 되는 대로 사는 게 아니라 태어날 때 갖고 나온 본성에 따라 선하고 바르게 살아야겠다는 인생의 기준을 먼저 정해야 함을 권하고 있습니다.

덕을 삶의 기준으로 삼아야 한다

거어덕(據於德), 덕에 근거해야 합니다. 선하고 바르게 산다는 게 구체적으로 무엇을 말하는 것일까요? 바로 덕입니다. 덕에 근거해 살면 된다는 말이지요. 그렇다면 덕은 무엇일까요? 덕을 알려면 덕 있는 사람의 인격을 알면 됩니다. 덕 있는 사람은 마음이 선하며 행실은 올바릅니다.

덕을 한마디로 정의하기가 쉽지 않지만,《춘추좌씨전》에서는 신과 인을 덕이라 했습니다. 말과 행동이 믿음직스럽고 마음이 어진 것입니다.《중용》에서는 지(智), 인(仁), 용(勇), 지혜롭고 사람을 사랑하며 용기 있음을 삼덕(三德)이라 했습니다.《시경》에서는 인(仁), 지(智), 예(禮), 의(義), 신(信), 악(樂), 충(忠), 천(天), 지(地)를 구덕(九德)이라 말하고 있습니다.

덕에 도를 더해 만들어진 도덕은 사람이 지켜 나가야 할 길이라는 뜻입니다. 인, 의, 예, 지, 신, 자, 우, 공, 효를 포함하고 있는 도덕은 한마디로 '바른 길'이라 볼 수 있습니다. 사람을 사랑하고, 올

바르며, 상호 예의를 지키고, 세상사에 지혜롭고, 서로 신뢰를 주고, 아랫사람에게는 사랑을 주고, 친구 사이에는 돈독한 우정이 있고, 윗사람에게는 공손하며, 부모님께는 효도하는 사람이 도덕적인 사람이며 이것이 인간이 지켜야 할 바른길이라는 것입니다.

어질게 살아야 한다

의어인(依於仁), 인에 의지해야 합니다. 공자는 사랑, 정의, 지혜, 예의, 신뢰, 충의, 효성, 자애, 우애, 공손의 덕에 근원을 두고 그중에서도 특히 인에 의지해 살아가는 게 바르게 살아가는 삶이라 정의했습니다. 어질게 사는 게 그 무엇보다 중요함을 의미합니다. 덕의 모든 항목이 중요하지만 그 모두를 가능하게 하는 하나가 있다면 그것은 바로 인의 마음이기에 인을 강조한 것입니다. 나와 가족, 이웃, 선배, 후배, 눈만 뜨면 만나는 모든 사람 간에도 언제 어느 곳에서도 늘 만나고 부딪치는 게 사람이기 때문입니다.

그 사람과의 관계에서 중요한 게 인의 마음이기 때문입니다. 그렇다면 인은 무엇일까요? 누구에게는 측은한 마음입니다. 누구에게는 사랑의 마음입니다. 누구에게는 용서의 마음입니다. 누구에게는 이해의 마음입니다. 누구에게는 그와 동등해지는 마음입니다. 둘이 하나가 되는 마음입니다. 그러니 인은 모든 덕을 만드는 원료이기도 합니다. 그러니 그 인에 의지하고 기대 살아가는 게 사람이 살아가야 할 바른길이라 칭한 것입니다.

현실에 집중해야 한다

유어예(游於藝), 예에 놀아야 합니다. 공자가 가르친 이상적인 삶의 태도 가운데 마지막은 역시 현실적인 문제와 맞닿아 있었습니다. 도에 뜻을 두고 덕에 근거해 인에 의지하는 바른 삶을 살아도 현실적으로 가장 중요한 건 실질적인 일을 하는 것으로서, 공자는 육예를 들었습니다.

육예는 예(禮), 악(樂), 사(射), 어(御), 서(書), 수(數)를 말합니다. 리더들이 반드시 배워야 할 것으로서 예절, 음악, 활쏘기, 말타기, 마차 몰기, 글쓰기, 셈하기입니다. 요즘으로 말하면 도덕, 음악, 체육, 국어, 수학, 과학 등 그야말로 전인 교육에 필요한 모든 요소입니다. 육예를 통해 개인의 수양은 물론 사회와 국가에 필요한 인재이자 리더로 성장하기를 꿈꿨습니다. 예나 지금이나 그런 리더다운 리더가 필요하기 때문입니다. 자기만 생각하고 자기 패거리만 생각하는 거짓 리더가 판친다면 그 사회나 국가는 반드시 어려워지기 때문입니다.

균형 잡힌 삶을 살아가기 위한 공자의 네 가지 기준은 선하게 살아가는 인생길에서 덕의 바탕 위에 주변 사람들을 사랑하고 이해하며 학습을 통해 조직과 사회에 필요한 사람으로 살아가는 것이었습니다.

부끄러움을 가르치는
학교라도 있었으면

예의

공자께서 말씀하셨다.
"군자가 학문을 널리 배우고 예로써 단속한다면 벗어나지 않을 수
있을 것이다."

子曰 君子博學於文 約之以禮 亦可以弗畔矣夫
자왈 군자박학어문 약지이례 역가이불반의부

<옹야편> 25장

조직에는 크고 작은 리더가 많습니다. 사회에도 많은 리더가,
나라에는 더 많은 리더가 있습니다. 둘 이상이 모이면 그중에 한
사람은 리더입니다. 혼자 있어도 셀프 리더입니다. 그러니 조금
과장하면 우리는 모두 리더입니다. 모든 학생은 리더입니다. 모든
조직원은 리더입니다. 국민 모두는 리더입니다. 그 어느 시대보다
리더가 많아진 시대입니다.

리더의 자리는 영광스러운 만큼 책임도 만만치 않습니다. 권한이 막중할수록 의무도 만만치 않습니다. 권한이 클수록 책임도 커집니다. 그러니 준비 안 된 사람이 리더의 자리에 서면 자리도 리더도 견디기가 어렵습니다. 견디기 어려운 게 문제가 아니라 리더 혼자 무너지는 게 문제가 아니라 구성원 모두가 어려워지고 구성원 모두가 무너지는 게 진짜 문제입니다.

부끄러움을 모르는 리더는 리더가 아닙니다. 공감할 줄 모르는 리더는 리더가 아닙니다. 옳고 그름을 구분할 줄 모르는 리더는 리더가 아닙니다. 흩어진 마음을 모을 줄 모르는 리더는 리더가 아닙니다. 개인의 이익을 앞세우는 리더는 리더가 아닙니다. 책임질 줄 모르는 리더는 리더가 아닙니다. 권한만 내세우고 의무를 저버리는 리더는 리더가 아닙니다. 그런 리더가 가정을 대표하면 집안이 어려워지고 마을을 대표하면 마을이 쪼그라들고, 그런 리더가 단체를 대표하면 단체가 흔들리고 기업을 경영하면 폐업의 지름길이 되며 국정을 경영하면 나라 꼴이 풍전등화가 되며 대륙을 움직이면 세상 꼴이 개판이 됩니다.

리더는 혼자가 아니기에 자기 마음대로 말해서는 안 됩니다. 자기 마음대로 행동해서도 안 됩니다. 자기 마음대로 봐서도 들어서도 안 됩니다. 자기 마음대로 결정해도 안 됩니다. 자기 마음대로 죽어서도 안 됩니다. 만들어져야 합니다. 타고나기가 어렵기 때문입니다. 그러기에 배워야 합니다. 널리 배워야 합니다. 깊이 배워야 합니다. 정확히 배워야 합니다.

리더로 서기 위한 준비의 반은 배움 나머지 반은 실행입니다. 아무리 배움이 출중해도 남을 이해하지 못하면 문제입니다. 남과 공감하지 못하면 문제입니다. 남을 무시하며 깔보면 문제입니다. 남을 이해시키지 못하면 문제입니다. 리더의 실행에는 기준이 있어야 합니다. 리더의 말에는 기준이 있어야 합니다. 리더의 행동에는 기준이 있어야 합니다. 리더의 행동거지에는 다 기준이 있어야 합니다. 예로부터 우리는 그 기준을 예라 불렀습니다.

예는 사람이 가져야 할 기본이다

예는 사람이 마땅히 지켜야 할 규범과 도리, 예법에 따라 치르는 의식입니다. 사람이 마땅히 예의로써 지켜야 할 규범과 도리로는 존중, 정직, 공손, 약속, 예절, 배려, 겸양, 감사, 책임, 신뢰, 경청, 공정, 용기, 절제, 관용, 효도, 우애, 자애 등이 있습니다. 예법에 따라 치르는 의식으로는 성년식, 결혼식, 장례식, 제사, 차례, 수여식, 취임식, 이임식, 임관식, 전역식, 입학식, 졸업식 등 그 수가 넘칩니다. 널리 배워서 각 상황의 예에 맞게 행동한다면 리더로서 손색이 없을 것이라고 공자는 말했습니다.

"군자가 학문을 널리 배우고 예로써 단속한다면 역시 벗어나지 않을 수 있을 것이다."

그게 꼭 군자만이겠습니까? 모든 사람이 다 그런 것이지요. 안타깝게도 리더들의 실상은 이와는 꽤 멀어져 있습니다. 배움과 경험은 출중하지만 예에 어긋나는 행동을 하는 경우입니다. 마땅히 예의로써 지켜야 할 규범과 도리를 무시한 채 오로지 자신의 지식과 욕심만으로 대처하는 경우이기도 합니다. 마땅히 예의로써 지켜야 할 규범과 도리를 무시한 채 법과 규정만 따지는 경우이기도 합니다.

이와 관련해 공자는《논어》〈위정편〉에서 이렇게 말했습니다.

道之以政 齊之以刑 民免而無恥 道之以德 齊之以禮 有恥且格
도지이정 제지이형 민면이무치 도지이덕 제지이례 유치차격

"군주가 정치를 함에 백성들을 단지 정치적 법령으로만 이끌고 백성의 잘못을 형벌로서만 다스린다면 어떻게 되겠는가? 백성들은 형벌이 무서워 법을 어기지는 않게 되지만 자기 스스로 잘못에 대한 부끄러움이나 수치심은 모르게 된다. 왜냐하면 이미 형벌로써 자신의 잘못을 용서받았다고 생각하기 때문이다. 하지만 군주가 백성들을 덕으로 이끌고 예의 정신으로 다스린다면 백성들은 자신의 잘못에 대한 부끄러움을 알게 되고 품격을 갖춰 격조 있게 된다."

법으로만 이끄는 정치나 경영은 그리 어려운 일이 아닙니다. 법에 어긋난 사람은 법대로 처벌하면 됩니다. 그러나 법적 처벌을 받은 사람은 그 자체로 용서받았다고 여기기에 자신의 잘못을 진정으로 반성하거나 부끄러워하지 않는 경우가 많습니다. 그래서 시간이 지나면 같은 실수를 반복하기 쉽습니다. 윗사람이 덕으로서 솔선수범을 보이고 사람으로서 마땅히 지켜야 할 규범과 도리로서 정치나 경영을 한다면 아랫사람들은 비록 자신의 잘못으로 처벌을 받더라도 진정 마음으로부터 자신의 잘못에 대한 부끄러움을 알게 돼 다시는 같은 잘못을 하지 않게 됩니다. 그렇게 정치나 경영의 목적이 달성됩니다.

부끄러움을 가르치는 학교가 있으면 좋겠습니다. 잘난 우등생만 대우받는 학교, 1등만 인정받는 사회, 권력자와 부유한 사람만 자유로운 세상입니다. 나만 아니면 된다는 태도, 1등이면 모든 게 용서된다는 믿음, 목표만 이루면 수단과 방법은 상관없다는 생각. 이런 풍조를 줄일 수 있는 부끄러움을 가르치는 학교가 있으면 좋겠습니다.

이제는 좋아하는 일을 찾을 때

선택

공자께서 말씀하셨다.

"부라는 것이 구해서 되는 것이라면 비록 말채찍을 잡는 사람의
일이라도 하겠지만 구해서 얻어지는 것이 아니라면 나는 좋아하
는 바를 따르겠다."

子曰 富而可求也 雖執鞭之士 吾亦爲之 如不可求 從吾所好
자왈 부이가구야 수집편지사 오역위지 여불가구 종오소호

<술이편> 11장

공자는 노나라에서 태어나 젊은 시절 하급 관리로 창고 출납과
축사 관리 일을 맡았습니다. 30대 초반, 주나라로 가서 노자에게
예를 묻고 돌아온 후 제자들이 급격하게 늘어났습니다. 35세에 노
나라가 혼란에 빠지자 제나라로 갔으나, 제나라 재상 안영의 반대
로 뜻을 이루지 못했습니다. 51세에 작은 읍의 읍재가 됐고 이후

대사구와 재상으로 등용돼 개혁을 시도했지만 결국 권신들의 방해로 56세에 노나라를 떠나야 했습니다. 이후 14년간 7개국을 떠돌며 자신의 도를 펼치려 했으나 끝내 성공하지 못했습니다. 68세에 고향으로 돌아와 학문에 전념하며 시경, 서경, 예기, 춘추 등을 정리했습니다. 그리고 73세에 긴 방랑의 삶을 마치고 세상을 떠났습니다.

"부를 구할 수 있다면 마부가 돼 채찍을 잡을 것이나 구할 수 없다면 나는 내가 좋아하는 길을 따르겠다."

그는 끝까지 자신의 길을 걸었습니다.

인생 후반에 긴요한 두 가지

오랜만에 옛 직장 동료를 만나 점심을 같이했습니다. 멋진 인생 후반을 만드는 데 긴요한 세 가지 전략이 《논어》에 있는지 그가 물었습니다. 그래서 먼저 인생 전반을 되돌아봤습니다.

지금까지 즐거운 일을 하면서 살았다면 이제부터는 즐겁지 않은 일을 해도 됩니다. 지금까지 돈 되는 일을 하면서 살았다면 이제부터는 돈이 되지 않는 일을 해도 됩니다. 지금까지 무난하고 편안하게 살았다면 이제부터는 고되고 불편하게 살아도 됩니다. 하지만 지금까지 즐겁지 못한 일을 하면서 살았다면 이제부터는 즐거운 일 하면서 살아야 합니다. 지금까지 돈에 쪼들려 살았다면 이제부터라도 돈 되는 일을 하면서 살아야 합니다. 지금까지 어렵고 불편하게 살았다면 이제부터는 쉽고 편안한 일을 하면서 살아야 합니다.

그런데 그게 만만하지 않습니다. 지금까지도 즐겁지 못한 일을 하면서 살았는데 어떻게 즐거운 일을 하면서 살 수 있을까요. 지금까지도 돈에 쪼들려 살았는데 어떻게 돈 되는 일을 하면서 살 수 있을까요. 지금까지도 어렵고 불편하게 살았는데 어떻게 쉽고 편안한 일을 하면서 살 수 있을까요.

후반전에는 좋아하는 일을 하자

인생 후반조차 싫어하는 일을 하며 삶의 시간을 보낸다면 너무 억울합니다. 싫어하는 일을 하며 수입조차 마음에 들지 않는다면 이는 더 피곤한 문제입니다. 싫어하는 일로 인생 전반이라는 긴 시간을 보냈음에도 수입이 마음에 들지 않았는데 싫어하는 일을 하며 인생 후반의 수입이 마음에 들기는 더 어려운 일임이 분명합니다. 좋아하는 일이나 싫어하는 일이나 인생 후반의 수입은 전반보다 적을 확률이 높습니다.

그렇다면 굳이 싫어하는 일을 하느니보다 좋아하는 일을 시작하는 게 더 나은 전략입니다. 당장 좋아하는 일로 갈아탄다면 초기에는 수입이 적을 수 있습니다. 하지만 시간이 가면 갈수록 늘어나게 됩니다. 이유는 간단합니다. 일이 지루하지 않고 재미있기 때문입니다. 재미있는 일은 오래 할 수 있습니다. 오래 하면 대부분 잘할 수 있습니다. 재미있는 일은 아이디어가 샘솟습니다. 재미있는 일에는 열정이 생깁니다. 재미있는 일은 점점 더 자율성이 생깁니다.

그런데 많은 이점이 있음에도 불구하고 좋아하는 일로 선뜻 갈아타기 어렵습니다. 딸린 식구가 있어서, 금방 돈 되는 일이 아니라서, 시작하기에는 너무 늦은 감이 있어서, 잘될 것 같은 확신이 없어서 그냥 지금처럼 살고는 합니다.

그러나 누군가는 딸린 식구가 있어도 시작합니다. 금방 돈 되는 일이 아니어도 시작합니다. 늦었다는 느낌이 들어도 시작합니다. 잘된다는 확신이 없어도 시작합니다. 그냥 지금처럼 살고 싶지 않기 때문입니다. 인생 전반이야 그럴듯한 핑계라도 있었지만, 인생 후반에는 지금이 아니면 다시는 기회가 없기 때문입니다.

좋아하는 일은 꾸준히 하자

사람들은 크게 다르지 않습니다. 태어날 때로 돌아가 보면 더욱 분명해집니다. 종족, 나라, 지역, 언어, 문화, 사회가 달라도 태어나면서 정해진 인생은 없습니다. 공자도, 맹자도, 장관도, 장군도, 사장도, 부자도, 유명인도 갑남도, 을녀도, 필부도, 사병도, 사원도, 빈자도, 무명인도 나면서부터 결정된 사람은 없습니다. 그런데 인생의 하프 타임에 누구는 위에 서 있고, 누구는 아래 서 있습니다.

공자는 이렇게 말했습니다.

"사람의 천성과 본성은 비슷하지만 무엇을 반복하느냐에 따라 서로 멀어진다."

아버지가 부자인 사람의 자식도 누구는 위에 서고 누구는 아래에 섭니다. 아버지가 학자인 사람의 자식도 누구는 위에 서고 누구는 아래에 섭니다. 일류 대학을 나온 사람도 누구는 위에 서고 누구는 아래에 섭니다. 삼류 대학을 나온 사람도 누구는 위에 서고 누구는 아래에 섭니다. 잘생긴 사람도 누구는 위에 서고 누구는 아래에 섭니다. 못생긴 사람도 누구는 위에 서고 누구는 아래에 섭니다. 갖고 태어난 것보다 무엇을 반복적으로 했느냐가 더 중요함을 증명하고 있습니다.

갖고 태어난 것으로 평생을 보장받는 사회는 희망 없는 사회입니다. 무엇을 반복적으로 했느냐가 인생을 보장하는 사회가 희망 있는 사회입니다. 인생 전반이야 처음 살아 보는 환경이라 그랬다손 쳐도 인생 후반은 지금까지의 경험이 있기에 환경을 이길 수 있는 반복의 힘에 기대 보는 지혜를 발휘할 때임이 분명합니다.

우리는 꾸준히 하면 잘 된다는 사실을 이미 알고 있습니다. 꾸준하기가 어려울 뿐입니다. 하지만 인생 후반은 다릅니다. 지금까지의 경험이 있고, 학습이 있고, 노력이 있었기에 한 번 더 도전해 볼 희망이 있는 시기입니다.

인생 후반 정말 다행스러운 것은 좋아하는 일은 꾸준히 하기가 수월하다는 점입니다. 좋아하는 일은 반복적으로 하기가 가능하다는 점입니다. 반복을 통해 어제보다 오늘이, 오늘보다 내일이 단 1센티미터만이라도 더 나갈 수 있다면 그게 방법이고 그게 행복한 삶입니다.

그래서 더
간절한 정의

정의

공자께서 말씀하셨다.
"거친 밥에 물 마시고 팔을 베고 누워도 즐거움이 그 안에 있구나.
의롭지 않은 부귀는 나에게 뜬구름과 같네."
子曰 飯疏食飲水 曲肱而枕之 樂亦在其中矣
不義而富且貴 於我如浮雲
자왈 반소사음수 곡굉이침지 락역재기중의
불의이부차귀 어아여부운
<술이편> 15장

'젊어서 고생은 돈 주고도 한다'는 말은 노력하는 젊은이에게 해
주는 위안입니다. 고생하는 게 안쓰럽고 도와주지 못해 미안해서
힘이라도 내라고 토닥거리는 조언입니다. 젊어서 고생과 가난은
희망일 수 있지만 늙어서 고생과 가난은 절망에 가깝습니다. 젊어

서 고생과 가난은 고상할 수 있지만 늙어서 고생과 가난은 고통에 가깝습니다. 젊어서 고생과 가난은 밀어 낼 수 있지만 늙어서 고생과 가난은 벗어나기가 어렵습니다.

가난을 벗어나든가, 가난을 받아들이든가

그러니 방법은 두 가지입니다. 젊어서 가난에서 벗어나든가 늙어서 가난을 받아들이든가. 젊어서 가난하게 사는 게 꼭 나쁜 건 아니지만 젊을 때 가난에서 벗어나는 게 더 유리합니다. 젊어서부터 가난을 받아들인다면 늙어서도 가난을 받아들여야 합니다. 고생과 고통의 시간을 감내할 수 있다면 가난한 인생도 살아 볼 만한 길이지만 이미 살아 본 사람은 그 길을 회피하고 싶어 합니다.

늙어서도 부자로 살 수 없다면 늙어서는 가난을 받아들이는 게 유리합니다. 늙어서까지 가난을 받아들이지 못한다면 힘도 기회도 시간도 없기에 인생이 고생과 고통으로 가득 찰 가능성이 더 크기 때문입니다.

그러니 가난을 벗어나는 것도 받아들이는 것도 선택입니다. 한 해라도 더 젊어서 가난을 벗어나는 게 최선입니다. 늙어서라도 가난을 벗어나는 게 차선입니다. 늙어서도 가난을 벗어나지 못한다면 가난을 받아들이는 게 그다음입니다. 늙어서도 가난을 벗어나지 못하는데 가난을 받아들이지도 못한다면 그건 최악입니다.

"거친 밥에 물 마시고, 팔을 베고 누워도 즐거움이 그 안에 있구나. 의롭지 않은 부귀는 나에게 뜬구름과 같네."

공자는 가난해도 즐거울 수 있고, 의롭게 살아야 한다고 강조했습니다. 의는 사람으로서 지키고 행해야 할 바른 도리입니다. 사람이 마땅히 지키고 행해야 할 도덕적 의리입니다. 진리에 맞는 올바르고 공정한 정의입니다.

불의는 의리, 도리, 정의에 어긋남 혹은 부정과 부당을 말합니다. 공자는 불의한 부귀를 뜬구름이라 했습니다. 정의에 어긋나고 도리에 어긋나며 의리에 어긋나는 방법으로 만든 돈과 명예와 부귀는 가벼운 바람에도 흩어지는 뜬구름, 순식간에 사라지는 물거품이라 했습니다. 이를 이해한다면 비록 지금 보리밥에 냉수를 마시고 딱딱한 바닥에 팔을 베고 누워도 마음이 편안해 인생의 즐거움을 느낄 수 있다는 것이지요.

그런데 실은 수많은 사람이 의롭지 않은 부귀가 뜬구름 같은 것임을 알면서도 의롭지 못한 방법으로 부귀를 만들기에 여념이 없습니다. 정치인이, 기업인이 앞에서 사회를 이끌고 가는 크고 작은 리더들이 들키지 않을 것을 가정하면서 서로 눈치를 보며 부정한 방법을 사용하려 하고 있습니다. 뒤에서 따라가는 겁 많고 선량한 갑남을녀들 역시 그 길을 따라가는 빈도가 늘어나는 것 같습니다.

지금 세상의 안빈낙도란

가난을 부끄럽게 생각하거나 불편하게 느끼지 않고 오히려 그것을 즐기는 마음으로 가난함을 편히 여기며 도를 즐기는 안빈낙도의 삶은 말처럼 쉬운 일이 아닙니다. 공자를 따르는 한나라, 청나라, 조선의 몇몇 선비들이나 가능할 법한 이 안빈낙도가 지금 우리에게도 필요한 이유는 분명합니다.

가능성은 희박하지만 정치인들이 안빈낙도의 삶이 가능하다면, 기업가들이 안빈낙도의 삶이 가능하다면, 문화인들이 안빈낙도의 삶이 가능하다면, 리더들이 안빈낙도의 삶이 가능하다면 그들 모두를 더한 수보다 수백 수천 배 더 많은 보통의 갑남을녀들은 자연스럽게 안빈낙도의 삶이 가능해질 것입니다.

그럼 우리가 사는 이 세상은 놀랍도록 살아 볼 만한 세상이 될 것입니다. 정치인이, 기업인이, 앞에서 사회를 이끌고 가는 크고 작은 리더들이 의롭지 않은 부귀를 뜬구름으로 여긴다면 뒤에서 사회를 밀고 가는 갑남을녀들은 자연스럽게 부귀를 뜬구름으로 여기게 될 것입니다.

그런 일이 한 번에 이뤄지는 것은 어렵겠지만 사회와 국가를 이끌어 가는 리더들이 혹여 지금까지 불의로 모은 부귀가 8할이라면 7할로, 6할로, 5할로, 4할로, 3할로, 2할로 줄일 수 있다면 즐거운 인생을 살아가는 갑남을녀의 숫자는 2할에서 3할로, 4할로, 5할로, 6할로, 7할로, 8할로 늘어날 것입니다.

그게 강한 사회입니다. 그게 행복한 국가입니다. 아직은 꿈 같

은 이야기지만, 아직은 불가능해 보이는 공자의 꿈이지만, 그래서
더 간절한 《논어》 어구입니다.

을에서 갑으로
가는 길에

전환

증자가 말했다.
"매일 나는 세 가지로 나 자신을 반성한다. 남을 위해 일을 도모함
에 충실했는가? 친구와의 교류에 신의를 저버리지는 않았는가?
배운 것을 열심히 익혔는가?"
曾子曰 吾日三省吾身 爲人謀而不忠乎 與朋友交而不信乎
傳不習乎
증자왈 오일삼성오신 위인모이불충호 여붕우교이불신호
전불습호
<학이편> 4장

증자는 공자의 사상을 계승 발전시켜 《효경》을 집필했고 사서
오경 중 하나인 《대학》의 저자로 알려져 있습니다. 증자는 공자의
손자인 자사를 가르쳤고 자사는 맹자에게 영향을 끼쳤습니다. 증

자는 공자, 안회, 자사, 맹자와 더불어 동양오성 중의 한 사람입니다. 노둔했다고 평가를 받는 증자가 어떻게 수련과 수양을 했기에 《논어》의 저자가 되고 동양 오성에 들어가는 인물이 됐을까요?

〈학이편〉 4장을 보면 그 실마리를 찾아낼 수 있습니다. 첫째는 일, 둘째는 관계, 셋째는 배움입니다. 증자는 사람들과 함께 일할 때 충심을 다했는지 되돌아봤고, 친구들이나 직장 동료 혹은 다른 사람들과의 관계에서 신의를 지켰는지 되돌아봤고, 매일 학습을 게을리하지는 않았는지 되돌아봤습니다.

을(乙)에서

금요일 출근길에 갑자기 해고 통지를 받는다면 어떤 일이 벌어질까요? 당신은 우리 조직과 맞지 않아 함께 일하기 어렵다는 그럴듯한 핑계를 들며 고민 끝에 해고하기로 했으니 월요일부터 출근하지 말라는 통보를 받는 순간 세상은 이미 반쯤 날아가고 나머지 반은 곧 끊어지는 사내 네트워크와 함께 지워집니다.

월급은 주는 사람이 주기 싫으면 그냥 끝입니다. 손을 뻗어도 소용없고 눈물로 호소해도 소용없는 매정하기 이를 데 없는 비정한 돈이기에 그렇습니다. 그건 내가 사장이 돼도 마찬가지입니다. '직원을 살려야 하는가, 회사를 살려야 하는가?'라는 갈림길에 서게 된다면 십중팔구 회사를 선택하기 때문입니다.

그러니 나가라고 하는 사장을 무작정 욕할 수도 없습니다. '왜 하필 나여야 하는가?'라고 직원은 묻지만 '왜 하필 네가 아니어야 하는가?'라고 사장은 되묻습니다. 사장과 직원으로 만난 게 문제의 시작이지 '직원은 맞고 사장은 틀리다, 사장은 맞고 직원은 틀리다' 같은 문제가 아닙니다. 사장은 직원을 고용하며 자신의 꿈을 이루고 직원은 사장을 만나며 자신의 꿈을 이루지만, 사장이 나가라고 할 때 직원은 나올 수밖에 없는 조건이라면 안타깝고 억울해도 그때가 바로 직원의 전략이 필요할 때입니다.

남의 직원으로 일할 때는 두 배 이상 열심히 일할 각오를 세우는 게 좋습니다. 하나는 월급 때문에, 다른 하나는 일을 통해 자신의 역량을 키우기 위해서입니다. 월급만큼 성과를 내지 못한다면 해고 순위는 영순위가 될 것이기에 그렇고 실력과 역량을 키우지 못한다면 해고 뒤에 당장 갈 곳이나 할 일이 없기에 그렇습니다. 딱 5년 만이라도 단단하게 버티면서 정말 열심히 일한다면 갑으로부터 숨통이 트일 가능성이 생깁니다. 서른에서 서른 다섯까지, 서른 여섯에서 마흔까지, 마흔에서 마흔 다섯까지, 마흔 여섯에서 쉰까지, 쉰에서 쉰 다섯까지, 쉰 여섯에서 예순까지 이 여섯 번의 기회 중에 단 한 번만이라도 정말 집중할 수 있다면 기회의 문은 누구에게나 열립니다.

30대는 젊기에 많은 것을 밀어 두고 일에만 집중하기가 어려울 수도 있습니다. 40대는 흔들리기에 많은 것을 밀어 두고 일에만 집중하기가 어려울 수도 있습니다. 50대는 인생이 무겁기에 많은 것을 밀어 두고 일에만 집중하기가 어려울 수도 있습니다. 하지만 여섯 번의 기회 중에 여섯 번 모두를 그럴듯하게 변명하는 건 정말 핑계가 될 수 있습니다.

갑(甲)으로

5년 동안 인사 일을 한다면 온 힘을 다해 국내 톱 10 인사 전문가가 되겠다는 목표로, 5년 동안 영업 일을 한다면 온 힘을 다해 국내 톱 10 영업 전문가가 되겠다는 목표로, 5년 동안 엔지니어 일을 한다면 온 힘을 다해 국내 톱 10 엔지니어가 되겠다는 목표로, 5년 동안 의사 일을 한다면 온 힘을 다해 국내 톱 10 의사가 되겠다는 목표로 나가야 합니다. 힘든 시간을 보낼 용기가 있다면, 여섯 번의 기회 중에 단 한 번만이라도 일에만 집중하는 시간을 가질 수 있다면, 인생의 많은 문제가 한 번에 해결될 수 있습니다. 그게 직장인의 기회입니다. 그게 을이 갑을 되는 순간입니다.

저는 20년 직장 생활 내내 한 달에 100만 원만 더 있었으면 하는 생각을 지운 적이 없습니다. 자유롭게 마음대로 쓸 수 있는 돈이 매달 100만 원만 더 있으면 인생이 정말 즐거울 거라는 생각을 떨쳐버리기가 어려웠습니다. 하지만 그게 그토록 어려웠던 이유가 그 5년의 전략에 있었다는 사실을 너무 늦게 알았습니다.

공자의 10대 제자 중의 하나였던 염구가 공자에게 가르침을 받고 있을 때, 한번은 스승에게 이렇게 말했습니다.

"선생님께 도를 배우는 일은 매우 기쁜 일이지만 선생님의 가르침을 따라 하기에는 제 능력과 힘이 좀 부족한 것 같습니다."

그러자 공자가 말했습니다.

"스스로 힘이 부족하다, 역부족이라고 말하는 사람은 어떤 일을 하든지 간에 중도에 그만두는 경우가 많은데, 너는 지금 해 보지도 않고 안 된다는 부정적인 생각을 하고 있구나."

우리가 흔히 쓰는 역부족이라는 말은 이미 2,500년도 더 된 말입니다. 힘이 부족하다는 의미의 역부족은 가정에서나 직장에서나 사람들이 핑계를 댈 때 흔히 쓰는 말입니다. 해 보기도 전에 안 된다고 생각하면 그건 100% 안 됩니다. 가능성이 반이 넘어도, 아니 90%가 넘어도 그건 되기가 어렵습니다. 세상에 가치 있는 일치고 만만한 일은 거의 없습니다. 만만하다면 그것은 내려가는 일이거나 별 볼 일이 없는 공산이 큽니다. 올라가는 일은 늘 어렵습니다. 등산도 승진도 성취도 명예도 그렇습니다.

그러니 단 10%의 가능성이라도 믿고 노력하는 사람이 세상의 주인이 됩니다. 단 5년 만이라도 가능성을 믿고 달려간다면 지긋지긋한 을에서 나와 갑이 될 수 있습니다. 염구가 그랬습니다. 스스로 부정의 획을 긋지 말라는 공자의 가르침을 따른 염구는 행정의 달인이라는 칭호를 들을 만큼 훌륭한 행정가가 됐습니다.

삶이 흔들릴 때
나를 다잡아 준 《논어》

저는 20년 직장 생활을 하고 40대 중반에 자의 반 타의 반으로 잘 다녔던 대기업을 나왔습니다. 마침 회사에서 구조 조정을 진행했고, 고민이 없었던 건 아니지만 사표를 제출했습니다. 퇴직금과 약간의 위로금을 받았을 뿐 어떤 구체적인 준비도 없이 바로 명예퇴직을 했습니다.

사람들에게 둘러댔던 퇴직 이유는 그럴듯했습니다. 이제 더는 내가 아닌 남의 인생을 위해 시간을 쓰고 싶지 않다고, 이제 더는 회사 대표의 꿈을 위해 시간을 쓰고 싶지 않다고, 이제 더는 타인의 목표 달성을 위해 들러리 서고 싶지 않다고, 이제 더는 선택당하지 않고 내가 나의 꿈과 미래를 선택하며 살고 싶다고 말입니다.

하지만 퇴직 후 불과 몇 달 지나지 않아 우아하고 품위 있는 나의 삶이 중요한 게 아니라 매달 들어와야 하는 월급이 더 필요하다는 걸 실감했습니다. 사라진 월급 봉투와 매달 어김없이 들어가는 생활비를 보면서 긴장하기 시작했습니다. 퇴직 전보다 두 배 이상의 돈이 매달 통장에서 빠져나가는 걸 목도했을 때 제 인생이 예상에 없던 궁한 상태로 향하고 있다는 걸 깨달았습니다.

두 가지 목표를 정한 이후

목표를 정했습니다. 처음으로 조직의 목표가 아닌 개인의 목표를 세웠습니다. 하나는 '인생 후반은 강연하면서 살자'였고, 다른 하나는 '급여가 적더라도 시간 여유가 있는 경제 활동을 하자'였습니다. 시간을 돈으로 바꾸는 직장인의 삶에서, 그 돈만큼 시간을 만들어 더 가치 있는 것에 쓰는 삶을 살기로 했습니다. 강의를 준비하는 일에 시간과 노력을 더 쓰고자 결심했습니다.

목표가 생기자 프리랜서로 일하는 것이 그리 어렵게 느껴지지 않았습니다. 성과에 따라 수당을 받는 구조였지만 시간을 자유롭게 활용할 수 있어 나쁘지 않았습니다. 고정급이 없는 것이 조금 부담스럽긴 했지만 노력하면 충분히 해결할 수 있다고 생각했기에 망설임 없이 일을 시작했습니다.

이후 몇 가지 변화가 일어났습니다. 지난 20여 년 그렇게 지겨웠던 출근이 더 이상 지겹지 않았습니다. 출근 거리가 훨씬 멀어졌지만 힘들지 않았습니다. 프리랜서 형태의 근무 조건으로 출퇴근 시간이 어느 정도 자유로웠습니다. 지각의 악몽에서 벗어난다는 게 마음에 얼마나 큰 위로를 주는지 그때 깨달았습니다.

곧이어 몇 가지 변화를 시도했습니다. 시간 관리와 시간 경영이었습니다. 매달 수입도 올리고 잘나가는 강사로 서기 위해서는 준비해야 할 것이 많았기 때문에 직장인이었을 때처럼 시간을 쓸 수는 없었습니다. 당장 먹고살 생활비와 미래 준비에 두 배 이상의 시간이 필요했습니다.

다른 하나는 독서였습니다. 직장 생활 20여 년 동안 읽었던 책보다 퇴직 후 1년 동안 읽은 책이 더 많았습니다. 업무도 익혀야지, 책도 읽어야지, 사람들도 새로 사귀어야지, 먼 거리 출퇴근도 해야지, 시간 관리를 하지 않을 수 없었습니다.

인사 컨설턴트로서 어느 정도 성과를 내고 업무에 안정감이 들었을 때, 대학원 진학을 고민하기 시작했습니다. 40대 후반은 늦은 나이가 분명했지만 프리랜서 강사에게는 큰 도움이 될 거라는 판단에 인적 자원 개발, 즉 HRD로 석사를 하고 평생 학습으로 박사를 공부했습니다. 틈틈이 책을 읽고 글을 쓰기 시작했습니다.

오십에 다시 읽는 《논어》
불혹을 지나 지천명이 됐을 때 새로운 시도를 하나 했습니다.

당시 인사 컨설팅 회사를 직접 경영하고 있었고 박사 공부를 할 때인데, 점심시간에 사무실 근처 잠실 석촌호수를 산책하다가 우연히 《천자문》을 외우기 시작했습니다.

단순한 호기심으로 시작했지만 《천자문》은 의외로 재미가 있었습니다. 그래서 한 단계 더 나아가 《논어》를 읽기 시작했습니다. 2년 정도 지났을 때 《논어》 책을 한 권 출간했습니다. 시간을 관리하고 경영하면서 《블루타임》을 출간할 수 있었습니다.

학위 과정이 끝나자 대학에서 강의를 할 수 있는 기회가 생겨 매주 토요일 강의를 하게 됐습니다. 드디어 고정 강의가 생긴 것이지요. 회사를 경영하며 주중에는 가끔 강의나 강연을 다니고 주말에는 학교 강의를 하게 되니 강의도 점점 더 재밌어졌습니다.

50대 후반쯤 한국강사협회에서 주관하는 전국강사경진대회에 참가해 금상을 받기도 했습니다. 《논어》를 주제로 책을 몇 권 더 쓰게 됐습니다. 대학 강의와 함께 기업과 공공 기관에서 인문학 강의를 주로 하게 됐습니다.

지천명이 끝나고 이순에 들어섰을 때 저는 경영하던 회사를 정리하고 온전히 강의만 하는 강사로 바뀌어 있었습니다. 40대 중반에 회사를 그만두고 20권의 책을 출간했습니다. 1년에 100번 이상 인문학 강연을 하는 강사가 됐습니다. 명예퇴직 후 궁지에 몰렸을 때 직장인으로 돌아가지 않았던 것에 감사하고 있습니다. 지천명의 시기에 '천명'을 찾은 것 같아 감사하고 있습니다.

인생의 하프 타임 오십에 서서 천명과 지천명, 변화의 의미를 생각해 봤습니다. 다시 한 번 인생의 소중한 꿈을 생각하며 인생 후반의 목표를 점검해 봤습니다. 공부다운 공부를 통해 자신의 강점을 강화해 인생의 기회를 만들어 가는 단계를 살펴봤습니다. 행동과 도전에 필요한 요소들을 점검하며 오십의 공허를 행복한 삶으로 바꾸는 전략과 전술을 논의해 봤습니다.

2,500년 동안 생생히 살아 숨 쉬는 《논어》와 함께 지난 50년을 되돌아보며 미래 50년을 설계해 보면 좋겠습니다.